岩波文庫

33-185-4

意味の深みへ

――東洋哲学の水位――

井筒俊彦著

岩波書店

目　次

Ⅰ

Ⅱ

I

一　人間存在の現代的状況と東洋哲学

人類の未来という大きなテーマになんらかの形で関わるような論議や会話が、最近、いろいろなレベルでよく行われるようになってまいりましたが、そんな時、「地球的《グローバル》」という形容詞が使われるのを屢《しばしば》耳にします。例えば、「地球的危機」だとか、「地球的統一」「地球的融合」だとか。この種の語句を耳にしても、我々はたいして気にもとめずについ聞き流してしまうのが普通ですけれど、よく考えてみますと、こういう言葉がよく使われるという事実は、それ自体きわめて注目に値する現象であり、実は、それが人間の現代状況のひとつの顕著な特徴であるということができるのではないかと思います。現に今回の国際シンポジウムの主題をなす「地球社会への展望」も、まさにこの種の表現の典型的な一例であります。未だ存在もしていない「地球社会」のありうべき構造について、これを一つの切迫した問題として真剣に考えたり論議し始めた人々がいる。それもたんに、世界中のあらゆる民族、あらゆる個人が、幻想的至福の陶酔境にひたりながら生存することのできる、なにか遠い未来の夢の国について考えるというようなことではなしに、もっと現実性のある課題として真面目にそれに取り組んでいる人たちがいる。これはたしかに注目すべき事態であるといわなくてはなりません。

これが昔なら、いや、ほんの十年ほど前ですら、もし誰かが「地球社会」の構想などについて云々しだしたら、そんな人は、たちどころに、やくたいもない夢想家か、さもなければ精々のところ、現実となんの関わりもない茫漠《ぼうばく》たる理念や理想を、己れの心のなかから紡ぎ出して、その幻影を追いかける理想主義者として片付けられてしまったことでありましょう。ところが今日の我々には、「地球社会」が、もはや少しも奇妙な幻想的響きをもたなくなってしまいました。この表現が喚起する意味形象は、幻想的で非合理的なものではなくなってしまった。それどころか、それは、少なくとも我々が未来を考え、未来における人間存在の基本的形態を心に描く場合の知的展望に欠くことのできない枢要なものとなりつつあるのです。この意味において、「地球社会」の観念は、今や、我々が世界と人類の未来図を構想する時、どうしても考えに入れざるをえない緊急問題の重要な一局面として、我々の思想と感情を決定的に支配し始めているといってよろしいかと思います。

しかしながら、「地球社会」の観念が有意味的に関わる領域は、決して未来だけではありません。それは、むしろ、今ここでの我々の実存にじかに関わってくる。つまり、それは我々の一人一人が現に当面している目前緊急の問題なのです。考えてみれば、当然のことです。例えばイランで起こる事件やアラブ社会で起こることが、日本人の日常生活にそのまま響いてくる。遠いアフリカの片隅の事情が、たちまち日本人の思想に反響を引き起こす。そんな世界に生きている我々は、世界中の様々な国々を一種の統一体にまで結びつける「地球的」靱帯《じんたい》の重みを、ことごとに感じずにはいられないのです。今日では、いかなる民族、いかなる国も、もはや「誇り高き孤高」の状態に存在することはできない。あらゆるものが、互いに密接に結び合わされている。全存在界を重々無尽の相互連関の網として表象するのは、決して原子物理学の世界像や大乗仏教の華厳哲学だけではありません。もっと世俗的な生活に密着する領域――例えば経済、政治、法律というような存在領域――でも、我々はあらゆる事物、事象の相互連関、相互依存性をいやでも認めざるをえないのであります。

　要するに、今日の我々にとって、もはや世界は、互いに独立して存在する多数の事物、事象の複合体ではなく、むしろ限りなく複雑に錯綜《さくそう》する相互連関的存在の網のごときものなのでありまして、世界のこのような現在的状況を背景として考察するとき、「地球社会」はもはやたんなる空想ではなく、何かもっと強烈なインパクトをもつ力として現われてくるのであります。日常生活の瑣末事にかまけて、我々は普段はそれをはっきり意識しておりませんけれども、ちょっとひるがえって反省してみますと、「地球社会」という観念が、我々の経験、我々の現実の生活そのもののなかに織りこまれていることに気づきます。言い換えますと、「地球社会」というものが我々の現代的文化テクストの基底をなしている。こんなことは人類の歴史の上で、未だかつてありませんでした。まったく新しい事態であり、それが我々の世界感覚に、過去の人々の知らなかった特異な方向性を与えているのであります。

「世界は狭くなった」とよく申しますが、この通俗的な表現にも、今お話しました事態の意識が、漠然とした形ながら反映していることが看取されます。かつて世界は広かった、限りなく広かった。そこでは、部族であれ種族であれ民族であれ、実に種々様々な人間集団が、互いに関係なく、ほとんど完全に他から孤立して存在するだけの広さがあった。ところが今や世界は「狭い」空間となり、そのなかで人間の異なる集団とその文化とが、従来経験されることのなかったような形で接近し、接触し、緊密に関係し合うようになった。今までまるで縁もゆかりもなかった、どこか遠いところに存在していたいろいろな民族が、ふと気がついてみると、我々のすぐ隣りに来ていた、といった具合なのです。様々な異民族、様々な異文化が、一緒くたに狭い空間に放りこまれて、押し合いへし合い雑居している。思えば、まことに異様な光景です。

人間存在の今日の状況がおよそどのようなものであるかを、以上簡略に述べてまいりましたが、そこに「地球社会」の漸進的形成過程を読みとることは容易であり、あるいは少なくとも、次第に目覚めつつある全人類の「地球的統合」の意識がそこに現われていると考えて間違いなかろうと思います。この「地球的統合」の事実は、もし我々がこれを楽観的立場から見るなら、様々に異なる国々や文化によって構成される普遍的調和の上に成立する美しい「地球的統合」のユートピアを夢見させるでもありましょうし、また反対に悲観論的立場を取れば、あらゆる人間を普遍的対立と闘争の泥沼に引きずりこみ、終局的にはせっかくの統一を完全に打ち壊してしまうことになりかねない危機的状況であると解釈できるかもしれません。とにかく、「地球的統一」が仮に実現したとしても、それが人類に幸福をもたらすか災難となるか、誰にも実はわからないのであります。

ただひとつ確かなのは、それが実現するまでの途上で、無数の難問を不可避的に惹《ひ》き起こしていくであろうということ。事実、深刻な問題は我々の周囲で、既に起きつつあり、その数は日ごとに増大しつつある、というのが実情であります。現に我々のひとりひとりが――たまたまその一員として生れた国家とか共同体の置かれた特殊状況によって、その形はいろいろ異なるにせよ――こうした問題に直面させられ、物質的、精神的難問の大渦のなかに、日ごとに深く捲《ま》きこまれていくことを余儀なくされているのであります。

この点で特に注目に値することは、この人類の「地球社会化」の過程が、「一様化」と「多様化」という外見上互いにまったく相反する方向に向かっているという事実であります。そしてこれら二つのうちのどちらの方向に向かっても、「地球社会化」の過程は当然、必然的に一連の問題を起こしていく。問題は様々でありますが、いずれも我々の日常生活のいろいろなレベルに直接関わりをもつものであり、そのひとつひとつが、それぞれ違った形で我々を深刻な危機的状況に陥れ得るような性格のものばかりです。人類史上かつてない世界的危機を生きつつあるのだという現代的人間の尖鋭な意識が、ここから出てくるのであります。

「地球社会化」の過程を先ず「一様化」の方向に辿《たど》ってみましょう。ここで我々の考察している「地球社会化」が、本性上、世界中のあらゆる人間の生き方、考え方、価値観など一切の存在様式に普遍的な均一化をもたらす性質をもっていることは明らかでありましょう。くだくだしく言葉を費やして、ことさらに立証するまでもない、日常的経験の事実です。社会であれ家庭内であれ、ただ日常生活を生きていくだけで、我々は、全世界が、今や、無差別に一様化されつつある——もっと正確にいえば、あまりにも極端に一様化されつつある——ということを痛切に意識せざるを得ないような場面に出合うのです。

　科学と技術の進展の異常な速さが、機械文明という名で知られる「地球社会」的文明のある特殊な型を、至るところに作り出している。あらゆるものが機械化されるということは、機械的に一様化されるということです。世界中の多くの場所で野放図に推進されてきた工業化は、人間のフィジカルな存在形態を一様化してしまいました。だいたい同じ型の標準的な住居に住み、形も材料も基本的に同じ衣服を着、平等に汚染された空気を吸い、同等に汚染された肉や野菜を食べつつ、何億という人間が、至るところで均一化された灰色の味気ない生活を生きている。

　均一化の味気なさは、人間生活の外面にとどまらず、いつのまにか心の内面にまで忍びこむ。現代の科学技術の特徴的な産物のひとつであるマス・メディアの暴力的支配の下、人間は知らず知らずのうちに、あらかじめ計画されたある一定のプログラムに従って思考するように馴らされていくのです。このような状態が、ごく自然に人々を画一的思考習慣に導いていくことは当然でありまして、そのことは、政治的観念やイデオロギーが、大衆のなかで、どのように形成され発達し普及していくか、を考えてみればただちに明らかになると思います。そして、思考の画一化の枠がひとたび出来上ってしまえば、その枠に従ってものごとを考える人々の、思考ばかりでなく情緒や感情までも画一化されてしまうのは当然のことです。

最近、文化記号論やそれに直接間接の関係をもつ学問の分野で、「文化的普遍者」(cultural universals)という考えが現われ始めたことは、今お話した事態との関連で、非常に興味あることだと思います。ご承知のように、「普遍者」(universals, universalia)は西洋哲学史で長い歴史をもつ重要な術語ですが、本来それは「類《ゲネラ》」とか「種《スペキエース》」とか、概念的普遍者を意味する言葉でありまして、また事実、従来はほとんどこの意味だけに限定されて使われてきました。ところが最近では、それを大変広い意味に拡大して使用する人が出てきたのです。例えば、テクノロジー的普遍者だとか、生態学的普遍者だとか、そのほか経済、政治、イデオロギー的普遍者など。それらを一括して「文化的普遍者」と呼びます。つまり、一定の事物、事態、観念、価値などが、ひとつの文化共同体に属するすべての、あるいは大多数の人々に共有されると、そこに画一化され一様化された構造が出来上ってくる、それが「文化的普遍者」です。要するに、文化のいろいろな領域において、みんなが画一的なものの見方をし、画一的に生活し、画一的に行動する、そういう共通の型ということであります。

現に、例えばエコロジーひとつをとってみても、いろいろな民族が技術文明の支配下に入って、その生活が工業化されていくにつれて、地球上の違った場所に、同じような生活環境が同じような、いわゆる公害という形をともなって現われてくる。このように、地域とか国家、部族、民族などの区別を越えたレベルで、同一型の生態環境に住む人々をエコロジー的共同体とみて、それの構造を根本的に統一するものをエコロジー的普遍者と呼ぶわけであります。今でこそエコロジー的普遍者はまだ地球上であちこちバラバラに散在して実現しているにすぎませんけれど、もし現在のような生活の工業化がこのまま進んでいけば、やがては地球全体にそれが拡がって、地球全体がこの普遍者によって早晩、一様化されてしまうのではなかろうかということは、予想するに難くないところであり、しかもエコロジーだけでなくて、その他のすべての「文化的普遍者」について同じことが考えられるのであります。

こう考えてまいりますと、「地球社会」化の進展につれて、遅かれ早かれ、人間生活は、内的にも外的にも、「文化的普遍者」の塊《かたまり》みたいなものになってしまうのではないか。そうなれば、すべての「文化的普遍者」の協力によって、人間存在のあり方そのものが、全体として大きく一様化され画一化されてくるであろうということが当然考えられますし、またそういう事態がもう既に我々の間で発生し、どんどん進展しているということも、否定することのできない事実なのであります。

しかも、このようないわば現代的な普遍者のほかに、人間が人間として始めから本性的に備えている普遍者がたくさんある。すなわち物理的、生物学的、身体的、容貌的普遍者などがそれでありまして、こういう新旧様々な普遍者を全部ひっくるめて、それらが生み出すであろう一様性というものを考えてみますならば、そこに得られる未来の人間像は、灰色の、きわめて憂鬱なものとならざるを得ないであろうと思われます。

以上のような観点から眺めた人間存在の均一化は、種々の国家、民族と、その伝統的諸文化の間の差異や不平等の地ならしをもたらす性質のものであることに、先ず注意すべきであります。今問題にしているようなコンテクストでは、人間文化の様々な伝統的形態は、結局その存在理由を喪失することになりましょう。というのは、諸文化をそれぞれに個性化している歴史的、地理的、風土的特性は、よし完全に否定され抹消されぬにせよ、とにもかくにも平均化した均一状態まで地ならしされなければならないからです。この「地ならし」の過程は、さきほども申しましたように、現に我々の目前で起こりつつある様々な事象のうちに、既にはっきり看取できるところであります。勿論、これがそのまま世界中のすべての民族にあてはまるというのではない。今お話している特殊な意味での人間存在の均一化は、まだ完成してしまったわけではないからです。しかしながら、いわゆる発展途上国も必死で西欧化、すなわち工業化に努め、いわゆる先進諸国に追いつこうとしているかぎり、均一化という同じ目標に向かってどんどん進みつつあるといわざるを得ません。そして己れの生活様式を工業化しようとすれば、己れ自身の手で作り出す「文化的普遍者」の均一化的影響をどうしても受けないわけにはいかないのでありまして、科学技術的「地球社会化」は、この意味で、既に全人類を均一化の激流のなかに引きこんだ、というべきでありましょう。

歴史的に申しますと、科学技術文化は西欧の科学精神の典型的かつ独特の産物であります。つとに科学史家によって指摘されておりますように、地球上の西欧以外のところでは、科学的思考が、初歩的段階を越えて、体系的に科学技術文化といい得るようなものを創り出すことはありませんでした。けれども、今日の科学技術文化の顕著な特徴は、それがもはや歴史の舞台に登場したいろいろな地域文化のひとつではないということであります。今ではそれは、人間の文化の他の様々な形と対等の資格で並ぶ文化の一つ特殊な形ではなく、それによらなければ人間が「現代人」「文明人」であり得ないような文化の基礎そのものになってしまっております。かつては特殊な地域的現象でしかなかったものが、今では普遍的な、「地球社会」的な現象となっているのでありまして、そこにこそ、現代人の実存的不安に関わる主要な諸問題の最も深い根があると考えられるのであります。

今日見られるような科学技術文明を、過去四世紀にわたって築きあげてきた自然科学の基底をなすものは、歴史的には古代ギリシャの原子論者たちにまで遡《さかのぼ》る、機械論的物質観というある特殊の「パラダイム」――ここで私は「パラダイム」という語を、トマス・クーンがその「科学革命」理論のなかで使った術語的意味に用いているのですが――でありまして、近世では、申すまでもなく、ニュートン力学に、その古典的なモデルが見られるものであります。

ニュートンの機械論的物質観は、一口に言えば、現実を心と物質に分ける基礎的二分法の上に立ち、そこでは心と物質とは互いに真正面から対立する存在論的両極として考えられております。哲学の領域では、まさにデカルトの立場が典型的な形で提示する物心二元論。デカルトにおいて、心と物とは互いにまったく還元不可能な究極的存在論的実体をなすのでありまして、心と物との間には内面的な関係は絶対にあり得ない。そして物質世界は、フリッチョフ・カプラの表現を借りるなら、「それ自体、本性上生命のない無数の物体がひとつに集まって出来上った途方もなく大きな機械」でしかありません。物質世界のこのような機械論的な見方が、人間の生活空間の技術的一様化という現象にたいして強力な理論的基礎づけを提供するものであることは申すまでもありません。

もっとも、現実を意識と物質とに厳密に二分するこのパラダイムが、今日では別の新しいパラダイムに置き換えられてしまったことは事実です。現代物理学は、いわゆる物質的対象を動的流動性において捉え、心と物とを、互いに浸透し合うことを峻拒《しゅんきょ》する二つのまったく独立した領域として見ることをやめてしまいました。この点については、本論の終りの部分でもう一度触れるつもりです。ただここでは、古い機械論的見方が、一般的にはまだ執拗に生き続けていることを指摘するに止めておきましょう。とにかく、この古い考え方は、人間の常識的な世界像とぴったり合致するので、それだけ強力であり、またそれだからこそ、工業化された世界の均一化された生活構造のよって立つ基盤そのものを、今なお力強く支えているのであります。

こうして今や、均一化した、すなわち、独自性を失った生活環境が、我々のまわりに急速に形成されてゆきます。前にもちょっと言いましたように、これはたんに人間の外的な生活様式が画一化されるだけのことではなくて、そのような画一化された生き方で存在する人間のものの見方も、ものの感じ方も、つまり、人間の内面構造が画一化され平均化されていくということです。潑剌《はつらつ》たる生気を欠く、無気力な一様性のメカニズムが人間存在を支配するようになり、それが生み出すニヒリスティックな雰囲気のなかで、人間疎外という現象が起こってくる。ここで人間疎外というのは、先ず人間が自然（母なる大地）との内密な本来的一体性を失って自然から疎外されていくこと、次にもっと恐ろしいことには、本当の自分自身、すなわちカール・ユングのいわゆる「自己」（大文字のSで書くSelf）から疎外されてしまうこと、そういう意味での人間の自己喪失であります。人間の真の実存的中心点としてユングの考える「自己《セルフ》」は、東洋では古代インドのヴェーダーンタ哲学などで「アートマン」の名で論議を重ねられたものに大体において該当するものでありまして、人間の内部で働く宇宙的生命の創造的エネルギーの原点とでも考えたらいいと思います。それは個人としての人間実存の中心であるばかりでなく、他者、すなわち自分以外の他のすべての人々、他の一切の存在者と自分とがじかに触れ合い、そこに緊密な間主観的統一態が即座に成立することを可能にする枢要な原理です。

　意識の深層において真に統合的な主体性の中核となるこの「自己」が失われるという

ことは、ユング的な考え方をおし進めて言えば、人間実存の中心が「自己」から遊離して、「自我《エゴ》」の次元に移行していってしまうということを意味します。エゴは、ご承知のように、ユング心理学では、人間の存在の表面的領域、実存の表層の活動の中心点です。勿論、人間のインテグラルな存在という見地からすると、エゴは無くてもかまわない、あるいは無いほうがいいようなものではなくて、むしろ人間が一個の充全な人格として存立するためには無くてはならないものではありますけれど、ただ、それが実存の深みに根を下ろして、セルフと直結していなければならない。エゴがセルフから完全に切り離されて孤立して働きだすということ、それが今ここで問題としている人間の自己疎外、自己喪失ということの意味である、と了解していいと思います。そしてまた、ここにこそ現代的状況における人間実存の深層的危機の根源がひそんでいるのだと私は考えます。

以上、私は「地球社会化」の進展を、人間存在の一様化、均一化の方向に向かって追ってまいりました。一様性などと申しますと、表面的には、今までバラバラで四分五裂の状態にあったものをひとつに纏《まと》め上げ、統合し統一するということで、何か「調和」といったものを憶わせるでもありましょうが、皮肉なことに、ある意味ではそれはただ、今までよりもっと深刻な形で人間存在のなかに不調和を煽りたて、不均衡を強める役にしかたっていないのです。なぜなら、およそ伝統的諸文化がそれぞれの個性を失って無色、無差別の状態となり、個人間の相違がみな一定の平均価値の水準まで押し下げられてしまうような環境では、人間は知らず知らずのうちに自分の真の実存的中心である「自己《セルフ》」から切り離されてしまい、必然的に「自我《エゴ》」中心的に生きるほかはないからです。エゴが猛威をふるう世界には、セルフに基づく深層的間主観性の統一態成立の余地は残されておりません。

しかし、冒頭にも一言いたしましたように、「地球社会化」には、一様化とはまったく逆の方向に、すなわち不調和、不一致、闘争、激突の方向にまっしぐらに進んでいく側面もあります。そしてこの方向においても、「地球社会化」の過程は、人類の存在それ自体を、直接、破滅の危機に導くかもしれないような重大な事態を次々に惹起《じゃっき》していく可能性がある。可能性があるというより、事実、この点では、いろいろな問題が既に我々の目の前で、世界的規模で起こりつつあります。様々な人間集団の間の経済的、政治的、宗教的、イデオロギー的摩擦、闘争が、それの具体的な現われです。

考えてみれば、それになんの不思議もありません。前に述べましたように、工業化と科学技術の異常な発達のおかげで、広い世界がすっかり狭い世界に変ってしまったのですから。科学技術的に均一化したこの狭い空間の枠内に、多数の国家、多数の民族が、それぞれまったく異なる文化伝統、世界観、生活感情、感受性をもったまま、一緒くたに投げこまれているのです。およそ考えられるかぎりの異質的な要素が、ごちゃごちゃに押しこめられてぶつかり合っている、この混乱。遠く離れてさえいれば、なんの摩擦も起こらないものを、種々雑多な文化形態が隣り合わせになるのですから、それら相互の間に鋭い矛盾、むき出しの闘争が生れることは当然でしょう。場所が狭くなればなるほど、そこに共存する異文化が互いに鋭く対立し合うというわけです。

この方向において「地球社会」化が惹き起こすいろいろな問題の性質を原理的に解明するために、私はカール・ポパーの提唱する「枠組み」(framework) 概念を使ってみようと思います。あるひとつの文化が異文化と、肯定的あるいは否定的に直接交渉する立場に立ったとき、そこに醸し出される人間実存的状況の基本構造を分析するのに最も有効に用いらるべき鍵概念の一つではないかと考えるからです。

この概念を持ち出してきたカール・ポパーの動機が、たんに諸文化間の交流の問題についての理論的興味からだけではなかった、ということは注目に値します。すなわち、それはポパーにとっては、もっとずっと深いところに根ざすもの、現在人間が直面している文化的危機について我々の誰もがもっている痛切な意識に深く関わるものであったのです。我々が自分のまわりに目撃し、かつ自ら経験しつつある文化衝突というものは、過去における異文化の衝突のように局所的な現象ではなく、地球的な規模のものであり、そこに現代独特の問題意識があり、現代独特の危機的状況が成立しているのでありまして、このような大がかりな文化衝突の構造を分析し、その本質を解明し、それに対処し得るためには、どうしてもこのような新しい概念の導入が必要になってくるのです。

ポパーによれば、およそ文化なるものは、それがなくては独立した文化として自己を主張し得ぬ内在的な「枠組み」を本来的にもっている。この「枠組み」あるが故に、各〻の文化は、それ自体において整合的な一個の記号論的構造体なのである、と彼は考えます。この記号論的構造体という資格において、文化はその文化集団の全成員の思考、感情、行動の基本的様式をあらかじめ決定すると考えるのです。勿論、誰もがそのことに気付いているわけではない。しかしそれを意識していようといなかろうと、人は誰でも、自分がたまたまその成員として生れ育った文化の「枠組み」の命ずるところに従って考え、感じ、行動している。どんな人でも、自分の属する文化の基礎構造に組みこまれているカテゴリー群の枠から抜け出すことはできない。否定的な見方をするなら、文化的「枠組み」は、人が決してそこから脱れ出ることのできぬ内的牢獄である、というのです。

ここでポパーが「文化的枠組み」の名で指示しようとしているものは、窮極的には、緻密に構造化された言語記号の意味体系のことであり、輻輳《ふくそう》する存在分節線の網目組織を構成するコトバの意味や意味可能体の有機的な統合態のことであると了解してよろしかろうと思います。いわゆる外界に我々が認知する様々な事物、それに促されて我々が考え感じるもの、我々が為すことすべて、どんな些細なものでありましょうとも、全部、なんらかの形で我々の心的機構の深層領域に取りこまれて、意味や意味可能体となり、そういう形でそこに把持される性質をもっている。しかも、それが幼少時代からずっと続いて、我々の深層意識を微妙にダイナミックな意味的構造体に作り上げているのです。ですから、外界のある対象を知覚するというような一見単純な行動でも、ただ外界からやって来る刺激にたいして我々の側の感覚器官が直接反応するのではない。その対象をどんなものとして認識するかは、その時その時に我々の意識の深層から働き出してくるコトバの意味構造の、外界を分節する力の介入によって決まるのであります。我々にとって、一輪の花が花であるのは、つまり我々が外界のXをハナとして認知するのは、決して表層的な感官だけの働きではありません。ハナという「名」の意味分節の介入があって、始めてそういうことが可能になってくるのです。

意識の表層と深層とに同時に関わるコトバの意味分節作用が、今申しましたように、知覚の末端的な事物認知機能のなかにまで本質的に組みこまれているのだといたしますと、我々の内面外面に広がる全存在世界そのものが、結局、コトバの存在喚起力の産物であるということになりましょう。あらゆる言語(ソシュール的意味での「ラング」)は、その内的機構それ自体のなかに、世界の基本的な構造と世界を形成する素材についての、それぞれ独特で固有な視座を含みもっているというクワイン(Orman Quine)の主張は、原則的に、確かに、正しいといわなければなりません。もっともクワインにしてもポパーにしても、意識の深層領域に働く意味可能体(大乗仏教の唯識哲学が考想するような意味「種子《ビージャ》」)の働きまで考えに入れているわけではありませんので、その点で、上述の私の説明とは少し違ってきますが、この考えを徹底的に追求していけば、結局そういうことになると思います。いずれにしても、ここで重要な点は、それぞれの言語が、存在世界を意味的に組み立てる特異なシステムを各自もっているということです。

とにかく、各文化の「枠組み」がこのような性格のものであるからには、それを基本的な世界像の源として共有するすべての人々の心に、それがどれほど強力な作用を及ぼすものであるかはおのずから明らかでありましょう。また、二つ、あるいはそれ以上の異文化がじかに接触する場合、いつでもどこでも、必ずそれらの間に鋭い対立が起こらざるを得ないということも。この種の対立は、互いに両立出来ない異なる「文化的枠組み」の激突として、ともすれば公然たる文化摩擦にまで発展しやすいものでありまして、現に世界中のいたるところで我々はそれを目撃しております。トマス・クーンのいわゆる異文化間の「不可共約性」(incommensurability)の問題がそこにあります。なんといっても、もし上述の考え方が正しいとしますと、すべての文化は、それぞれ独自の「枠組み」の基盤の上に立つものとして、ひとつの強靱な内的構造をもった閉ざされた組織体であるのですから、当然そういうことになってくるわけなのであります。

ところで、クーンのいう「不可共約性」とは、要するに、それぞれの文化は言語的にはモノローグでしかあり得ない、二つの異なる文化の間に真の意味でのディアローグの可能性はない、ということにほかなりません。つまり、完全無欠な形でのコミュニケーションはそこに成立し得ないということです。言語を「文化的枠組み」との関連で考える立場では、異文化間の相互コミュニケーションについては、どうも悲観論的になってしまう。「地球社会化」の進行過程における人間文化そのものの将来に関わる重大な問題として、最近、翻訳理論と称するものが、フランスのジョルジュ・ムナンをはじめとする言語学者や記号学者の間で発展してまいりまして、ひとつの言語から別の言語への翻訳が、厳密な意味で理論的にはたして可能なのか不可能なのか、すなわち、二つの違った文化の間のコミュニケーションは可能か不可能かという問題が盛んに論議されていることはご存じのことと思いますが、ここに「文化的枠組み」間のディアローグの問題が典型的な形で現われていると思います。

勿論、翻訳が可能か不可能か、すなわち異文化間のコミュニケーションが可能か不可能かというのは、どの程度の深みのコミュニケーションを問題にするかによって、答えは肯定的にも否定的にもなるべきものでありますが、とにかく、極限的厳密度の標準をとるかぎり、そしてまた「文化的枠組み」をひとつの完全に閉ざされた構造と見るかぎり、答えは否定的にならざるを得ないでありましょう。

「地球社会化」の現実が、異文化衝突という鋭角的な形で提起するこのアポリアを、なんとか脱却する道がないものか。この点、ポパー自身は、わりあい楽観主義的な立場をとっています。彼に言わせれば、一見動かし難く固まって、まるで融通のきかないように見える「文化的枠組み」は、実はそんなにスタティックなものではなくて、ダイナミックな構造であり、その奥底には膨大な量の創造的エネルギーが秘められている。この巨大なエネルギーは、普通は、惰性化した生活の厚い層の下に押しこめられて、ほとんどまったく働いていないけれども、時あって突然爆発し、思いもかけぬ創造性を発揮することがある。それが特に著しい形で起こるのは、ひとつの「文化的枠組み」が、別の「文化的枠組み」と接触し、正面から衝突する時であり、現代こそ、まさしくそのような事態が我々のまわりに起こりつつあるのだ、とポパーは申します。

このような場合、猛烈な力で噴出するこの内的エネルギーは、相対立する「文化的枠組み」を両方とも破滅させてしまうこともありましょう。時にはまた、両者を非常に安易な妥協、協調に導いて、いわゆる文化相対主義に陥らせてしまうこともありましょうし、しかもそれがもし「地球社会」的規模で起これば、当然、創造的エネルギーを喪失し、去勢され無力化された多数の文化の並存という、まことに生ぬるい多元論的状況が成立するのがせいぜいのところでしょう。

が、また、もし爆発するエネルギーが正しいチャンネルに導入されるならば、異文化衝突は建設的な批判精神誕生のきっかけとなり、自分自身の「枠組み」を他の「枠組み」の光で検討することを可能にし、さらに進んでは、対立を乗り越えて、より高い次元に、より広い知的展望を拓《ひら》くことをも可能にする機会ともなり得るのです。人類の歴史は、東洋でも西洋でも、そういう生産的な異文化衝突の著しい事例を幾つか記録に残しております。

とにかく、ここで相対立する自己および相手をともに批判し、それを乗り越えるというのは、その対立の事実そのものを、もう一つ高次のレベルに向かって超出するということであって、二つの文化が、もとの平面でまぜこぜになるとか、一致点を見出すとかいうのでは決してありません。異なる世界観の間の原則的な「不可共約性」が、現実体験のより高いレベルに弁証法的に移されることによって克服される、ということを言っているのです。それは、潑剌たる創造的エネルギーをもって互いにぶつかり合う異文化のダイナミックな統合による新しい全体の実現であり、H・G・ガダマー流にいえば、「地平融合」(Horizontverschmelzung)の現成です。

「地平融合」——相対立する異文化の「枠組み」が、己れの見ている世界の地平線を越えて、さらに一段遠いその彼方に、より広い高次の地平を拓くこと。勿論、こうして拓かれた新しい地平も、そのままひとつの「文化的枠組み」を形成するわけですから、結局どこまで行っても人間は「文化的枠組み」の限界を決定的に脱出しきることはできない。これはポパー自身もはっきり認めていることですが、しかし二つの違った文化の弁証法的自己超越によって成立した高次の「枠組み」には、もとの二つになかった独特の視野の広さと柔軟さとがあって、それが現実にたいする新しい、より包括的なものの見方、感じ方を人間に与えることになるだろうことだけは予想に難くないところであります。

そして、このような文化的「地平融合」が、世界の至るところで、すべての異文化間で実現していくとしたら……それこそ本当の意味での「地球社会化」であり、それこそ真に理想的な形でのグローバライゼーションの実現なのではないでしょうか。そこに形成されてくるものは、決して、様々に異なる文化形態の差異を、たんに取り除いて、全部を平均化し画一化することによって成立する地ならし的な一様性ではないはずです。いろいろに違う地域文化を違ったものとして認め、それぞれを違ったものとして生かしながら、しかも低次元でのそれらの対立を越えたところで、それらを生きた形で統合する、そういうダイナミックな統合《インテグレーション》であるはずであると思います。

しかし、一体、このような文化の弁証法は、本当に実現可能なのでしょうか。それは今のところ誰にもわかりません。とにかく、それが実現可能であるとか、ましてや現に人類はその方向に向かって進んでいる、などと言うつもりは私にはありません。ただ私は、「文化的枠組み」の衝突に関するカール・ポパーの言葉の示唆するところに従って、「地球社会化」がもし理想的な形で実現するものとしたら、少なくとも理論的にはどんなことになるのだろうかという想像図を描いてみただけのことであります。たんに一つの理想像にすぎません。理想像ではあるけれども、それの実現に近づく可能性が全然ないわけではない。少なくとも、私としてはそう考えたいのであります。

ところで、もともと私がこういう方向に話を進めてまいりましたのは、自分が常日頃考えている東洋哲学の共時論的統合という構想を、「地球社会化」というこのシンポジウムのテーマをめぐる今日の論議のなかに導入してくるための手がかりを見つける目的でもありました。一口に東洋哲学といいましても、その現実は種々様々な思想潮流の錯綜でありまして、これを全体的に一つの「文化的枠組み」として捉えることは非常に難しいのですが、それを作業仮説的にあえて一つの統合体と見做して、この東洋哲学的「枠組み」が、現代世界で支配的位置にある西欧的な哲学の「枠組み」と対立した場合、そこにどんなディアローグが起こり得るだろうか、またもしディアローグが実際に起こった場合、そこにどんな「地平融合」の可能性があるだろうか。そういうことを考えてみたいと思ったわけであります。とは申しましても、問題があまり大きすぎまして、これを全体的に取り扱う能力も余裕も現在の私にはございません。問題のごく限られた一局面を、ごく限られた側面から取り上げるだけであることを、お断り申し上げておきます。

目下急速に進行中の「地球社会化」プロセスの圧力のもと、巨大なテクノロジー的機構のなかで一様化され平均化された生き方を余儀なくされている現代的人間の経験しつつある深刻な実存的危機として、自己疎外、自己喪失というものがあることを、私は先に指摘いたしました。自己喪失――それこそまさに、近代生活の特徴をなす科学技術的「機械」の部品として、日ごとに均一化されていく生活を送ることを強いられる人間が、自分の本来的「自己《セルフ》」との結びつきを失って追いこまれる実存的状況そのものなのであります。

人間が見失った――あるいは次第に見失いつつある――「自己」、そこから疎外されている「自己」とは何なのか。この問いを抱いて東洋哲学を眺めてみると、東洋の主要な思想潮流が、まさしくこの問題をめぐって生じ、発展してきたことに気づきます。極東であれ、中東近東であれ、いつでもどこでも、真の「自己」の探求は、哲学的思考の出発点であり、基礎であり、中心課題でありました。

しかも、哲学思想の根源をなすこの「自己」探求が、東洋文化の伝統においては、ほとんど例外なく、純粋に主体的な探求であったということが、まず注目されます。すなわち、「自己」を理念的あるいは概念的に理解するのではなくて、そのような知的操作にかける前に、先ず哲学者たる人間が、真の「自己」を自分の実存の深みにまで主体的に追求して行き、それを自ら生きるということ。いわゆる東洋的なるもの、すなわち東洋的主体性の現成です。かつてオスカー・ワイルドは、「古代世界の入口には「汝《なんじ》自身を識《し》れ」というモットーが掲げてあったが、新しい世界では「汝自身となれ」と書かれるべきである」と申しました。これこそ東洋の哲人たちが哲学の根本問題として、数千年間、関わってきたところなのであります。

このような形での主体性探求が、人間の日常的自然的態度に真正面から反対するものであることは、いうまでもありません。生の日常性のレベルにおいて主役を演じる主体性は、本論の始めの部分でお話した「自我」、つまりセルフから区別された意味でのエゴであります。「自我」の働きを中心とする日常的生活世界においては、人は自分自身、および自分が主体的に関わり合ういろいろな客観的事物の存在性について疑問を抱かない。つまり、自分と世界とが、現に自分の見たり考えたりしているのとは本当はまるで違ったものなのではないか、などということは思ってもみない。

こういう自然的態度を、現象学的社会学者アルフレト・シュッツは、存在世界についての「日常的エポケー」と呼んでおりますが、東洋哲学は、まさにこの自然的態度特有の判断中止《エポケー》そのものを中止するところから始まる、と言っていいかと思います。簡単に言えば、それは、自分自身の内面の深層をどこまでも追求することによって、存在の深層を底の底まで究明しようとすることでありまして、そこに東洋哲学の大きな特徴があります。

このような意味で主体性を極限まで探求するために、東洋哲学の主要な学派は、それぞれ独自の組織的な方法を案出しました。中国的表現で言えば、「道《どう》」であります。ひと口に「道」といっても、具体的には、勿論、名称も形態も様々です。例えば、インド思想のほとんどすべての学派に共通なヨーガ、大乗仏教の止観、禅仏教の坐禅、老荘の坐忘、宋代儒教の静坐、イスラームの唱名《ジクル》、ユダヤ教の文字・数字観想など、主なものだけちょっと挙げてもいろいろですが、いずれも意識の形而上的次元における特異な認識能力を活性化するための体系的方法であることには違いありません。

これらの方法は、いずれも人間の意識を日常的機能の表面だけに限定せずに、「日常的存在エポケー」をエポケーし、意識の深層領域にひそむ特異な認識能力を解放し、そこに「自己」の真相を探ろうとするところに特徴があります。ですから、こういう形の実践道としての「自己」探求は、第一義的には、人間実存の根源的変貌、表層的「自我」から深層的「自己」への転換、もっとくだいて言えば、人間を根柢《こんてい》からつくりかえることを目的とするものであって、この方面から見ても、自己疎外という現代的人間の危機的状況にたいして、少なからず積極的関与性をもち得るものであることは勿論ですが、それのもつ意義を正確に測るためには、それの実体験知から出てくる理論的な帰結も考慮に入れる必要があると思います。

この点をごく簡単に申しますと、今言いましたような人間の内面的つくりかえの操作を通じて、人間意識の深層領域の構造が次第に明るみに引き出され、それに基づいて、唯識哲学の八識構造モデルに典型的な形で見られますように、意識を幾つもの層から成る多層的構造体として立体的にモデル化することが可能になるということが、先ず明らかになってまいります。そして意識が、表層だけでなく深層をもつ構造としてモデル化されるとともに、それに伴って存在世界、いわゆるリアリティなるものも、表層から深層に段階的につながる一つの多層構造として把握される。そこに「自己」探求の「道」の形而上学的、あるいは存在論的意義があると考えられます。

それでは、観想体験によって意識の深層が拓かれ、常識の見方からすると異常としか思えないような認識能力が働き出した場合、リアリティはどんなふうに変って見えてくるのか。それをここでちょっと考察してみたいと思います。勿論、細部は一切省略した、ごく大ざっぱな一般的考察にしか過ぎませんが。

意識の多層構造モデルで、一番浅い、表層レベルとして位置づけられるのは、感覚、知覚、思惟、意志、欲動など、普通の意味での心理現象の生滅するレベルでありまして、このレベルでの意識にたいしてはリアリティは、先ず何よりも、無数の事物、事象に分節された世界として現われます。

十三世紀、スペインの著名なユダヤ哲学者にアブラーハーム・アブーラアーフィーア(A. Abūlaʻāfiyah)という人がおりますが、この人が申しますのに、我々の日常的意識の目に映った経験世界の事物はすべて「粗大な」事物であり、それらの事物に対応する我々の心内のイメージも「粗大」イメージである。(仏教哲学にも、同じような原理に基づく存在の「粗大な」形姿と「微細な」形姿との区別があることは、つとにご承知の通りです。)そして、これらの「粗大な」事物が固い「結びこぶ」となって我々の心の自由な流動を妨げている。この次元の意識にとって、現実はまるで至るところにゴツゴツ結び目のできた一枚の布のようなものだ、とアブーラアーフィーアは申します。インドのヴェーダーンタの哲学のシャンカラなどに言わせれば、マーヤーの幻術的働きによる存在世界の幻影的現出である、ということになりましょうが、人間の表層意識は、そこに見えているものの姿を決して幻影だとは考えません。つまり「結び目」を本当に実在する実体だと思っている。

幻影の織りなす垂れ幕の彼方に事の真相を見通すことができるようになるためには、存在と意識の「結び目をほどいていく」ことが必要です。「結び目をほどく」というのはアブーラアーフィーアの特徴的な表現ですが、これが一般的にいって「観想」(contemplatio)に当る修行道であることは明らかです。つまり、観想の「道」によって、「粗大な」事物の「粗大な」形象を一つずつ消していく、それが意識と存在の「結び目をほどく」ことなのであります。

「結び目をほどく」この操作を通じて、意識の深層がだんだん深みに向かって拓かれていく。それに伴って、今まで「粗大な」事物であったものが、次第に「微細な」形象となって現われてきます。そして、このプロセスがあるところまで進んだ時、東洋哲学的意識構造モデルで決定的に重要な一段階をなす深層意識の特異なレベルが現成する。東洋哲学といってもいろいろな伝統がありますので、詳しく見れば、意識のこのレベルの立て方自体も様々ですが、ここでは便宜上、古代中国の思想家、荘子が「渾沌《こんとん》」(カオス)と呼んだものでそれを代表させておきましょう。

元来、表層意識、つまり日常的経験意識の鏡に映る存在世界は、さっき申しましたように、いろいろな事物が、原則的に、はっきりした輪郭線によってそれぞれ他から区別された世界です。つまり、物質的事物の「粗い」姿が、多数の存在単位として現われている。そして、それらの存在単位は、時間空間的にそれぞれ自立して、個々別々のものとして知覚されるのです。

ところが、人が内的に観想状態に入り、その状態がだんだん深められていくにつれ、今まで感覚的に経験されてきた固い殻をかぶった事物が、次第に流動性を帯びてきます。アブーラアーフィーア的表現を使うと、「結び目をほどかれた」事物が、存在論的流動状態に入ってゆき、それらを個別的に縛っていた形から解き放たれ始める、とも言えるでしょう。

こうして流動状態に入った事物は、これからご説明する存在論的「渾沌」の世界を形成してゆくわけなのですが、その一段手前で――あるいは、その方向から傍にそれて、と言ってもいいかもしれません。要するに深層意識の構造モデルをどう組み立てるかという方法論的ストラテジーの問題です――アンリ・コルバンのいわゆる「元型イマージュ的世界」(mundus imaginalis)として展開する場合も屢〻あります。あまり詳しいことは申し上げている暇がありませんが、要するに、「結び目をほどかれた」事物が、元来、日常的感覚の次元で固く保持していた個別的質料形態から己れを解きほぐして、流動的、創造的なイマージュに変形するということです。この際、大多数の事物は、たんにイマージュ化す、というのでなく、いわゆる「元型的」(アーキタイプ的)イマージュとして現われてくる。つまり、深層意識のこのレベル、あるいは領域、では、コルバン流の言い方で申しますと、事物はみな「イマジナル」(imaginal)になるのでありまして、観想のこの段階における意識の見る存在世界は、例えば天使や精霊など、事物のイマジナルな形象に満ちた象徴的世界です。シャマニズムがその典型的な場合であることは勿論ですが、もっと構造化された形としては、真言密教の「マンダラ」があります。またこれと関連して、大乗仏教諸派のうち、深層意識の構造に並々ならぬ関心を向けていることで知られる唯識派が、意識のイマジナルな機能に関して多くの重要なことを明らかにしている事実にも、注目しておくべきでありましょう。

さて、さきほどもちょっと申しましたように、存在論的流動状態に入った事物は、「元型イマージュ的世界」を素通りして、つまり、イマジナルな形象に変貌することなしに、そのまま「渾沌」状態に展開していくこともあります。これは東洋哲学の伝統としては、観想の(哲学的に)非常に重要な段階です。とにかく、ここでは、あらゆる事物が、常識的にはとても考えられないような異常な風景を示します。

既に何遍も言ったことですが、常識的経験の世界、つまり表層意識の見る存在世界は、様々な事物が、それぞれ自分特有の輪郭線によって他から区別された世界です。ところが、今問題としている意識のレベルまで来てみると、それらの事物相互を分つ輪郭がそんなにキッチリしたものではないということが目に見えてくる。つまり輪郭がボケてくる。個々のものが、それぞれ己れの「本質」を抱いて固い結晶体をなしていた、それが突然、溶け始める、とでも言ったらいいと思います。

東洋哲学的観点からすると大変重要なことですから、少し詳しくご説明しましょう。ものが流動的になる、というのは、もう少し哲学的に申しますと、今まで(日常経験の次元では)自己充足的であった物体が、今や存在論的に透明な、すなわち互いに無抵抗な存在になるということ。表層意識の見る世界では、Aはどこまでも Aであり、Bはどこまでも Bであって、互いに礙《さまた》げ合う。つまり、両者の間には存在論的な抵抗がある。ところが、今お話している観想のレベルに現われるAとBとの間には、そういう相互抵抗は無くなってしまうのです。

かりに今、表層意識で我々がABCという三つの別の物を感覚的に見ているとしましょう。観想の深まりがあるところまで来ると、ABCのそれぞれの本質的輪郭線がボケて流動的となり透明になってくる。透明だから、ABCは互いに浸透し合い流通し合う。従って、Aという一つを取り上げても、その中に始めからBとCとが流れこんでいる。

Bを取ってみると、今度はそのなかにAとCとが溶けこんでいる、といった具合です。このレベルにおいてすら、一応、表面的にはAはAであって、BでもないしCでもない、BはBであってAでもなければCでもないけれども、最近、「新科学《ニュー・サイエンス》」の分野でも盛んに活躍しておられる原子物理学者デイヴィッド・ボーム（David Bohm）教授の科学・形而上学的術語を使って言うと、存在の「インプリシット」（「畳《たた》みこみ」的）な側面においては、すべてがすべてを含み、逆にまたすべてがすべてに含まれているのであって、その全体の多層・多元的な相互連関の網目構造が、結局、どこにも本当の境界線のない——あるいは、境界線はあっても、それが限りなく移り動いていく——一つの統一体となってくる。つまり全体的には無分節の、しかし、無分節でありながら、限りない柔軟性をもって自己自身をどこまでも分節していく可能性をもった統一体として現われてくる。これが荘子のいわゆる「渾沌」でありまして、その流動的なダイナミックな存在構造が、同じ中国で発達した仏教の華厳哲学で、「事事無礙法界《じじむげほっかい》」という形で現われるのであります。

「事事無礙」、そしてその根柢にある「事理無礙」——ありとあらゆるものが、限りなく横に拡がり、限りなく縦に伸びて、何重にも流通し合い浸透し合う存在融合の真相。これが、観想的意識のこのレベルが拓かれた人々の見る世界の姿であり、それがまた一般に東洋哲学の存在論、形而上学の基本的立場なのであります。

だがしかし、この「渾沌」のレベルも、観想の最終段階、すなわち我々の作ろうとしている意識の構造モデルの最深層なのではない。東洋思想の伝統が構想しかつ実践してきた観想は、さらに進んで、もう一段深まらなければなりません。そして、そこまでいくと、もはや一切のものが重々無尽に流通し融合して連関し合う「渾沌」の領域ではなくて、端的に「無」の領域です。ここでは、事物相互間の質料的・形象的区別がないことは勿論、前の段階で観想された存在の「渾沌」化、無差別化の意識そのものが意識から拭い去られてしまう。荘子の「渾沌」は、この段階に至って老子の「無」に転じます。ここでの意識は「何かについての意識」では、もはやありません。絶対に純粋な「意識」そのものです。およそいかなるものについての意識でもなく、「無」の意識ですらない。むしろ、「意識」と完全に合一した「無」とでも言うべきもの。言い換えれば、無分節態における形而上的リアリティが、純粋主体性における「意識」として現成した境位であり、これら両者の相即性そのものが、絶対無分節者であるのです。

この意味での「無」――「無心」(禅)、「空」(大乗仏教)、「無相ブラフマン」(ヴェーダーンタ)、「エーン・ソーフ」(カッバーラー)、「無名」(老子)、「絶対的一」(イスラーム)

等々、その名は実に様々ですが——いずれも意識と存在の窮極的ゼロ・ポイントの幽邃《ゆうすい》な境位を示唆する点で一致します。そして、これらの東洋思想の伝統では、これが観想の往道の終点、還道の始点と考えられています。すなわち、長い観想修行の道が「無」に至って終局に達する。が、人はそれを始点としてまたもとの道を辿り、再び日常的意識の世界に戻ってくる。

観想のこの帰り道は、当然、存在論的側面をもっています。この側面において、始点をなす「無」は絶対的な現象以前、全現象的世界の淵源《えんげん》(Urgrund)、そこから存在世界が時間的、空間的に分節されて発出してくる形而上的無分節者。まさにインドのサーンキア哲学のいわゆる「未展開」(avyakta)であり、中国の宋代儒学のいわゆる「未発」です。すべてのものはここから発し、ここに共通の形而上的根元をもつ。全存在世界は「未発」の状態から「已発《いはつ》」の状態に向かう「無」の存在論的自己表現であり、イスラームの哲学者イブン・アラビーのいわゆる「自己顕現」(tajalli, 複 tajalliyāt)にほかなりません。

こうして経験的世界に存在する一切の事物は、唯一なる「未展開」の展開形態でありますから、それらがどんなに異なった形で無数の現われ方をしておりましょうとも、結局は根源的に一であり、互いに内的依存関係を保っているはずです。つまり、経験世界のあらゆる事物の下に、現象的存在の全領域にわたって溢《み》ちている無分節の絶対的一性がある。そして、それこそ前述の「渾沌」の形而上学的根拠でなければなりません。華厳哲学の「事事無礙」というのも、要するにそういうことです。ただし、観想体験の極限的境位において、いわば一度「無」を見た人、「無」を見てきた人だけが、事物をそういう相の下に眺めることができるのです。存在の「渾沌」的状態を、たんに「渾沌」の境位だけに限定された事態として見るのではない。いったん「無」的体験を経た人の意識は、日常的経験の世界に戻ってきても、そこに展開している現象的事物の有様を、観想を知らない人々とはまったく違った目で見ている。つまり、日常的経験の次元においてすら、存在を「渾沌」的に見ているのです。「無」に触れることによって、意識そのものが根本的に変質してしまっているのですから当然です。

存在の「渾沌」的状態がどんなものであるかということは、前にご説明いたしましたから、もうここでは繰り返しません。ただ、あの時との違いは、今申しましたように、日常的経験の次元を離れた観想の途中で存在世界が「渾沌」として現われるというのでなしに、日常的世界そのものが「渾沌」化される、つまり、すべての事物が、その根柢にひそむ「無」を介して重々無尽、限りない相互浸透、相互融合の相の下に現われる、ということです。

それからもう一つ、このような姿で眺められた存在世界では、いわゆる「事物」は、正確には、もう事物ではないということに注意しなければなりません。観想体験に関係のない日常的生を生きている人が、「事物」として知覚しているものは、観想体験を経た人の目から見ると、一つ一つが存在的「出来事《イヴェント》」、言い換えればプロセスなのです。固体として存続する無数の物から出来ている世界として、普通、認識されているフィジカルな世界は、この見地からすれば、ただ現象的幻影にすぎません。いわゆる「物質」も、前観想的意識のレベルにおいてのみ物質なのであって、意識のより深いレベルでは、当然、それは姿を変えて現われてくる。前に述べた存在の「渾沌」的相互浸透の故に、いわゆる物質といわゆる意識との間にも本当に不可侵的な区別はないからです。物質だけではありません。全体的に見れば、この世界に存在すると考えられる事物は、すべて「無」すなわち絶対無分節者が、様々な形で自己分節していく「出来事」の多重多層的拡がりにすぎません。しかも、ひとつひとつの「出来事」は文字通り瞬間的な出来事です。無分節が自己分節した姿を一瞬見せる、そしてまたそのままもとの無分節に戻る。無分節のこの存在展開と逆行が不断に繰り返されてゆく。まさに『易経』の「易」の意味する事態。存在世界は、かくて、一つの無限の動的プロセス、宇宙的流動なのであり、この世界のすべての物は、根柢から、こういう意味での存在論的流動性によって特徴づけられるのです。そしてこれこそ、「有」から出発して「無」に至り、「無」からまた「有」に戻る、つまり表層、深層をともに合わせて、意識のあらゆる層を観想的に知った人の目に映るリアリティの存在論的風景なのであります。

以上、東洋哲学の主要な諸学派に共通する動的世界観を、意識の多層構造モデルの見地から急ぎ足で解説してまいりました。要は、「自己」なるものを、東洋哲学が、伝統的に、一体どう考えてきたか、ということをお話したかったのです。

本論の前半の部分で、まだ東洋哲学のことを話しだす前に、私はユングにならって「自己《セルフ》」と「自我《エゴ》」とを区別する考え方を導入しました。この区別を、今ここで憶い返してみますなら、先ほどご説明いたしましたような形で「無」と「有」のあいだ、つまり無分節と有分節とのあいだ、を往還する多層多重的意識構造の全部を、観想的に一挙に自覚した主体性が、すなわち東洋哲学の考える「自己」であるということがおわかりいただけたのではないかと思います。ユングの場合と同じく、この東洋的「自己」も、その働きが日常的経験の地平を越えることのない「自我」、つまり本性的に単層構造であるエゴとはまったく別物である。というより、エゴは、「自己」という多層多重構造のごく一部、つまりその表層領域であるにすぎません。既に何遍も申しましたように、

「自己」それ自体には、それぞれが根本的に異なる仕方で機能する幾つかの異なったレベルがある。そうであればこそ、存在の多層構造に応じることができるのです。「自己」の全体のみが、すなわち己れの深さと広さとを徹底的に自覚した意識のみが、多面的存在リアリティの無限の広さと、測り知れぬ深さとの全貌を正しく見通すことができる。存在の世界は果てしなく広く、底なしに深い。「自己」もまた果てしなく広く、底なしに深いのです。

本論の冒頭、私は現に我々のまわりで進行しつつある「地球社会化」の過程が、ほとんど必然的に人間に対して用意する恐るべき陥穽《かんせい》の幾つか、そして、それが提起せずにはおかない実存的問題に触れました。それらすべてが、要するに、人間の窮極的主体性、自己の真のあり方に深く関わる問題であることはいうまでもありません。

このような状況において、それに内在する深刻な危険をはっきり意識しながらも、しかもなお、我々が人類文化のグローバライゼーションの理念を信じ、「地球社会」の理想的な形での形成に向かって進んで行こうと望むのであれば、何よりも先ず我々は、我々自身を作り変えなければならない。すなわち、我々の実存の中心を「自我」のレベルから「自己」のレベルに移行させなければならない。あるいは、より正確に言うなら、

「自我」を「自己」の表層的一部として、それを「自己」の多層構造全体のなかに定位しなおすことによって、完全に変質させなければならないでありましょう。

東洋哲学は人間の自己疎外の問題を、文化的状況のいかんに関わりなく、人間が人間であるかぎり本性的に人間存在に纏綿《てんめん》する深刻な問題として、伝統的に追求してきました。真の自己の主体的探求ということが、思想的にもまた実践的にも、その中心課題だったのです。ですから、今、「地球社会化」についての現代の我々の考えのなかに、「自己」をめぐる東洋哲学的視野を導入することは、たんなる知的好奇心などではなくて、むしろ積極的に、我々自身の奥底にひそむ文化的ディアレクティークのエネルギーを活性化するための、きわめて有効で有意義な道なのではなかろうかと私は考えます。

他方、「地球社会化」形成への進行方向において、人類の全面的破壊にまで導きかねない諸文化間の衝突の危機が我々を現に脅かしつつある事実を、私は先に指摘いたしました。現在、世界中いたるところで起こりつつある、そして将来もっと多く、ますます熾烈《しれつ》な形で起こるであろう文化衝突を機として、逆に、むしろそこに何か積極的に新しい高次の地平を拓いていく可能性はないものか。ここにもまた、一つの重大な世界的規模での文化の創造的ディアレクティークの問題があると思います。そして、この点では、人類文化をある意味で二分する東洋と西洋の文化を、今までよりもっと根源的な形で、より深いレベルで、対決させ、両者の高次の統合の可能性を、あらためて考え直してみることが必要になってくるのではないかと思います。

もっとも、そうは言いましても、途方もなく大きなこの問題を取り扱うには、私自身はあまりにも準備不足でして、ここで詳しい論議を展開することは、とうていできません。ごく概括的に要点だけを申し上げて、今日の話を終らせていただくことにいたしたいと存じます。先ず東洋の側ですが、東洋哲学伝統の開発してきた意識の多層多重構造(そこで主題的に取り扱われるものは「自己」)と、それに対応して成立する「渾沌」的存在感覚、存在観。その基盤の上に展開するきわめて特異な東洋的世界像については、既にかなり詳しくご説明申し上げたところであります。この世界像の最も顕著な特徴は、第一に意識と物質とが峻別されることなく、むしろ逆に両者が互いに浸透し合うような流動性を示すこと、次に、そこではいわゆる事物が存在者ではなくて、むしろそれぞれ一つのダイナミックな存在的「出来事」であること。結局、全体としての世界は、こういう数限りない存在的「出来事」の相関的、相互依存的、相互浸透的な網目構造の不断に繰り拡げられ、畳みこまれる流動的プロセスとして現われるのでありまして、要するに、それが世界と呼ばれるものの真相である、ということになります。

一方にこのような東洋的世界像があるとすれば、対する西洋の側には、現代自然科学の、まったく新しい存在観、存在感覚に裏づけられたまったく新しい世界像があり、そこでもまた、物質と意識の本質的峻別は無力化されてしまう。元来、物質と意識とを矛盾的対立関係におくのは、ニュートン力学のパラダイム、あるいはデカルト的二元論に基づく見方でありまして、このような見方をするかぎり、ものの本源的透明性とか、ものとものとの相互浸透などということは考えられません。しかし、皆様もご承知の通り、現代物理学では、この旧来のパラダイムは既に新しいパラダイムに置き換えられ、デカルト的な物と心の二元論は否定されつつあります。自然科学のこの新しいパラダイムが、いわゆる「事物」の存在論的構造そのものに意識の積極的参加を認め、それによって事物の実体的凝固性を「溶解」し流動化するような性格のものであることが注目されております。つまり、今までいわば固い凝結性において考えられていた物質的世界が、意識の内面からの参与によって、限りなく柔軟で、常に変転する「出来事」の相互連関の複雑微妙な創造的プロセスとして見られるようになってきた、ということであります。

既にお気づきになったことと思いますが、現代の自然科学的パラダイムに基づくこの西洋的世界像は、基本構造には、伝統的な東洋哲学の世界像に酷似するところがあり、西洋の物理学者のなかにも、もうその事実に気づいて、それを自分の理論のなかに組み入れようとしている人がある。東西の文化的ディアローグは既に始まっているのです。

いずれにもせよ、この西洋的世界像には、新しく創造的段階に入った自然科学特有の新鮮さがあり、これに反して東洋哲学の世界像は、千年以上の長い年月を通じて蓄えられてきた知的経験のもつ巨大な創造力を秘めております。今、それぞれ独自の強力な創造性を備えたこれら二つの「文化的枠組み」が、現代という歴史の時点で、ぶつかり合い、対話し合う、そのドラマティックな可能的ディアローグのうちに、私は先にお話しした「地平融合」の意義深い可能性を垣間見ることができるように思います。

いうまでもなく、哲学を「東洋」と「西洋」とに分ける伝統的分割法は、人類の知的活動の幅と深さとの全てを覆いつくすには不完全であり局所的でありすぎるかもしれません。私が本論で取り上げた東洋哲学と西洋哲学の「地平融合」も、もしそれが実現したとしても、要するに一個の局所的現象であって、「地球社会的哲学」の理想には遥かに及ばぬものでもありましょう。しかし、そういう制約にも拘《かかわ》らず、人類文化そのもののグローバライゼーションの実現に不可欠な一段階としての哲学のグローバライゼーションに向かう途上における最初の重要な道程標とはなるであろう、と私は信じます。

二　文化と言語アラヤ識
——異文化間対話の可能性をめぐって——

もともと私に与えられた題目は、「異文化間の対話は可能か」という問いだった。異文化間の対話は可能か——こう問いかけられて私は戸惑う。どう答えたらいいのか、どう答えるべきなのか、私にもわからないからである。

　異文化間の対話とは、要するに、異なる文化に属する人々のあいだの相互理解ということであろうが、そういう種類の相互理解が、理論的あるいは哲学的に果たして可能であるのか、それとも不可能なのか。実際的には、地球上で、様々に異なる文化が、現に、対話し合っている。そんな時代に我々は生きているのだ。地球社会の成立が云々される今日、我々は誰もが一つの地球の上で、密接な相互関係において生存している、生存していかなければならない、という意識をもっている。いかなる文化も、今や、絶対に排他的な自主性において存在することはできない。当然、異文化との出遇い、接触、衝突、ということが大きな問題となって浮び上ってくる。異文化間の対話は可能か。それは切実な現代性を帯びた、まさに現代の問題である。

だが、いま現に地球上の至るところで行われている異文化間の対話が、人間の現代的状況の要請から見て充分満足すべきものだとは、誰も思ってはいないだろう。それに、問題をもっと根源的に掘り下げて考えた場合、異文化間の対話なるものが、そもそも可能であるのか否か、ということになれば、誰しも――といっていけなければ、少なくとも私は――決定的な答えを出すことを躊躇《ちゅうちょ》する。

人間は、太古以来――あるいは、それよりもっと以前から――大小様々、無数の問いを、自らにたいして、また他人にたいして、投げかけ続けてきた。そしてその都度、なんとかそれに答えを見出してきた。特に、問題が、二者択一的にイエスかノーかの答えを要求するような性質のものであれば、比較的簡単にけりをつけることができる場合が多かった。ところが現代では、その「イエスかノーか」が、大変難しいことになってきたのだ。提出される問いは、ますます複雑になり、たとい外面上はイエス・ノー要求の形式であっても、その多くは、単純にイエスかノーかの一極に還元してしまって、それで黒白がつくようなものではない。というより、むしろ黒白をつけないでおくことこそ正しい、というような屈曲した性質のものであることが少なくない。

問いが発される。だが、それにたいしてはイエスともノーとも言えない。「異文化間の対話は可能か」というのも、まさしくこのような性質を顕著に示す現代的問題の一つであろう。イエスでもなくノーでもなく、可能・不可能、矛盾対立する両極の間に、何か新しい形の答えを模索しつつ、揺れ動く。デリダのいわゆる「還元不可能性の境界地域」を行くほかはないのだ。しかし、考えてみれば、このような形での不決定性こそ、今日という時代に生きる人間の思惟を根本的に特徴づける性格なのではなかろうか。アルチュセール風にいうなら、それが現代の「プロブレマティーク」なのである。

こんなわけで、「異文化間の対話は可能か」と問いかけられて、それが可能であるとも、可能でないとも私は答えない、答えることができない。だが、なぜ答えられないのか、ということを考えることだけはできる。この小論は、東洋哲学に関心をもつ一言語哲学者の、この問題に関するささやかな思索の記録である。要するに、異文化間の対話の可能・不可能を考える前に――そして、この問題については、可能・不可能を不決定のままにしておくことこそ正しい態度なのだということを、少なくとも自分自身に納得させるために――文化なるものが、そもそもいかなる性質のものであるかを、東洋哲学の立場から、言語哲学的に考察してみよう、と私はする。

文化とは、そもそもどのようなものであるのか。といっても、私はここで、ことさらに「文化」を定義しようと思っているわけではない。世のなかには、特に人間的経験の事象の場合、それを学問的あるいは哲学的考察の対象として取り上げる時、うまく定義できないもの、定義しないでおいたほうがかえっていいものがたくさんある。数学の記号組織のようなメタ言語の場合には、使用する辞項を初めにきっちり定義してかからなければ、どうにも動きようがないが、自然言語で、わけても抽象概念を取り扱う場合など、語の定義を無視して論議を始めたほうが、ずっとわかりやすくなることが多い。定義的に問題にしなければ、誰にもよくわかっている。無理に定義しようとすると、わけがわからなくなる。アウグスティヌスの時間論がその古典的実例である。「文化」もそういうものだ、と私は思う。

今日、我々は「文化」という語を始終使っている、日常的な会話においてすら。我々にとって、「文化」はごく普通の、ありふれた言葉の一つにすぎない。他のすべてのありふれた言葉と同じく、「文化」は我々の常識的理解の次元では、明瞭な意味をもっている。「文化」といえば、誰でもわかる。だが、この語によって本当に何が意味されているのか、それを多少とも正確に定義しようと思うと、たちまち困難に突き当る。「文化」は、意味漠然たる曖昧《あいまい》語。それの指示対象を明確に同定することができないのだ。

元来、文化という概念そのものは、我々日本人にとって、外来の概念である。言うまでもなく、源は西洋文化。西洋文化から借りてきた概念を、「文化」という形で日本語に翻訳した。しかし、いまでは、誰もそれの外国起源を意識しないほど、それは普通の言葉になりきっている。日本だけではない。今日、非西洋世界の至るところで、ほとんどすべての言語——少なくとも、すべての文化語——が、それぞれ「文化」に該当する語をもっており、それらが、ほぼ万国共通の概念の記号として使用されている。「文化」は、まさに、記号学者のいわゆる「文化的普遍者」(cultural universals)の一つなのである。

「文化」に限らず、今日、地球上に流通している文化的普遍者(人類の、地球社会的次元における文化生活に関わる共有概念)は、すべて西洋起源であることを著しい特徴とする。しかも人々は、通常、それらの西洋起源を少しも意識していない。それほどまでに、非西洋的世界の個別文化の中に、これらの西洋的概念は深く浸透しているということだ。と同時に、この事実は、全人類共通の文化パラダイムとしての、西洋文化の地球社会形成力のすさまじさを物語る。

だが、たとい我々が、たまたまそれらの概念の西洋起源を意識したにしても、曖昧な概念が、それだけ明確になるというわけのものでもない。それどころか、わけても「文化」の概念などは、それの源である culture や Kultur に引き戻して規定しようとすると、ますます曖昧度を増してくる。つまり、本もとの西洋でも、「文化」の概念は一向はっきりしていないのだ。ましてや、それの定義ともなれば、文字通り十人十色。収拾すべからざる混乱状態に巻きこまれてしまう。

「文化」概念をめぐる事態が、およそこのようなものである故に、私はむしろ、ことさら厳密な定義を避けて論を進めようと思う。先にもちょっと言った通り、「文化」という語は、定義しないで使えば、かえって、なんとなく意味がわかるのだ。ただし、そのなんとなくわかる常識的な意味内容を、以下の所論の出発点とするに足る程度まで、はっきりさせておく必要はある。そこで一応、仮に、「文化」とは、ある人間共同体の成員が共有する、行動・感情・認識・思考の基本的諸パターンの有機的なシステムである、と考えておくことにしよう。これでも一種の定義かもしれないが、定義としても、要するに暫定的、表層的な定義にすぎないのであって、「文化」の源に「言語アラヤ識」を見ようとする私の意図からは程遠い。

それはとにかくとして、一応、以上のように考えた場合、先ず目につくことは、文化の規制力である。一つの共同体に属する人々の一人一人の欲望、価値観、行動の動機づけ、ものの見方、ものの考え方、感じ方を、その共同体の文化は強力に縛る。この意味での文化は、すなわち、文化規準なのであって、その資格においてそれは共同体の成員の生活様式、実存形態を根本的に規定する。

個人的にも公共的にも、己れの共同体の文化規準に従って生きていながら、我々は、通常、それを意識しない、丁度、不断に空気を呼吸しながら、それを意識しないように。我々は普通、いわば自分勝手に、外部から強制されることなしに行動し、考え、感じていると思いこんでいる。だが、ちょっと反省してみれば、ごく稀《まれ》な場合を除いて、我々は、大抵は己れの所属する共同体の文化規準の命ずるままに生きているのだということを発見する。無意識だからこそ、なおさら文化の規制力は強い。始めからそこにある一つの世界像のなかに、みんながすっぽり包みこまれて、その枠のなかでものを見、考え、行動しているのだ。しかもそれに気付かずに。文化が「目に見えぬ牢獄」(カール・ポパー)に譬《たと》えられる所以である。

我々が内的・外的世界をいかに見るか、そこにいかなるものを、いかなる姿で認知するか、そして認知した事物・事象にいかに対処していくか、つまり、我々がいかに「現実」を経験するか——文化の基本パターンがその大筋を決める。そうだとすれば、文化と呼ばれるこの強力なメカニズムは、一体どのような内部構造をもっているのか。どんな必然性があって、人間は己れ自身の「牢獄」を創り出したのか。

この問いに答えるためには、ここで二つの重要な問題を考察する必要がある。その一つは、文化と経験的「現実」の関係。もう一つは、「現実」と言語の関係である。

人間的「現実」の構成原理として、文化は、それぞれ、複雑に入り組んだ網目構造をなしており、その網目を通じて存在の渾沌《カオス》が秩序づけられる。人間実存を、それのあらゆる次元において規制する一つの世界地平が、そこに現象する。

人間は存在の本源的カオスのなかに生きてはいない。生きられないのだ。人間として生存することができるためには、カオスが、認識的、存在的、行動的秩序に組み上げられていなければならない。そのような秩序づけのメカニズムが「文化」と呼ばれるものなのである。この意味で、人間は、秩序づけられた、すなわち、文化的に構造化された、「世界」に生きる。カオスから文化秩序へ。この転成のプロセスを支配する人間意識の創造的働きの原理を、私は、存在の意味分節と呼ぶ。現実的、かつ可能的に言語に結びつく意味単位の網目構造による存在カオスの分節を考えるのである。

勿論、人間は、人間であるより以前に、先ず動物である。そして動物もまた、それぞれ自分の「世界」(フォン・ユクスキュールのいわゆる「環境世界」Umwelt)に住んでいる。ということは、すなわち、動物もまた、種ごとに、その生物学的基本要求と、感覚器官の形態学的構造の特殊性とに条件づけられながら、それぞれ違った形で存在を秩序づけている。つまり、生物は、動物的次元において、既に存在を「分節」しているということだ。人間の存在分節のソフィスティケーションに比べて、それがいかにプリミティヴで、単純であるにしても。

動物であるかぎりにおいて、人間もまた、原初的には、独自の「環境世界《ウムヴェルト》」に住んでいる。「環境世界」とは、種と個体の存続にたいして直接関与的な、動物の生物学的生存の秩序である。動物的生存の必要に応じて分節された事物・事象と、それら相互の関係とが構成する自然的世界。諸他の動物の種と並んで、人間もたんに動物の一つの種として存続するためなら、この純生物学的存在分節、存在の自然的秩序づけだけで充分であったろう。だが、幸か不幸か、人間はこの生物学的、第一次的存在分節の上に、もう一つの、まったく異質の存在分節を付け加えた。それが「文化」と呼ばれるものなのである。この第二次的、非自然的、「文化」的存在分節によって、人間は他の一切の動物から自らを決定的に区別し、動物世界一般から高く超出した。もっとも、それがもとで、人間は、他面、永遠に脱出できぬ一つの獄屋、「言語の獄屋」(ジームソン)のなかに自らを閉じこめることにもなったのだけれども。

ジームソンの主著の標題をなす「言語の獄屋」(The Prison-House of Language)という表現は、文化の本質的(否定的)一側面を見事に描き出す。第一次的存在分節から第二次的存在分節への転移は、まさに言語を仲介として生起するものだからである。いまここで問題にしている第二次的存在分節とは、要するに、言語的意味表象の鋳型《いがた》を通じて存在のカオスを様々に区切り、そこに成立する意味的分節単位の秩序として、第二次的に「世界」を組み立てることにほかならない。言語こそ人間を動物一般から超出させるものだ、とレヴィ=ストロースが言っている。「自然」と「文化」との間の境界線は言語である、とも。

「文化」と「自然」とをこういう意味で対立させる見方、「文化」の非「自然」性、反「自然」性についてのこのような考え方、がソシュールの一般記号学的思想に遡ることは言うまでもない。ソシュールは文化を恣意性ということで根本的に規定しようとした。自然的必然性を持たない言語記号によって、人為的に有意味性を賦与《ふよ》された事物・事象の第二次的存在分節体系を、彼は「文化」とする。だが、ソシュール自身の、この決定的に重要な記号学的文化論の真相は、既に丸山圭三郎氏の委曲を尽した研究によって明らかにされているので、ここでその問題の詳細に入ることを、私は避ける。ただ、以下で同じ問題を、東洋哲学の立場から取り上げるための序論として、次のことだけを簡単に再確認しておきたいと思う。

今日、言語を論じる人たちが口を揃えて言うように、言語はコミュニケーションの重要な手段である。が、コミュニケーションの手段であることのほかに、あるいは、それ以前に、言語は、意味論的には、一つの「現実」分節のシステムである。生《なま》の存在カオスの上に投げ掛けられた言語記号の網状の枠組み。個別言語(ソシュールのいわゆるlangue)を構成する記号単位としての語の表わす意味の指示する範列《パラディグマティク》的な線に沿って、生の存在カオスが様々に分割、分節され、秩序づけられる。そこに文化が成立し、「世界」が現出する。「世界」は、言語記号の介入によって、有意味的に構造化された「自然」の変様であり、有意味的に分節された事物・事象の全体である。なお、この場合、先に一言した動物次元での生物学的第一次分節が、完全に組みなおされ、変貌して、言語的第二次分節のシステムのなかに取り込まれていることは、言うまでもない。

以上をもってもわかる通り、言語をもち、文化に生きる人間は、ほとんど運命的に、生《なま》の自然から疎外されている。存在世界を一つの「象徴の森」として経験する人間には、象徴の意味体系の彼方なるものにじかに触れるすべはないのだ。「いかなる事物も、いかなる対象も、一瞬たりとも即自的《アン・ソワ》には与えられていない」(ソシュール手稿9、丸山訳)、しかし、人間において、「コトバの中に自然に与えられている事物を見る幻想の根は深い」(同上)、という意味深長な言葉をソシュールは吐いている。

つまり、人間意識の意味生産的想像力(ヴェーダーンタ哲学者、シャンカラのいわゆる幻力《マーヤー》、自然的事物・事象を蜃気楼《しんきろう》のように現出させる幻想能力)の織り出す、半ば透明、半ば不透明なベールが、我々と「自然」との間を隔てている、しかも我々は、通常、それに気付いていない、ということである。言い換えれば、我々が、日常、無反省的に、「自然に与えられたままの」事物・事象と思いこんでいる客観的対象は、実は、意識の「根深い幻想」機能に由来する意味形象の実体化にすぎない、ということでもある。要するに、地球上に存在する諸言語の一つ一つが、それぞれ独自の「現実」分節の機構を内蔵していて、それが原初的不分節(未分節)の存在を様々の単位に分節し、それらを人間的経験のいろいろな次元において整合し、そこに、一つの多層的意味構造を作り出すのである。

もし以上のように考えることが正しいとすれば、二つの違う言語共同体のなかに生れ育った人々は、それぞれの言語に特有の意味生産的想像力の違いに従って、二つの違う「世界」を見、二つの違う仕方で「現実」を経験しているものと考えざるをえない。それが文化の違いとして現われてくるのだ。そして、この事実が、「異文化間の対話」の問題に深い関わりをもつことは、ここに指摘するまでもないだろう。

勿論、どんな言語でも、それが人間言語であるかぎりにおいては、他のすべての言語と共通する多くの基本的属性をもっている。また、意味生産的想像力のあり方の違いにしても、それが特にはっきり出てくるのはミクロ的見方をした場合のことであって、マクロ的視野においては、それほど甚だしい相違を示さないことも少なくない。近代ヨーロッパ諸語のように同族の言語は勿論のこと、語族を異にする言語においても、マクロ的には、意味分節が重複し、少なくとも部分的に一致し合うことが多い。そんな場合に、いわゆる文化的普遍者が成立するのである。しかも、西洋文化を人類文化の普遍的パラダイムとして、全世界が地球社会的統合に向かって進みつつある今日、文化的普遍者の数は、当然、急速に増大しつつある。

だが、それでもなお、異文化間の対話の問題は一向に解決されそうにない。なぜなら、いま言った形での文化的普遍者の増大は、諸民族の文化を表面的に一様化し、均一化するだけであって、そのような状況における異文化間の対話は、人間生活の表層領域にのみ関わって、実存の深みには降りていかないという傾向を、当然、示すからである。実存の深みでは、話し合えば合うほど、異文化の亀裂がはげしくなり、対立はますます尖鋭化して、ついには文化の危機にまで導きかねない、というのが実状なのである。

　それればかりではない。異文化間で、「現実」の言語分節が、外面的には全く相互に覆い合うというようなことが仮にあったとしても、それを直ちに文化的普遍者の実在と見做していいかどうかも問題である。ソシュールの言うように、ある一つの語の意味は、同じ言語の他のすべての語の意味との相関関係においてのみ決まるのであってみれば、二つの違う言語に共通する全く同じ分節領域(意味領域)というものは、人為的メタ言語の場合は別として、絶対にありえない道理である。

　それに、第一、地球上のありとあらゆる言語に必ず共通して見出される普遍的要素なるものは、具体的に列挙されてみると、意外に平凡なものだ。特に「意味」に関してはそうである。最近は専門の言語学者のあいだに、「言語的普遍者」(linguistic universals)への関心が高まって、盛んに論議されるようになった。そういう動きのはしりとして、例えば一九六一年、ニューヨークに言語学、心理学、社会学、人類学などのアメリカ学界の第一人者を一堂に集めて開催された「言語的普遍者会議」(Conference on Language

Universals)がある。「限りない多様性にもかかわらず、すべての言語は、いわば全く同じ一つの型から切りとられたものである」ということをメモランダムに謳《うた》うこの会議では、大多数の学者が楽観的な立場をとった。例えばローマン・ヤコブソン、「以前には予想もされなかったような、しかし今後は完全に認知可能な「普遍的ひろがりをもった一様性」が、今や我々の目の前に続々と出現しつつあります。かくて、世界的広袤《こうぼう》をもつ唯一の主題《テーマ》、人間言語、の多種多様な変奏曲として、世界中のすべての言語を取り扱うことができるということを認める喜びを我々はもつのです」と。この大会の記録は *Universals of Language* という題の一冊の書物としてジョーゼフ・グリーンバーグが編集し、一九六三年にM・I・Tから出版され、一九八〇年には既に七版を数えるに至る。だが、そこに示されているこの大会の成果は、期待に反して、実に貧相で、つまらない。要するにマクロ的共通点を数え上げただけのことなのだ。

ごくありきたりの、日常的事物についても、異言語間の意味分節は微妙に、しかも決定的に、喰い違う。例えば、日本語で「花」といい、英語で、flower(それと blossom との違いを別にしても)、アラビア語で zahrah という。同じ意味だろうか。たしかに、マクロ的には同一物を指示している、ともいえよう。植物学のメタ言語で、人為的に意味をきめた場合には、「花」でも flower でも zahrah でも、同一対象が指示されるだろう。だが、生きた言葉では、そうはいかない。日本語の「花」を、砂漠的生活環境を背に負うアラビア語の zahrah に翻訳したとたんに、「花」に纏綿する日本的自然感情の匂いは、跡かたもなく消えてしまうのだ。これでは、異文化間の対話など成り立ちようもない、マクロ的にはともかく、ミクロ的には。しかも、異文化間の対話において一番大切なのは、表層的・マクロ的な概念の流通ではなくて、深層的・ミクロ的相互理解なのではなかろうか。要するに、異文化間の対話は可能か、いかにして可能か、どこまで可能か、という問題は、結局、文化の深層、言語の意味論的深層、ということに帰着する。以下、この問題を、東洋哲学の見地から考えなおしてみよう。

人間をして、動物一般の生物学的「環境世界」の存在レベルを超出させ、全く新しい存在分節の原理に基づいた、人間的文化空間のレベルに生きることを可能にするものが、窮極的にはコトバ(ソシュールのいわゆる langage)特有の意味生産的、意味表象喚起的機能であることを、私は前節で説いた。数ある動物の種のなかで、ひとり、いわゆる homo loquens だけが、「文化」という語で今日我々が理解する特殊な存在様式を創り出した。コトバの意味生産的想像力が、「現実」という名の存在経験の、著しく人間的なテクストを織り出していくのだ。

「神は、光と闇の七万の帳《とばり》のかげに隠れている」と、イスラームの預言者が言ったという。繰り返し繰り返し、様々に解釈されながら、イスラーム思想の歴史的発展に深甚な影響を与えてきた有名な言葉だ。この聖言《ハディース》の用語は、典型的にスーフィズムのそれであり、内容的には、明らかに、グノーシス的・照明学的である。しかし、いま、このハディースを、もっと現代的な記号学的存在論の言葉に翻訳してみるなら、その意味するところは、大体、次のようなこととして理解されるであろう。絶対不分節、未分節の境位における、存在の本源的真相は、コトバの意味分節機能の働きによって産み出された事物・事象の、幾重にも重なるベールに覆い隠されて、不可視、不可知である、と。

このハディースは、我々の経験世界、いわゆる「現実」、を宇宙的コトバの想像(＝創造)力が織り出す豪華な綴錦《つづれにしき》として表象している。交錯し交流する光と闇の絵模様。だが、この絢爛《けんらん》たる織り物のこちら側しか我々には見えない。向う側には何があるのか。向う側はどうなっているのか。現象的に分節された形で現われている事物・事象の不可視の裏側、すなわち「分節以前」、「現象以前」の真相は……

イスラーム本来の宗教的コンテクストでは、「現象以前」は、この場合、言うまでもなく神である。現象的世界は、もともと、神の創造によって生起したものだが、創造主そのものの姿は、現象的事物・事象の被膜のかげに隠れて、人間の目には見えない。それを、宗教的に、神の絶対不可知性という。

現象だけが見えて、「現象以前」は見えない。こういう考え方は、東洋思想の至るところに、いろいろな形で現われている。イスラームだけには限らない。例えば、『バガヴァド・ギーター』(七、二五)に、「不可思議の力、我が幻力《マーヤー》、に覆い隠されて、この我は、すべての人の目には見えぬ。(我が幻力の所産に)欺かれて、この世間は、不生不変の我(が真相)を知らぬ」とある。ここで我というのは、クリシュナ＝ヴィシュヌ神(ヒンドゥー教の至高神)の第一人称。要するに、神の宇宙的イマージュ生産力、マーヤー、が生起させる現象的事物・事象(存在の現象的表面)に欺き騙されて、普通の人間は「現象以前」を見ることができない、ということであって、思考の型としては、先に掲げたハディースの主旨といささかも異なるところはない。

創造と創造以前、現象と未現象、展開と未展開、分節と未分節、有と無、その他、東洋哲学において理論化される形は具体的には様々だが、いずれも同じ問題を、同じ型の思考で考えようとする。ここに、古典的東洋哲学一般に共通する最も基本的なテーマを、私は見る。しかも、この問題を、東洋哲学の多くの伝統が、一種の言語批判という形で展開してきたことを、私は非常に興味深い事実として受けとめる。

我々が常識的な存在了解の地平で見ている世界、経験的「現実」、は一つの普遍的な存在論的構造をもっている。他者にたいして、きっぱりと自らを主張する無数の事物、様々な性質、それら相互間に成立する関係的事態、出来事。我々は、決して、存在の本源的な無分節的連続性、無定形性、そのものを見てはいない。「世界」は、始めから、一定の形で分節された存在秩序として、我々の前に現われているのだ。すべてのものが、それぞれの「名」をもち、その「名」の喚起する「本質」を通じて、自らを他の一切から区別しつつ、整然たる相互連関の網目を構成する。そして我々は、己れの母国語の意味論的システムを習得することによって、ごく自然に、いわば一種のナイーヴな存在解釈学を身につけている。この解釈学によれば、およそ「名」なるものは、それが名詞であれ、形容詞であれ、動詞であれ、それぞれ、客観的「現実」の一断片、一断面、に対応し、それを指示する、というわけである。

いつでも、どこにでも見られるこの常識的な存在解釈に、東洋哲学は――といっても、勿論、孔子の正名論や、インドのヴァイシェーシカ派の概念実在論のような重要な例外もないわけではない――鋭く、激しく対立する。例えば、荘子。彼によれば、存在リアリティの窮極的、本源的な様態は「渾沌」、すなわち、物と物とを分つ境界線がどこにも引かれていない全くの無分節である。物と物とを互いに区別し対立させる存在境界線は、すべて人間意識の迷妄の所産にすぎない。そしてこの事物識別的迷妄の源にはコトバの意味分節的働きがある。

「夫《そ》れ道は未だ始めより封《ほう》有らず。言は未だ始めより常有らず。是れが為めにして畛《しん》有るなり」(「斉物論《せいぶつろん》」二)。そもそも「道」(存在の窮極的リアリティ)なるものには、始めから何の区切りもありはしない。だが、それを表わす人間のコトバには、唯一絶対の意味などというものはない。(コトバは無数の相対的な意味区別の単位に分割されている。)それだからこそ、(コトバによって写し出された「道」には、数限りない)区画区分があるのだ、という。「道」そのもの、本然の姿における「道」、は「渾沌」であり、「一」であり、「無」であって、いかなる分割線もそこには引かれていない。「道」は絶対無分割、無分節。だが、人間の意識が、コトバの分割性に唆《そそのか》されて、それを様々に分割し分節してしまう。もともと渾然としてどこにも裂け目のなかった「道」の、至るところに裂け目が出来る。一つ一つの裂け目は「名」によって本質的に固定される。絶対的「一」であった「道」の本源的な真相は、そこに生起する現象的「多」の背後に隠れてしまう。現象的「多」の世界は、重々無尽に連なる無数の「名」の網目構造である。

荘子は、「名」の意味分節機能の功罪を、そして特にその「本質」生産性にまつわる存在論的危険性を尖鋭に意識する思想家だった。「夫《そ》れ言《げん》は吹《すい》に非らざるなり。言には言うところ有り。其の言う所の者、特《ひと》り未だ定まらざれば、果たして言《げん》あるか、其れ未だ嘗《かつ》て言有らざるか」(「斉物論」二)と彼は言う。コトバは吹く風の音のようなものではない。コトバには意味がある。(しかし、意味とはいっても)、それが、まだぴたりと定まらずに浮動しているような場合には、たとえものを言ったとしても、何も言わなかったのと同じことになってしまうだろう。(だから、真にコトバの名に値するものは、一定した意味をもっていなければならない)、というのである。だがしかし、意味の一定したコトバは、必ずものを、本質的に固定した形で分節し出し、そうすることによって、「道」の真相を傷つける。そこに問題があるのだ。

万物斉一(「道」は本来、絶対無差別、無分節であって、すべてのものは互いに斉《ひと》しく、窮極的には一である)という荘子哲学の根本原理に結びつけて、『荘子』「雑篇」の一節は、コトバについてこう結論する。「言わざれば則ち斉し。斉しきと言とは斉しからず。言と斉しきとは斉しからざるなり。故に曰く、「言無し」と」(「寓言」二七)。無言のままならば、(すなわち、コトバの意味分節機能が発動しなければ)万物は無差別であって、「道」の根源的斉一性は保たれる。だが、万物斉一の事実と、「斉《ひと》しい」というコトバとは一致しない。コトバで「斉しい」と言ったとたんに、斉しいもの(絶対的無差別)が斉しくないもの(相対的差別)になってしまう。だからこそ(古人も)「無言」(であることを勧《すす》めたのである)。この引用句、「雑篇」の一節だから、おそらく荘子その人の言葉ではなかろうが、それにしても荘子の思想をよく表わしている。

万物は、元来、互いに存在論的に斉しい。ということは、万物相互の間に、本来は、何の区分けもない、ということ。それなのに我々の現実的体験としては、万物が互いに、はっきり区分けされている。コトバの幻力、つまり意味形象喚起能力が、虚構の「本質」を作り出すからだ、と荘子は考える。コトバの支配圏を超えて、無「本質」的空間に入れば、万物の斉同性が体験される。そこにひらける形而上的境地を、荘子は「無可《むか》有《ゆう》の郷」「広莫《こうばく》の野《や》」と呼ぶ。「未だ始めより封(事物相互間を分つ限界線)有らざる」ことは勿論、「未だ始めより物有らずと為す」境地ですら、それはあるのだ。老子はそれを「無名」と呼ぶ。ここでもまた、「名」、すなわちコトバの有無が問題とされていることが注意をひく。

「道は隠れて名無し」(道隠無名)と老子はいう(『老子』下、四一)。「無名」の境位における「道」を、彼は樸《あらき》に譬える。樸は、これをいろいろに裁断して、始めて様々な器物になる。それらの器物は、それぞれが特殊な「名」をもつ。根源的一者が散じて、現象的多者になるのだ(上、二八)。「無名」の根源から「有名」の現象世界へ。まさに、言語的意味分節理論の原型である。

類例は東洋哲学の至るところに見出される。例えばイブン・アラビー、十三世紀のイスラーム哲学者。彼の思想においては、「天地創造以前」の窮極的存在リアリティは、ghayb《ゲイブ》「玄虚」である。この言葉は、アラビア語では、底しれぬ深い闇のなかに、一物も残さずにすべてが隠没しきった状態を意味する。この形而上的境位を表わすために、イブン・アラビーは「無」(‘adam)とも言う。「無」とは「無《む》一物《いちもつ》」の意。ただの一物も顕現していないということ。「神《アッラー》」すらまだ現われていない。「神以前」の極限的状態である。そこから、「玄虚」の段階的自己限定によって、「神」をはじめとする森羅万象が顕現してくる。要するに絶対無分節者の自己分節の過程が、すなわち現象的世界の生起なのである。ここで注意すべきことは、イブン・アラビーによれば、いま言った絶対無分節者の自己分節、自己限定が、必ず無数の「神名」をチャンネルとして、それを通して行われるということ、すなわち、一者の多者化が「名」の働きによってなされる、ということである。とすれば、「玄虚」そのものは「無名」であり、現象的世界は存在の「有名」の次元、ということになろう。詳論は避けるが、ここでもまた、コトバの分節機能に、重大な存在論的意義が与えられていることを、我々は見る。

これと全く同じ考えが、インド哲学伝統の中心部にも認められる。例えば、『チャーンドーギア・ウパニシャド』(六、一、四)は、中国哲学の「道」に該当する「ブラフマン」を、様々な土製品の素材としての粘土に譬え、「我が子よ、土器にはいろいろあるけれども、それらの真相は、ただ一塊の土によって一挙に知ることができる。様々に変ってはいるが、その違いは、結局は、コトバの上での違い、名の違い、にすぎない。要するに、いずれも土であるにすぎないのだ」と説いている。明らかに、『老子』の無名の樸と有名の器物の比喩と同じく、絶対無分節者の言語意味的分節の思想である。

一般に、東洋哲学の諸伝統を通じて、根深い言語不信が働いていることは注目に値する。この言語不信は、大多数の場合、方法論的不信なのであって、コトバの意味表象喚起作用に謀《たばか》られた人間意識の「妄念」すなわちコトバの生み出した現象的多者を、客観的にそのまま実在する世界と思いこむ人間意識の根本的な誤り、を打破して、その基礎の上に、絶対無分節者の立場から見た分節的世界の真相を、あらためて把《とら》えなおそうとする試みなのだけれど、それにしても、この「妄念」を打ち破るには手間がかかる。初期大乗仏教の発展史が、事態を如実に反映している。それの典型的なケースとして、初期大乗仏教思想を代表する竜樹（ナーガールジュナ）の所説を瞥見《べっけん》してみよう。

ナーガールジュナは、いま我々が問題にしている言語「妄念」論を、ほとんど存在論的ニヒリズムすれすれのところまで論理的に追い詰めた人である。彼の哲学のキー・タームの「空(性)」(śūnyatā)は、経験世界における一切の事物・事象が、コトバの意味によって我々の意識内に喚起される仮象、仮名であって、本当は「空」(śūnya)であること、すなわち「無自性」(＝無本質 niḥsvabhāva)であること、を意味する。常識的に「現実」と呼ばれる経験世界の客観的実在性を、普通の人は自然に、無批判に信じて疑わない。この素朴で無批判的な存在信仰を、ナーガールジュナは人間の心の痼疾《こしつ》として批判する。人々が真実在と思いこんでいる経験的事物・事象は、彼によれば、ことごとくコトバの意味生産的想像力が生み出す偽りの形象、夢幻、にすぎない。この言語的「妄念」の作用を、彼はプラパンチャ(prapañca)という語の特殊な用法を通じて抉《えぐ》り出す。「業《カルマ》（に淵源する一切）の悩みが滅した時に、はじめて解脱がある。業の悩みは、すべて意識の分節作用から生起する。そして、それら一切が、プラパンチャから生じてくる。プラパンチャそのものは、空の体験において、はじめて消滅する」(karma-kleśa-kṣayān mokṣaḥ karma-kleśā vikalpataḥ / te prapañcāt prapañcas-tu śūnyatāyāṃ nirudhyate――『中論』一八、五)。

冒頭の合成語 karma-kleśa を、普通は「行為と煩悩」と解して軽く通り過ぎてしまうが、私はもう少し重みをつけて、「業《カルマ》すなわち、行為(が潜在意識領域に残していく痕《こん》跡《せき》)の苦悩」と解したい。すなわち、人間がいろいろな行為をすると、それがそのまま消えてしまわずに、心の深部に浸潤し、いわば下意識の暗闇のなかで下意識的意味エネルギーに変質し、それの働きで様々な実存の苦悩(悲喜、愛憎、等々)が生れてくることをいったのだ、と。だが、いずれにしても、それは、ここでは、それほど大したことではない。むしろ、主眼点は、ナーガールジュナが、数限りない実存的苦悩の源としてヴィカルパを挙げ、更にそれの根源としてプラパンチャを挙げていることだ。

ヴィカルパ(vikalpa)とは、漢訳仏教の術語でいわゆる「妄想分別」、すなわち、本当は有りもしない区別、差別を立てること。実際は絶対無分節である存在リアリティを、人間の意識が勝手に——ソシュール的にいえば恣意的に——分割、分節する。そして、そこに現われてくる事物・事象のそれぞれを「本質」によって固定しておいて、好悪、愛憎の対象とする。しかもこの存在分節の根源は、プラパンチャにある、とナーガールジュナは言うのだ。

プラパンチャ(prapañca)は、普通のサンスクリットでは、「多様化」「多者化」、すなわち何かをあらゆる方向に向かって多種多様に変転、展開し、くりひろげていくこと、を意味するが、ナーガールジュナの哲学的コンテクストでには、根源的一者(「空」、「無」)が、様々な語の意味の示唆する分割線にそって、四方八方に分散し、散乱することを意味する。英語なら、semantic dispersion(意味的散布)とでもいうところであろうか。奇妙にジャック・デリダの「播種」(dissémination)を憶わせる概念だ。要するに、言語意味に基づく、一者の多者化。老子はこれを、「無名」が「有名」になる、と表現し、イブン・アラビーは、「無」が「神名」を通じて「有」化する、と言う。まさにさきに説いた存在分節である。

こうして、ナーガールジュナによれば、我々が、普通、外界に実在するもの、と考えている現象的事物は、第一義的には、ことごとく「名」、すなわち語の意味が実体化されて現われているものにすぎない。それを彼は、「妄想分別」の所産という。経験的「世界」そのものが「妄想分別」の所産なのである。実体化された語の意味が、我々の目の前に、いわば一種の半透明のベールを織り出し、我々は、それと気づかずに、このベールをすかして「空」を見る。その時、「空」は様々に分節された姿で我々の目に映る。ナーガールジュナは、そこまでは言っていないけれど、この「空」分節の様態が、言語(langue)ごとに異なるのは当然である。そして、言語ごとに異なる「空」分節の上に、異なる文化が成立する。

一九七七年一月、コレージュ・ド・フランスでの開講講義において、ロラン・バルトはコトバの「圧制的」(oppressif)本性について語っている。「すべて言語《ラング》なるものは一つの分類様式(classement)である」と彼は言う。ここで彼のいわゆる分類とは、本論の用語法では分節に当る。そして「およそ「秩序」(*ordo*)なるものは、区分けであると同時に、威嚇をも意味する」と。コトバの意味作用の機構そのもののなかに、権力、強制が組み込まれている。コトバは、何を、いかに言うべきかを、人に強制する。そしてバルトは、コトバは、もともとファシスト的なものだ、という、一見、極端とも思えるような発言をする。「元来、ファシズムとは、何かを言うことを禁止するのではなくて、何かをどうしても言わなければならないように強制するもの」だから。

私はこれに更に次の一言をつけ加えたい。すなわち、コトバは、何を、どう言うべきかを強制するだけでなくて、何をどう見るべきかをも強制する、と。コトバが分類様式であるならば、個々の言語《ラング》は、それぞれ特殊な(存在)分類のシステムでなくてはならない。それは、その言語を語り、その言語でものを考える人々に、ある一定の世界像を強制する。一つの言語は、一つの自然的解釈学の地平を提供する。我々はそれによって「世界」を見、それによって「現実」を経験する。経験するように強制されるのだ。

こういうバルトの考え方は――さきに述べたナーガールジュナの考え方にしても、そうだが――そのままでは、文化ニヒリズムに直結しそうである。特に大乗仏教は、漢訳された形では、「分節《ヴィカルパ》」(バルトの「分類」に該当する)を「妄想分別」とし、そのもとになる「意味播種《プラパンチャ》」を「戯論《けろん》」などという、否定的ニュアンスの濃厚な言葉に移すので、ますますその感を深くする。

しかしながら、考察をもう一歩進めてみると、文化およびその基底にあるコトバが、必ずしも否定的事態に終始するものではないことを、我々は知る。文化を成立させるコトバの意味生産的メカニズムには、もっと可《か》塑《そ》的《てき》な、力動的な側面があるのだ。

一体、バルトがコトバの本源的分類性について語り、コトバのファシスト的圧制を云々する時、彼は主としてそれぞれの社会制度的表層を見ているのである。たしかに、独立した一つの社会制度としてのコトバ、すなわち各個別言語は、意味論的には、一定数の意味分節単位(いわゆる単語)の有機的連合体系であって、それらの意味単位は、それぞれ、本質的に固定されて動きのとれないようになっている。このようなレベルで働くコトバの意味形象機能は、当然、固定して動きのとれない事物、事象からなる既成的世界像を生み出す。出来合いの意味形象が描き出す出来合いの存在絵模様だ。無反省的な日常生活において、人は誰でもそんな出来合いの「世界」に生きているのである。

だから、もしコトバが、このような社会制度的表層レベルに見られるものだけに終始するものとすれば、そして、もし文化が、言語表層で形成される「現実」だけに基礎づけられているものだとすれば、文化は、社会制度的因襲によってかっちり固定され、力動的な創造性を喪失した紋切り型の思惟、紋切り型の感情、紋切り型の行動のパターンにすぎないことになるだろう。言い換えれば、文化は、決まりきった型にはまった、実存的に去勢された意味、人間生活の社会制度的表面にようやく生命を保つ、憔悴《しょうすい》した意味のシステムであることだろう。

だが、実は、言語は、従って文化は、こうした社会制度的固定性によって特徴づけられる表層次元の下に、隠れた深層構造をもっている。そこでは、言語的意味は、流動的、浮動的な未定形性を示す。本源的な意味遊動の世界。何ものも、ここでは本質的に固定されてはいない。すべてが流れ、揺れている。固定された意味というものが、まだ出来上っていないからだ。勿論、かつ消えかつ現われるこれらの意味のあいだにも区別はある。だが、その区別は、表層次元に見られるような固定性をもっていない。「意味」というよりは、むしろ「意味可能体」である。縺《もつ》れ合い、絡《から》み合う無数の「意味可能体」が、表層的「意味」の明るみに出ようとして、言語意識の薄暮のなかに相鬩《せめ》ぎ、相戯《たわむ》れる。「無名」が、いままさに「有名」に転じようとする微妙な中間地帯。無と有のあいだ、無分節と有分節との狭間《はざま》に、何かさだかならぬものの面影が仄かに揺らぐ。「意味」生成のこの幽邃な深層風景を、『老子』の象徴的な言葉が描き出す。曰く、

道の物たる、惟《こ》れ恍《こう》、惟れ惚《こつ》
惚たり恍たり、その中《うち》に象《しょう》有り
恍たり惚たり、その中に物有り
窈《よう》たり冥たり、其の中に精《せい》あり

そもそも「道」というものは——と、老子が言うのだ——漠々としてほの暗い。ほの暗く漠々たるそのなかに、しかし、なんとなく象《かたち》らしきものがある。漠々としてほの暗いそのなかに、何やらものの気配らしきものがある。奥深いその暗がりのなかに、不思議な霊気が動く(『老子』上、二一)と。そしてまた、「淵《えん》として万物の宗《そう》に似たり。……湛《たん》として存する或《あ》るに似たり(「道」は底知れず深く、万物の根源であるかのように思われる。深くたたえた水のようで、何かがそのなかにひそんでいるかのように思われる)」(上、四)とも。

いまだ「名」をもたぬものは、いまだ存在していない。「無名」は、すなわち、「無」。だが、「無」ではあっても、必ずしも絶対的、無条件的に無だというわけではない。日常的経験においてすら、何かが実在はしていないけれど、そうかといってそれが全くないわけでもないというような場合が多々あることを、我々は知っている。意味生成の過程においても、何かが、まだこれこれのものとしては実在していないが、いままさに「名」を得て、存在世界に入ろうとしているという場合が、しばしばあるのだ。そして事実、我々の心の下意識的領域は、この種の、有と無のあいだを彷徨《ほうこう》している「意味可能体」で満ちている。心の奥底の薄暮地帯では、このような流動的、遊動的「意味可能体」が、絶えまなく生産され、まだ名づけられていないままに、「名」の世界に出現してこようとしている。

「意味可能体」の生成を、『老子』は、いま見たように、詩的象徴的に描くだけだが、それをもっと理論的に追求した人たちが、東洋の哲学的伝統のなかにいる。大乗仏教、唯識派の思想家たちだ。

いわゆる客観的実在世界の言語的虚構性を強調する点において、唯識の思想家たちの立場は、前述のナーガールジュナのそれと完全に一致する。しかし、現象以前の「空」

から、現象的世界が言語意味的に喚起される過程での、深層意識の役割の大きさを強調する点において、彼らは、他のすべての大乗仏教諸派から自らを明確に区別する。例えば、唯識哲学の基礎テクストの一つである『大乗荘厳経論《だいじょうしょうごんきょうろん》』（*Mahāyānasūtrālamkāra*）に、次のような重要な言明を我々は見出す。曰く、「瞑想の修習に専念して、ついに形而上的照明の境に達したこれらの菩薩たちは、「内心の呟《つぶや》き」（manojalpa）を離れては、いかなるものの存在をも見ない。全存在世界は、ただ、内心の呟きのままに、現出するだけである」（一四）と。

　ここでmanojalpaとは、文字通り、心（manas）の呟き（jalpa）の意。もう少し近代的に言いなおすなら、「内部言語」、すなわち、心の深部に働く不分明なコトバの特殊な形である。概念的意味分節の支配する意識の表層でのコトバとは違って、意識深層に働くコトバは、明確な分節性のない「呟き」のようなものだ、という考えである。

　はっきりした分節性をもたないコトバは、輪郭のはっきりした意味形象を生まない。そこに生み出されるものは、せいぜい、漠然として曖昧な、輪郭のぼやけた意味、すなわち、「原基《プロト》意味形成素」ないし「意味可能体」である。コトバとしては、要するに、現勢化を待つ意味的エネルギー群としてのみ存在する潜勢態のコトバと考えることができよう。唯識派の基本術語の一つとして重要な位置を占める「種子《しゅうじ》」（bīja）は、ここまで縷説《るせつ》してきた言語哲学の立場からすれば、このような意味的エネルギーの実体的形象化にほかならない。

唯識派では、「種子」の、いわば溜り場として、阿頼耶識《あらやしき》(ālaya-vijñāna)なる意識下の場所を意識構造モデル的に措定《そてい》する。アーラヤとは貯蔵所、収蔵所の意味。よってālaya-vijñānaを漢訳仏典では「蔵識」と意訳する。音写としては、阿頼耶識のほかに、阿黎耶識、阿梨耶識など。

元来、唯識哲学は、大ざっぱに見て三層の意識構造モデルを立てる——あくまで理論的モデルなのであって、本当にそのような三層が場所的に実在するというのではない——㈠感覚知覚と思惟・想像・感情・意欲などの場所としての表層(前五識および第六意識)、㈡一切の経験の実存的中心点としての自我意識からなる中間層(第七末那識《まなしき》)、㈢近代心理学が無意識とか下意識とか呼ぶものに該当する深層。第三の深層意識領域が、いまここで問題としているālaya-vijñānaである。

この概念を、言語理論的方向に引きのばして、私は「言語アラヤ識」、「意味アラヤ識」などという表現を使う。まだ経験的意識の地平に、辞書的に固定された意味として、出現するには至っていない、あるいは、まだ出現しきっていない、「意味可能体」、つまり、まだ社会制度としての言語《ラング》のコードに形式的に組み込まれていない浮動的な意味の貯蔵所として、上述の意識構造モデル第三層を形象化するのである。このように形象化された言語アラヤ識は、半ば出来かけの、まだ一定の「名」をもたない、不定の意味を収蔵する場所であるばかりでなく、意味らしきものが、ほとんど全く分節されない漠然とした形で、始めて生れ出てくる場所でもある。要するに、すべて意味と呼ばれるものが誕生し生育する意識下の領域である。

およそ人間の経験は、いかなるものであれ——言語的行為であろうと、非言語的行為であろうと、すなわち、自分が発した言葉、耳で聞いた他人の言葉、身体的動作、心の動き、などの別なく——必ず意識の深みに影を落して消えていく。たとえ、それ自体としては、どんなに些細で、取るに足りないようなものであっても、痕跡だけは必ず残す。内的、外的に人が経験したことがあとに残していくすべての痕跡が、アラヤ識を、いわゆるカルマの集積の場所となす。そしてカルマ痕跡は、その場で直ちに、あるいは時をかけて次第に、意味の「種子」に変る。この段階におけるアラヤ識を、特に「言語アラヤ識」と、私は呼びたいのである。

ともあれ、言語アラヤ識は、こうして、人間の心的・身体的行為のすべてのカルマ痕跡を、意味イマージュ化した「種子」の形で蓄積する下意識領域として構想される。もっとも、より厳密に唯識哲学的に考えれば、すべて「種子」は刹那滅《せつなめつ》、すなわち瞬間瞬間に生滅し、その相続プロセスだけがそこにあるのであって、同じ「種子」が蓄積されると考えるのは不正確であり、また刹那滅的に考えることこそ、客観的にも、深層意識的事態のより正しい分析法だと思うが、ここでは、理論的叙述の便宜上、マクロ的見方を取る。

さて、意味「種子」が、具体的に実現されるのは、個人個人の意識内であるが、言語アラヤ識そのものは、根源的に、個人の心の限界を超出する。それは、水平的には個人の体験の範囲を越えて拡がり、垂直的には、これまですべての人が経験してきた生体験の総体に延びるところの、集合的共同下意識領域として表象さるべきものであって、この意味において、「種子」に変成したかぎりにおける、すべての人のすべてのカルマ痕跡がそこに内蔵されている、と考える。コトバによって生み出される文化の下には、このような集合的共同意味「種子」の基底が伏在しているのである。

ところで、カルマが意味「種子」に変成する過程を、唯識哲学は「薫習《くんじゅう》」(vāsanā)という術語によって、すこぶる特徴ある形で説明する。語根 vās は、もともと、匂いをつける、薫ずる、という意味。行為が人の心の無意識の深みにそっと残していく印象を、そこはかとない移香《うつりが》に譬えるのだ。「薫習」とは、実に見事な訳だと思う。その「薫習《ヴァーサナー》」のプロセスが、アラヤ識内で不断に続いていく、と考えるのである。

人が、内的に外的に、絶えず何かを経験する、その一つ一つの印象が、無意識的に心を染めていく、丁度、香のかおりが、知らず知らず、衣に薫《た》きこめられていくように。人間の経験の一片一片は、必ず心の奥に意味の匂いを残さないではいない。意識深層に薫きこめられた匂いは、「意味可能体」を生む。その一つ一つを「種子」と呼ぶのだ。こうして生れた「種子」は、潜在的意味の形で言語アラヤ識のなかに貯えられ、条件がととのえば、顕在的意味形象となって意識表層に浮び上ってくる。そして、この経験そのものが、またアラヤ識を「薫習」して、新しい「種子」を生む。このように、経験は「種子」を生み、「種子」は新たな経験を触発して、尽きるところを知らない。そればかりか、必要かつ充分な条件が得られずに、いつまでも表層意識領域に出てくることができない「種子」も、潜在状態のままで、言語アラヤ識内部で、別の「種子」を「薫習」し、生み出していく。

このような観点から見られたアラヤ識は、明らかに、一種の「内部言語」あるいは「深層言語」である。辞書に記載された形での語の意味に固形化する以前の、多数の「意味可能体」が、下意識の闇のなかに浮遊している。茫洋たる夜の闇のなかに点滅する無数の灯火にでも譬えようか。現われては消え、消えては現われる数かぎりない「意味可能体」が、結び合い、溶け合い、またほぐれつつ、瞬間ごとに形姿を変えるダイナミックな意味連関の全体像を描き続ける。深層意識内に遊動するこの意味連関の全体が、日常的意識の表面に働く「外部言語」の意味構造を、いわば下から支えている。我々の経験的「現実」の奥深いところでは、「意味可能体」の、このような遊動的メカニズムが、常に働いているのである。

「現実」は一つのテクストだ。「現実」は始めからそこにあるものとして、客観的に与えられたものではなく、人間がコトバを通じて、有意味的に織り出していく一つの記号空間である。だが、コトバには、いま述べたようなアラヤ識的基底がある。コトバを、社会制度としての「言語《ラング》」の側面だけに限定して見る人は、コトバの表層構造だけしか見ていない。そこには、慣習的な意味を担う慣習的な記号のシステムがあるだけだ。そしてまた事実、我々は、通常、コトバを主としてこのような次元で使い、理解している。しかし、もし我々がコトバの深層的意味構造に気づき、それに注意を向けるなら、文化の本源的言語性に関する我々の見方は根本的に変ってしまうだろう。使い古されて色褪《いろあ》せた記号のコード、ほとんど化石化した意味の構成する、固くかたまって動きのとれないシステムのかわりに、創造的エネルギーにみちた意味マンダラの潑剌たる動きを、我々は見るだろう。そして、この全体的意味マンダラの一領域として眺められる時、一見、制度化され、因襲化し、枯渇し切ってしまったかのように思われていた「外部言語」すら、意外な生命力を示しはじめるだろう。なぜなら、コトバの表層構造も、本当は、アラヤ識それ自体の外化形態にほかならないのだから。コトバが文化の源であると言う時、我々は、「コトバ」を、このような意味で、社会制度的「言語」表層からアラヤ識的「意味可能体」の深層に及ぶ有機的全体構造において理解しなければならない。辞書に登録された語の表層的存在分節のシステムが、それだけで直ちに「文化」を構成する、とは考えないのである。

＊　＊　＊

「異文化間の対話は可能か」――こう問いかけられて、私は本論を始めた。そして私は、あらかじめ、この問いにイエス・ノーの答えを与えることは、少なくとも私にはできない、と言った。文化とコトバとの関係について、ここまで長々しい考察を続けてきたいま、私はますますその感を強くするばかりだ。前にも言った通り、人工的メタ言語の場合は勿論だが、自然言語の場合でも、表層領域における異言語間の相互理解は、たしかに可能だし、またそのような相互理解は、現代ではもう我々の、ほとんど日常的な経験の事実となっている。だが、紛々と入りまじり、縺れ合いつつ遊動する「意味可能体」のアラヤ識的意味基底まで含めての理解ということになると、一体どこまで相互理解が可能なのか、いや、本当の相互理解などというものが、そもそも、ありうるのか、大いに疑問としなければならなくなってくる。先にもちょっと言ったように、「花はflower」式の相互理解なら、いつでも実現できる。しかし、「花」という語、flowerという語、の意味の深みを覗きこむと、人は深淵を見て立ち竦《すく》む。ということは——文化が根源的には言語アラヤ識の自己表現である以上——異文化間の対話も、表層においては可能だが、深層領域においては問題だ、ということである。

いずれにもせよ、異文化間の対話は、異文化がじかに触れ合うことによって起こる。異文化の接触とは、一体、どんな文化的、そして言語的、事態であるのだろうか。

常識的人間は、自分の生れ育った共同体の文化機構と、それの形成する世界像とを、自然的で、普遍的なものであると信じこみがちである。文化の底に作動している言語アラヤ識の存在など考えてもみない。だが、常識的人間のこの確信は、彼が異文化と接触し、なんとなく奇妙だと感じるや、たちまち根柢からゆらぎだす。しかも、最初にも一言した通り、現代の世界状勢は、地球上の様々な地域文化が、互いに接触することを強制する。いわゆるカルチャー・ショックが至るところで起こる。個別文化は、その見せかけの自律性の外皮を引き剝がされて、己れの相対性を暴露する。異文化の接触、異文化の衝突が、世界の至るところで惹起しつつある現代世界の混迷状態を、人間文化の危機《クライシス》として受けとめる人がある。たしかに危機には違いない、それが進んでいく方向によっては。だが、それはまた、個別文化の新生へのチャンスでもあるのだ。

異文化の接触とは、根源的には、異なる意味マンダラの接触である。我々が既に見たように、意味マンダラは、特にそのアラヤ識的深部において、著しく敏感なものだ。刻々に生滅し、不断に遊動する「意味可能体」は、それ自体において既に、本性的に、かぎりない柔軟性と可塑性とをもっている。まして、異文化の示す異なる意味マンダラに直面すれば、鋭敏にそれに反応して、自らの姿を変える。だから、異文化の接触が、もし、文化のアラヤ識的深部において起こるなら、そこに、意味マンダラの組みかえを通して、文化テクストそのものの織りなおしの機会が生じることはむしろ当然のことでなくてはならない。文化の新生。新しい、より包括的でより豊富な、開かれた文化の誕生する可能性が成立する。そこにこそ、我々は、異文化接触の意義を見るべきなのではないか。そして、それこそ異文化間対話の究極的な理想像であるべきなのではないか、と私は思う。

Ⅱ

三　デリダのなかの「ユダヤ人」

デリダのなかの「ユダヤ人」という題目の下で、今、私が語りたいと思うのは、哲学者デリダの心の底で、形象創造と概念生産の母体として機能している(と私の考える)思惟のユダヤ的次元について、である。

その前に、勿論、それと密接に関連して、彼がユダヤ人である、という事実がある。ジャック・デリダ(Jacques Derrida)は一九三〇年、アルジェに生れたユダヤ人。だが、人種的に彼がユダヤ人であるということは、必ずしもそのまま彼の哲学的思惟、あるいは彼の意識が、そっくりユダヤ的であるということを意味しない。デリダ自身、人種的にユダヤ民族の一員であることを、文字通りの意味でのユダヤ人という表現で指示し、寓意的意味でのユダヤ人から区別して、両者の分裂について語っている。

この点について、人種的には彼と同じユダヤ人であるフッサールを、デリダが、ハイデッガーと並べて、現代ヨーロッパ哲学を支配する「二人のギリシャ人」と呼んでいることは注目に値する。それの含意するところは、つまり、フッサールは、文字通りの意味ではユダヤ人だが、寓意的な意味では「ギリシャ人」である、ということだ。

今、私が本論で取り上げようとしているのは、勿論、デリダにおける寓意的意味での「ユダヤ人」なのであるが、ただ、「ユダヤ人」の場合には、「ギリシャ人」の場合とは違って、寓意性が、いわば、寓意性でありきれないということ、そこに問題がある。

たしかに、フッサールを「ギリシャ人」と呼ぶような考え方の段階に立つかぎり、デリダについても、彼の思惟の「ユダヤ的次元」を云々するのと全く同等の権利を以て、人はそれの「ギリシャ的次元」を云々することができようし、またそうすべきであろう。デリダ的思惟のユダヤ的次元とギリシャ的次元。だが、本当は、彼の思惟におけるこれら二つの次元の間には、表現上のパラレリズムからは想像できないような、大きな違いがあるのだ。

フッサールが「ギリシャ人」である、という立言は、フッサールの人種にも生れにも全然関係なしに、あるいは、それを敢えて無視して、なされる。フッサールの哲学のギリシャ性は、純粋に、一つの思想史的事態であって、氏素姓《うじすじょう》の問題ではない。「ユダヤ人」の場合はこれとは違う。デリダのなかの「ユダヤ人」、すなわち寓意的意味でのユダヤ性、は文字通りの意味でのユダヤ性に深く根を下ろしている。表面では分裂していても、実存の深みでは、ただ一筋のユダヤ性なのであって、そこに彼の思性のユダヤ的次元の源がある。

デリダがユダヤ人であることを知らない人が、案外、多い。また、知ってはいても、そんなことに大した意義も認めない人も。そのような人々にとっては、デリダはユダヤ人でもなければ「ユダヤ人」でもない。たかだか、現代ヨーロッパの最先端を行く一個の急進的思想家、一人のフランスの哲学者にすぎない。だが、それで、はたして、いいのだろうか。そのような見方をすることによって、人はデリダ的知性の最も根源的な部分を、彼の思想の実存的な根を見遁《みのが》してしまうのではなかろうか。

デリダ自身は、自分のユダヤ性を明瞭に意識している。自分がユダヤ民族共同体からはみ出した——常識的にいえば、異端的な——一人のユダヤ人であるという自覚も、また、彼にはある。詩人ジャベスにおけるように、「ユダヤ人とは苦悩する寓意《アレゴリー》にすぎない」(le Juif n'est que l'allégorie souffrante)という意味での「ユダヤ人」の自意識で、それがあるにしても。

ジャベスは、デリダが内的に最も親近感をもつ、一九一二年生れのユダヤ詩人。まるでデリダ自身の詩的分身であるかのような感じさえする人、そのジャベスが、こう言っている。

「私に向かって、私の民族の兄弟たちは言った。

お前はユダヤ人ではない。お前は、一向、シナゴグに行かないからな。お前がよく引用するラバイたちは、いかさま師ばかりだ。第一、実在の人物なのかね。奴らの不敬な言葉でお前は育ってきた。

他人には、お前も、ユダヤ人であるのかも知れん。だが、わしらの目から見れば、とてもユダヤ人とは思われない。

私に向かって、私の兄弟たちのうちで一番冷静な人が言った。

ユダヤ人とユダヤ人でない人間とを全然区別しないなら、もうそれだけでユダヤ人ではない、と」(『問いの本』)

ユダヤ人ならぬ「ユダヤ人」、ユダヤ人であることからはみ出しすぎた「ユダヤ人」。だが、この「ユダヤ人」の存在体験の底辺には、濃密なユダヤ性が纏綿している。しかし、それは、ジャベスを糾弾する俗物の目には見えない。

ユダヤ人ならぬ「ユダヤ人」。ジャベスの場合、ユダヤ共同体から彼がはみ出た、その向うには、広漠たる砂漠がひろがっている。それが、限りない、彷徨へと彼を誘う。

ジャベスはエジプト生れのユダヤ人だ。エジプトを離れてパリに出て来た己れの「移行」を、彼は「出エジプト」として体験した。この老詩人の胸中には、今もなお砂漠の風が吹き渡っている。大都会パリの真只中に生きながら、彼は絶えず砂漠の音を聞き、砂漠を憶う。都会生活者の「平和な定住性」を堪えがたい桎梏《しっこく》と感じる彼の心に、砂漠生活者の、ところ定めぬ遊牧性《ノマディスム》が呼びかける。

ユダヤ人ならぬ「ユダヤ人」、ジャック・デリダも砂漠を知っている。彼はアルジェリア出身のセファルディ系ユダヤ人だ。彼の心のなかにも、父祖伝来の、アブラハム以来の、「砂漠」が生きている。砂漠の声を、彼は哲学する。いや、むしろ、砂漠の声が彼のなかで哲学する、と言うほうが正しいのかも知れない。デリダ哲学の根源的な精神ともいうべき「彷徨」(errance)は、砂漠を内面に抱く人のみの知る遊牧性《ノマディスム》の哲学的形態にほかならない、と私は思う。後で、もう少し詳しく論究する必要のあることだが、彼の哲学を決定的に特徴付ける基礎概念、「エクリチュール」――限りない記号の遊動、それに伴う世界テクストの、始源も終末もない流動性――の構造には、砂漠を行くさすらいの民の強靱な、しかし妙にもの悲しい、ノマディスムの響きがある。ユダヤ人の意識は、根源的に悲劇的意識だ、とデリダが言っている。

だが、それだけではない。哲学者デリダの意識は、もっと複雑だ。「ユダヤ人」デリダが、ユダヤ人でないところ、つまり彼の脱ユダヤ的意識空間は、そのまま「ギリシャ人」によって占めつくされる。ユダヤ的思惟とギリシャ的思惟とが重なり合い、縺れ合い、絡み合って、複雑な絵模様を描き出す。デリダの意識のなかでは、両者は混入し融合して一体となり、どこまでが「ユダヤ」、どこまでが「ギリシャ」、と境界線を引き難い。

現代フランス哲学界の重鎮、エマニュエル・ルヴィナス――この人もまたユダヤ人、字義通りの意味でも、寓意的意味でも――を論じた有名な長論文「暴力と形而上学」(Violence et métaphysique)の末尾で、デリダはこの問題を次のように取り扱っている。示唆に富む一節だ。

「我々はユダヤ人なのか。我々はギリシャ人なのか。「ユダヤ人」と「ギリシャ人」とのあいだの相異のうちに、我々は生きている。そして、この相異こそ、おそらくは、「歴史」と呼ばれるものの統一性でもあるのだ。……

我々はギリシャ人なのか。我々はユダヤ人なのか。我々は先ず第一に――年代上の前後を問題にしているわけではない。本性上の前後のことだ――ユダヤ人であるのか。それとも、先ず第一にギリシャ人であるのか……」

自らに、そして我々に、こう問いかけておいて、デリダは、「近代小説家のなかで、おそらく、誰よりもヘーゲル的な作家」と彼の考えるジェームス・ジョイスからの謎めいた引用文――"Jewgreek is Greekjew. Extremes meet"(*Ulysses*)「ユダヤ人ギリシャ人は、ギリシャ人ユダヤ人である。端と端とが出会う」――を取り上げて、更に大きな問いかけで全体を結ぶ。曰く、「この命題における繋辞、「…である」の正当性の根拠は何か、この繋辞はそもそも何を意味するのか」と。繋辞(copula)とは、言うまでもなく、ラテン語で字義通り、「結び付き」をも意味する。

Jewgreek—Greekjew という。どちらの端から出発しても、そのまま他方の領域に辷《すべ》り込んでしまうのだ。「ユダヤ人」の側から出発すれば、その先に「ギリシャ人」が出てくる。反対に「ギリシャ人」の側から出発しても、道はいつの間にか「ユダヤ人」に通じてしまう。「ユダヤ人」かと思えば「ギリシャ人」。「ギリシャ人」かと思えば「ユダヤ人」。異でありながら同。同でありながら異。まさに、デリダ哲学の根本テーゼである différance(「相異」=「相移」)だ。これの内面における「ギリシャ人」と「ユダヤ人」とを、デリダはこのようなものとして自覚しているのである。

しかしながら、ひるがえって考えてみれば、デリダがこのように自らを、「ギリシャ人」と「ユダヤ人」との苦悩にみちたアレゴリー的結合、相矛盾する二つの次元の紛れ合い、として自覚していることこそ、かえって彼の本源的ユダヤ性を物語るものなのではなかろうか。彼は自分自身と一致していない。おそらく、とデリダは言う、ユダヤ人にとって、自分自身とのまったき一致、完全な自己同一性、ということはありえないのかも知れない。

ユダヤ人とは、自分自身ではありえない、ありきれない、ということの名なのである、とも彼は言う。ユダヤ人は、その実存の根源において引き裂かれている。自分自身とのこの根源的な不一致(non-coïncidence de soi avec soi)の自覚において、デリダは普通の意味でのユダヤ人より、もっとユダヤ人的である。そしてまた、まさにそのことによって、普通の意味でのユダヤ人より、より少なくユダヤ人的でもあるのだ。

「ユダヤ人より、より少なくユダヤ人的」。この稀薄なユダヤ性は、時として、極限に近いところまで押し進められる。そのような、極度に稀薄化されたユダヤ性に身を置いて彼がものを言うとき、人はデリダの思想に、ほとんど「ユダヤ人」を感じない。だが、それは、そのようなとき、彼自身のなかに、「ギリシャ人」としての強烈な自覚が働いている、ということではない。自分自身について冷静に、理性的に発言する場合、自分は「ギリシャ人」でも「ユダヤ人」でもない、と彼は言う。少なくとも哲学的立場として考えるかぎり、この発言は確かに正しい。哲学的に彼が求めているのは、「ギリシャ」でもなく「ユダヤ」でもなく、それらを共に越えた「彼方なるもの」なのである。では、彼のいう「彼方」(au-delà)とは、一体、何だろう。

さきに引用した『ユリシーズ』の一文、Jewgreek is Greekjew を挙げながら、ある対談者がデリダに質問した。「ユダヤ文化とギリシャ文化とは根本的に綯《な》い合わされ、織り交ぜられている、というジョイスの意見に貴方も同意なさいますか」と。西洋文化、西洋哲学において、そして特にデリダ自身において、「ユダヤ」と「ギリシャ」とが、まるで一つの織物のように、渾然一体となっている、と信じるかというのだ。この問いにたいして、デリダは次のように答えた、と伝え聞く。

「ギリシャ人」と「ユダヤ人」との、ジョイスのいうこの繫辞《けいじ》統合を、我々は徹底的に考え抜かなくてはならない。私はそう信じています。しかし、他面、はなはだ逆説的に響くかも知れませんが、私は自分の思想を、ギリシャ的であるとも、ユダヤ的であるとも考えてはいないのです。

たしかに、私がギリシャ哲学の伝統に則って言語的表現を与えようと企てる全ての問題が、それの「他者」として、「ユダヤ人」、つまり「他者としてのユダヤ人」のモデルに対立している、それは私の実感です。しかし、それとは矛盾するようですが、私は自分の思惟過程で、ユダヤ的伝統を、直接に、しっかり根を下ろした仕方で喚起したことは、事実、いまだかつてありません。私はユダヤ人として生れましたけれど、しかし、ユダヤ的伝統が私の仕事、私の思索、の場であるということはないのです。

ですから、私の思惟にユダヤ的次元なるものがあって、それが時々、私のなかで、あるいは私を通して、語り出すということはあったかも知れませんが、そんな場合でも、それがユダヤ文化への忠誠ないし負目という形を取ることだけは絶対にありませんでした。

要するに、哲学的問いかけの私の言述《ディスクール》の窮極の「場所」は、ギリシャ的でもヘブライ的でもなかった。私が、終始、求めてきた「場所」は、一つの「非・場」(non-lieu)なのであって、それは私が幼い頃受けたユダヤ思想の影響と、後にフランスの大学で身につけたギリシャ哲学の遺産との、その両方の彼方に見出されるものなのです、と。

彼自身の哲学的態度についての、デリダのこの重要な発言は、彼におけるユダヤ性が、意識の表層的事態ではなくて、深層的事態であることを如実に物語る。「ギリシャ」にも「ユダヤ」にも、(そして、勿論、そのほかの何処にも)己れの場所を置かない、という。立場なき立場をこそ、己れの窮極の立場とする、という。場所なき場所、場所ならぬ場所、「非・場」(non-lieu)を求める心。「非・場」を、「ギリシャ」と「ユダヤ」の彼方に求める、と彼は言う。だが、その「彼方」とは、デリダにとっては、「砂漠」でしかありえないのだ。「ギリシャ」と「ユダヤ」とを越えた向う側、そこはもう「砂漠」なのである。ゆくりなく、そこで、彼は「出エジプト」の詩人ジャベスに逢う。そして、「出エジプト」は、一つの根源的「砂漠」体験、「砂漠」のユダヤ的体験にほかならなかった。(「ギリシャ」と)「ユダヤ」の彼方に「非・場」を求めること、そのこと自体が――デリダの好んで使う言葉を使って言うなら――逆説的に(paradoxalement)あるいは、皮肉なことに、「出エジプト」という極めてユダヤ的な体験だったのである。

「場所」(lieu)とは、enracinement(＝rootedness)を意味する、とデリダ自身が言っている。大地にがっしり根を下ろすことだ。どこかに固定した場所を据えつけること、それは、デリダにとって、権力《プーヴォアール》と暴力《ヴィオランス》に直結する。権力と暴力につながる「場所」の否定、「非・場」、を己れの立場とすべく、彼は「砂漠」に行く。「砂漠」こそは「非・場」の場。一定の場所というものは、そこにはない。

「砂漠では、何一つ花が咲かない」(ジャベス)。砂漠はもの「不在」(absence)の場所だ。が、それはまた同時に、「場所の不在」(absence de lieu)でもあるのだ。きっかりと限界線で仕切られた場所は、どこにもない。自分の位置を据えつける べき特定の場所はない。「一つのきまった場所、一つの囲み、他者を排除する地域、一つの特殊地区、ゲットー」はここにはないのだ。常に、どこまでも「彼方」であるような場所、経験世界には絶えて実在しないような場所、無限の過去であると同時に、無限の未来でもあるような場所。「砂漠」には「非・場」の夢がある。

「ユケルよ、お前はお前のもとでは、いつもなんだか落ち付かなかった。お前は決して、ここにはいない。いつもどこか別のところにいる」


「何を夢見ているのか」

「大地だ」

「だって、お前は、ちゃんと大地の上にいるじゃないか」

「いや、私が夢見ているのは、私が未来にいるはずの大地なんだ」

「だが、わしらは、こうして現に互いに向かい合っているじゃないか。わしらの足は大地をしっかり踏みしめている」
「いや、あの大地にまで通じている、と人の言う道の、石ころだけしか私には見えない」(ジャベス)

ジャベス(そしてデリダ)の夢見るあの大地、「砂漠」には「場所」がない。全てが、絶え間なく浮動し、流動し、揺れ動く。「砂漠」のノマディスム。「遊牧のユダヤ人」(le Juif nomade)。「さまよえるユダヤ人」の形象。根を下ろす場所を持たない、持とうとはしない、遊牧の民の精神だ。我々日本人の文化伝統には、古来、「一所不住」と言い慣わされてきたもの、つまり、漂泊の心なるものがあるが、デリダにあっては、それが、定住的思惟に鋭く対立する遊牧的生の思惟という形で展開する。「非・場」の空間をさまよいながら、デリダは「さまよい」の哲学を書いていく。それが、彼の説く「相異」＝「相移」論であり、「エクリチュール」論である。安楽椅子に象徴される都市定住者の思想とは違って、「砂漠」のノマドの哲学は、ある意味では、酷薄で非情なものだ。きっと、デリダなら、ひじょう(非場)はひじょう(非情)に通じる、とでも言うだろう。だが、この「ひじょう」の哲学には、それを下から支える根源的な「ユダヤ」的情熱《パッション》がある。

デリダ哲学の実存的基底そのものを、最も端的に特徴付けると考えられる「彷徨《エランス》」の概念――むしろ、「彷徨《エランス》」の感覚というべきか――を、以上のように、一種の「出エジプト」的「砂漠」体験として考察してくると、一口にデリダのユダヤ性などといっても、それが決して単純率直なユダヤ性ではないことを、我々は悟らざるをえない。すでに見てきたように、彼のなかの、ユダヤ性は、それの対極であるギリシャ性と混交し、絡み合い、綯い合わされて、常に捩《よじ》れ曲がった形で現われてくる。純粋な形でのユダヤ性は、そこにはまったく見られない。そして、この屈曲したユダヤ性から、彼のあのパラドクスにみちた思想のスタイルが出てくるのだ。彼の著書を読んだことのある人が誰でも文句なしに認めるように、彼の思想は、まことにパラドクスにみちている。

彼の思想とその言語表現とを奇妙な形に屈曲させるパラドクスが、ユダヤ性とギリシャ性との、いま指摘した絡み合いからだけ来るものであるとは、勿論、言わない。だが、それが最も重要な因子の一つであることは、疑いの余地がない。特にユダヤ性は、彼の意識の深層構造を規定するものであり、思惟の深層次元であるだけに、単にパラドクスだけでなく、より広く彼の思想全体の生成過程を、屢〻無意識的に支配する点において、極めて重要な意義をもつ。

東洋哲学一般の主要構成要素の一つとして、ユダヤの思想伝統に、常々、少なからぬ興味を寄せてきた私には、デリダの場合でも、その思想のユダヤ性が著しく目立って見えるのである。俗にいう我田引水なのだろうか。おそらくそうではあるまい。以下、この問題を、いささか考究してみたい。

この点に関連して、先ず第一に私が興味をひかれるのは、デリダ哲学の中心課題として世に喧伝《けんでん》された「解体」(déconstruction)理論が、一見すると、ギリシャ性ともユダヤ性とも同時に矛盾し、それらを真っ向から否定するものであるかのごとき観を呈するという事実である。

デリダといえば、人は直ちに déconstruction を想起する。自分で、特にそれを意図したわけではない、いわば事の成り行きでそんなことになってしまったのだ、と彼は言うが、とにかく、事実上、「解体」は、今やまさにデリダ主義の標語であり別名である。今さら説明するまでもない。「解体」は、ヨーロッパの伝統的な形而上学に対する挑戦、それの仮借なき批判、否定として登場した。批判され否定される対象は、「現前《プレザンス》の形而上学」(métaphysique de la présence)。デリダはそれを、「ロゴス中心主義」(logo-centrisme)の原理の上に立つ形而上学として規定する。プラトン以来のヨーロッパ哲学の長い伝統は、デリダによれば、連綿たるロゴス中心主義の歴史である。西洋思想は、徹底的に、ロゴス中心主義によって毒されている、と彼は言う。それの痕跡を、至るところに彼は見る。

ロゴスとは、永遠不変の超越的実在を意味する。流動して止まぬ経験世界、現象界、の事物の背後に、それらを超越して存在する不変不動の形而上的実在者を措定するのだ。プラトンの「イデア」論はそれの典型的な哲学的表現である。この伝統は中世、近世を通じてヨーロッパ思想史を支配し、現代のフッサールに至る。「解体」とは、要するに、存在のロゴス的構造の解体にほかならない。ロゴス中心主義が、すぐれてギリシャ的な形而上学の精神である限りにおいて、「解体」は、明らかに、思惟のギリシャ性の否定である。少なくとも、そのように見える。

だが、それだけではない。ヨーロッパ文化におけるギリシャ性の対立項として、それと共に、いわゆる西洋文化の歴史を織りなしてきたユダヤ性(ヘブライズム)のほうは、ギリシャ性より、もっとずっとロゴス中心主義的なのだ。プラトニズムでも、個々の特殊イデアを超え、全イデア序列構造の頂点に立つ、「イデアのイデア」ともなれば、明らかに、絶対的・超越的ロゴスだけれど、その生々しい具体性と形象性において、『旧約聖書』の神、ヤハヴェの比ではない。『旧約』の唯一神こそ、絶対無条件的に、超越的ロゴスである。

そして、このような絶対ロゴスによって創造され、支配されるヘブライズムの世界が、実に徹底したロゴス中心主義の原理の上に立つものであることは言うまでもあるまい。六〇年代以降、アメリカのキリスト教神学の分野におけるデリダ主義が、オルタイザー(Thomas J. J. Altizer)の唱道する「神の死」(Death of God)の激越な思想運動と密接に結びつつ発展してきたという事実は、決して偶然ではありえない。「神は死んだ」というニーチェ的命題に遡るこの思想、デリダ的に言えば、まさに絶対ロゴスの無化、またそれに伴って、ロゴス中心主義的世界像そのものの崩壊である。逆に言えば、こんな過激な思想が、こともあろうに、キリスト教神学のなかに起こらなければならなかったほど、それほどまでにユダヤ的世界感覚はロゴス中心的だ、ということなのである。

しかも、起源と系統とを全く異にするこれら二つの潮流、ギリシャ的思考とユダヤ的思考とが合流して、いわゆる西洋思想の伝統を形成してきたのだ。ギリシャ精神とユダヤ精神との、この歴史的合流の所産を、デリダは、ハイデッガー(Heidegger: Die Onto-Theo-Logische Verfassung der Metaphysik, *Identität und Differenz*)にならって、ontotheologie(「存在・神学論」)と呼び、その内実を「ロゴス現前の形而上学」として把握する――無論、それを根柢から解体するために。簡単に言えば、それが彼の哲学、「解体」理論なのである。

「ロゴス現前」とは、先にもちょっと言ったように、神であれ、イデアであれ、形相であれ、「意味」であれ、「本質」であれ、とにかく不変不動の実在《リアリティ》が、経験界の事物、事象の向う側に存在している、それを人間の意識が今、ここで、自己に現前させることができる、ということである。対象の性質によってその現成形態は様々だが、いずれも、経験的存在秩序の下(あるいは上)に、異次元の超越的実在ないし原理を措定し、しかも人間が意識体験の事実として、それに、現在、今ここで、直触できる、と考える点で一致する。

この「ロゴス現前」を、デリダの「解体」理論は否定する。ロゴスなるものは絶対に現前しない。つまり、経験的現実には裏はない、というのだ。いわゆる現実とは、流動する記号のたわむれ現象であり、いわゆる事物とは、永遠に現前することのないものの「痕跡」(trace)にすぎない。今、ここに、何かを捉えた、と思った瞬間、見ればそのものはもう手の中にはない。この「捉えそこない」がどこまでも続いていくのだ。ものの「痕跡」だけが、無限に続く。

おそらくこの考えの背後には、現代アメリカの代表的「デリダ派」哲学者マーク・テイラー(Mark Taylor)が、主著『さまよう』(*Erring*, 1984)のなかで尖鋭に分析しているように、アウグスティヌスの、あの有名な時間論の極点をなす「現在」の絶対不可捉性のイマージュが働いているのであろう。次々に「現在」の一点を追っていく。だが、どこまで追っていってもこれ！という直接性において押し止められる「現在」はない。ものは絶対に現前しないで、「痕跡」だけを残す。「痕跡」は記号である。限りなく錯綜する記号の描く線が、現実と呼ばれる存在幻想のテクストを刻々に織り出していく。揺れ動く無数の記号の相互遊動のみがそこにある。それが「神の死」を物語る。「神の死」の、記号学的言語への翻訳、とでもいうべきか。死んだ神が、新しい形で、たわむれ合う無数の記号の姿で、生きかえってくるのだ、とマーク・テイラーは言う。

デリダの「解体」理論は、ヨーロッパ文化の思想的根幹をなす(と彼の考える)ロゴス中心主義への真っ向からの挑戦として、表面的には、いかにも反ギリシャ的(イデア的なるものの否定という意味で)、かつ反ユダヤ的(『旧約』の神の否定という意味で)であるかのように見えるし、また一応は、それがデリダの思想態度の正しい理解の仕方であるかに思われもしようが、よく考えてみると、事態はそれほど単純明快でないということが、以上叙述してきたところからだけでも明らかであろう。「解体」理論の精神をそのように割り切ってしまうことには、「ギリシャ」の側にも、「ユダヤ」の側にも、問題があるのだ。ここではユダヤ性の側だけに論議の焦点を絞って考え続けていくことにしよう。一見すると反『旧約』的、反ユダヤ的であるかのように見える「解体」哲学が、実は、いかに根源的にユダヤ的であるかを、ごく漠然とした形では、私はすでに説いてきた。それをもう少し具体的な形で、具体的な問題に即して考察してみよう、というのである。

デリダ的思惟形態の根深いユダヤ性を示唆するものとして、私は先ず、彼における終末論的感覚を取り上げる。事実、デリダには、終末論への抑えがたい関心とでもいうべきものがある。しかも、彼の場合、終末論への関心は、常に否定的形をとって現われる、あるいは、現われざるをえない。否定されることの屈曲性を通じて、デリダにおける終末論への関心は、異様にねばっこい、執拗な実存的情熱の暗さとなって現われる。

絶対的ロゴスの絶対的現前の否定、それをデリダは終末論《エスカトロジー》の否定という形で表現する。「神の死」が、終末論の否定という形を取るのだ。終末論の否定とは、文字通り、「極限《エスカトン》」の否定である。どこまで道を辿っていっても、ついに道の終局には到達できない、ということである。

「極限」(eschaton)は二つの相反する方向に期待される。一つは未来の方向に。もう一つは過去の方向に。終末論における「極限」概念は、本質的に時間概念である。「極限」を、過去の方向に辿れば、「始源」(archê)、すなわち、一切のものがそこに淵源する窮極の始点。未来の方向に辿れば、「終極」(telos)、すべてのものがそこに帰着し、一切がそこで完了する窮極の終点。宗教的形象に移して言えば、世界の創造と、世界の終末とである。終末論の否定は、だから、宗教的には、神の世界創造と世界終結との否定を意味するが、哲学的には、全存在世界からの存在論的根拠剝脱《はくだつ》、一切事物の無根源性の主張にほかならない。すべては、文字通り、「中途」なのだ。始まりもなく、終りもなく、すべては漂い流れる。始点も終点もなく漂い流れるそれらの存在者の何一つとして、それ自体であるものはない。それ自体とは、そのものの窮極的な停止を意味するからである。そして、それ自体でないものは、ただ記号としてのみ存在する。デリダが、記号の「たわむれ」と呼ぶ特殊な現象がそこに起こる。絶対的なそれ自体性を持たぬ記号の存在には、存在の窮極的充実はない。窮極的充実を持ちえない記号、「痕跡」は、しかし、充実を求めて浮動する。

存在の窮極的充実を、終末論的にparousiaという。デリダは「パルーシア」の現成を否定する。但し、このコンテクストでは、終末論は――終末という字義そのままに、そして「終末」という語の常識的理解そのままに――未来の果て、時の終り、存在の終り、を意味する。時が終り、歴史が終って、一切が完結点に達し、一切が明るみに露呈され、存在はまったき充実性において実現する。そして、全存在のそのような絶対的充実が、あますところなく現勢化した「絶対意識」に、そのまま現前するのだ、という。パルーシアを否定するデリダの心の鏡には、常に、パルーシアの哲学者ヘーゲルの姿が映じている。

だが、ヘーゲルが已れのうちに現成することを夢みた歴史の終焉《しゅうえん》、存在の絶対現前《パルーシア》の時、はいつまでも来ない。それの実現は永遠に、無限に、どこまでも延期されていく。この否定的終末論――終点のない終末――の事態を、デリダは différance と名付ける。Différance「相移」、終点の到来が次々に繰り延べられていくのだ。そして、この「相移」の概念は、やがて終末論的関連から引き離されて、そのまま、デリダの存在論全体を根柢的に特徴付ける重要な哲学的概念に転成する。

本来の終末論的コンテクストを離れて、一般存在論コンテクストに移されても、「相移」は、依然として、ロゴスの現前を否定する窮極原理である。経験的世界におけるいかなるものも、それ自体ではありえない、と前に言ったのはそのことだ。あらゆるものが、どこまでも、それ自体であることから繰り延べられていく。いかなるもののそれ自体性も、決して実現されることはない。いかなるものも、それ自体の現前から隔てられている。そして、それ自体から隔てられている、ということは、要するに、それ自体と異なっている、ということだ。「相移」différance は、すなわち「相異」différence なのである。己れ自らと異なり、己れ自身から繰り延べられたものには、「始源《アルケー》」も、「窮極《テロス》」もない。こうして、自らの真の始まりも知らず、自らの終極目標も持たず、己れ自らと「相移」・「相異」する無数のものが、また互いに「相移」・「相異」しつつ、刻々に流れていく。それが存在の実相だ。デリダのこの存在観には、彼のいわゆる inquiétude judaïque「ユダヤ的(実存の)不安」の感触がある。「砂漠」をさまよい続ける「ユダヤ人」の存在の中核に纏綿する不安の感触が。

Différence から différance への綴り変え。文字は変っても、発音は全然変らない。ことさらにｅをａと書く、この意図的な「綴り間違い」によって、ある象徴的な意味をデリダは創り出す。発音上の違いはないゆえに、この場合、ｅとａとの違い、「相異」は、ただ「沈黙のしるし」によって表わされる、と彼は言う。「沈黙のしるし」、「物言わぬ記念碑」、「ピラミッド」。ａ字は、大文字Ａにおいて、そのピラミッド性を開示する。

Aは、まさしくピラミッドの形だ。記号の外体を、古代エジプトの王者の墓、ピラミッドになぞらえたヘーゲルをデリダは憶う。「Différance のaは耳に聞えない。音もなく、ひっそりと、墓場のように、それはある」と。a字のこのような秘教的な考え方は、疑いもなく、ユダヤ神秘主義、カッバーラーの文字象徴理論につながる。

ヘーゲルの神秘主義に通じるこうしたカッバーラー的起源を別にして、純粋に哲学的概念として考えても、「相異」・「相移」(différence—différance)の概念は、西洋哲学史的には、やはりヘーゲルの弁証法的「同・異」概念に遡る。だが、このデリダ的概念の、より直接の概念系譜は、むしろソシュールの言語哲学であることに注意する必要がある。

今日では誰知らぬものもない事実だが、ソシュールは言語《ラング》を一種独特な記号学的「相異」の連関網目構造として規定した。「言語には相異しか存在しない」——多くの人が、そしてデリダも、好んで引用する、ソシュール言語学のこの有名な基礎命題は、要するに言語記号の実体性の無条件的な否定である。能記《シニフィアン》の側であれ、所記《シニフィエ》の側であれ、記号というもの(実体)は存在しない。ただ諸辞項間の相互的「相異」関係のみがある。ものがあって、それらの間に相互関係が出来上るのではなくて、関係性が諸辞項を、あたかも実在するものであるかのごとくに成立させる、というのだ。言語記号の、この本源的非実体的関係性を、デリダは哲学的に展開して、その尖端に、彼独特の「相異」・「相移」思想を組みあげる。それがデリダのソシュール読みだ。もっとデリダ風の言い方をすれば、デリダは意図的にソシュールをそのように誤・読し、そのように読み間違えるのである。そこに生起せざるをえないデフォルマシオンは、もとより、承知の上で。このソシュール言語理論の創造的「誤読」の背後に、強烈な終末論的感覚が伏在することは言うまでもないだろう。そして終末論的感覚が「ユダヤ」的心性の自己表出であることは、先に指摘した通りである。

「解体」哲学の全体的性格を規定する基礎概念、「相異」・「相移」が、こうして、デリダ自身のユダヤ性に深く根ざしているということは、本論の主題にとって、著しい重要性を持つ。

デリダは、たしかに、終末論を否定する。だが、彼の終末論の否定は、いわば、終末論にたいする裏側からの関心の表われにすぎない。彼の思想は、その様々に異なる展開過程において、繰り返し繰り返し、終末論的なものに戻ってくる。「終末」はデリダの思想のキーノートだ。終末論的ヴィジオン、終末論的形象が、哲学する彼の意識空間を満たしている、たとえそれが否定的歪曲性においてであるにしても。終末論への、この執拗な関心において、デリダは、まごうかたない「ユダヤ人」なのである。

デリダに見られる終末論への情熱的な関心と、それの示唆するユダヤ性に関して、以上述べたところとは明確に区別して考えられなければならないもう一つの重要な側面がある。この第二の側面は、デリダの思想の、いわば、秘教的深みを我々に垣間見させる点で、「デリダのなかのユダヤ人」という本論の主題に、第一の側面よりもっと直接に関わってくる。彼の思惟には、純哲学的な次元を超えたその彼方に――比喩的に言えば、もっとずっと深いところに――預言者的な次元がある、ということを、それは告知する。しかもデリダは、それをはっきり意識しているのだ。

問題は、ここでもまた、終末論の否定を出発点として展開する。但し、このコンテクストでは、「終末《エスカトン》」すなわち窮極目的《テロス》あるいは始源《アルケー》は、前の場合でのように世界――存在の歴史的秩序――の終局あるいは始点を意味するのではなくて、真理と価値の窮極的かつ絶対的な基準を意味する。従って、「終末」の否定は、ここでは、そのような真理基準、価値基準の、経験的世界内における客観的現前を否定することにほかならない。そういう意味での「ロゴス現前」の否定、ロゴス中心主義の否定なのである。ソシュール言語学の関係論的機能主義を徹底的に貫き通すことによって、「さまよい」の哲学――絶対無基準の原理に基づく、脱中心的周辺性の哲学、「欄外」(marges)の哲学――を志し、それを己れの全哲学的営為の課題とするデリダにしてみれば、この意味でのロゴス中心主義の否定は当然のことだ。

だが、とデリダは付け加える、「それだからといって、あらゆる形での終末論を私は否定するわけではない」と。ある哲学者との対談の記録(未刊)のなかで、彼が言明するところによると、預言者の霊感的言表のなかに内含される終末論だけは、彼は例外的に否定しない、という。

パロールの真理性に関して、彼は、哲学者の言葉と預言者の言葉との間に一線を引く。真理の客観的、あるいは絶対的基準を探求することは本来的に哲学者の営為であるが、そのような基準の探求を必要としない点で、預言は哲学と根本的に違う。預言者のコトバは、己れ自らの基準であって、己れの価値や正しさを、外的法廷での審議に委ねることを拒絶する。預言者のコトバは、自分自身の終末論を含んでおり、真理性の指標を己れのうちに持っている。自分自身の終末論を自分のなかに持っているというのは、今我々が問題としているコンテクストでは、絶対的価値基準、真理根拠を己れのうちに備えている、ということだ。そうなると、当然、それでは当のデリダは、自分の思想をも、窮極的には、そのような性質のものと感じているのだろうか、という疑問が湧いてくる。果たして、対談者は、次のような、かなり思い切った質問を彼に投げかける、「貴方の「解体」のお仕事は、今おっしゃった意味で、預言者的性格のものなのですか」と。

この問いにたいしてデリダは、すこぶる含蓄のある言葉で、こう答える。私は、自分の「解体」理論を、預言者的性格のものだとは感じない。私はべつに預言者的インスピレーションの下で語っているわけではないのだから。しかし、もし私のコトバに、どこかしら預言者的な響きがあるとすれば、それは、恐らく、「解体」の機能する空間が、預言者たちのいる所から、そう遠く隔たっていないからであろう、と。そして、彼は、こう付け加えるのだ。

「自分が、親しく霊感を受けているという自覚は、まことに残念ながら、私にはありません。だが、私は事実、自分のなかの深いところで、何かの到来を待っている。何かを探し求めてやまないものが、私のなかにあるのです。この探求が、たんにレトリックの偶然でないことだけは確実です。だからこそ、私のコトバは、一種の預言者的響きを帯びてくるのかも知れません」。

慎みの気持か、羞恥心か、デリダはこの問題について明言を避ける。彼のこの発言には奇妙な曖昧さが漂っている。「残念ながら」と彼は言う。意味深長な一句だ。哲学者なのか、預言者なのか。それとも、預言者的哲学者なのか。それとも、また、彼の論敵たち——デリダには熱狂的支持者が多いように、それよりもっと敵が多い——が考えるように、彼は預言者を気取る哲学者であるのか。ともあれ、彼の難渋な思想が、多くの人々の心を惹きつけてやまない原因、少なくともその大きな部分、は、彼のコトバの預言者的響きの魅惑にあることに疑いはない。そして彼のコトバのこの預言者的音響が、彼のユダヤ性に淵源するということにも。

デリダにおける思惟のユダヤ的次元を主題とする本論は、彼のエクリチュール論に触れることなしに終ることはできない。「エクリチュールの誕生と情熱としての一種のユダヤ教」についてデリダは語る。憶えば、ユダヤ民族は、そもそもの始めから、啓典の民、書物の民、であり、エクリチュールの運命を背負って生れてきた民族だったのだ。詩人ジャベスは、ユダヤ人を「書物から現われ出てきた民族」(une race issue du livre)と呼ぶ。『旧約聖書』、永遠の書物、「聖なる文字」、にユダヤ人の根源があり、そこに「意味」の根源がある。この民族とエクリチュールとは共通の根でつながっている。「語るのは根。根が語り、パロールがそこに芽生え、裂けた土の傷口から詩のコトバが流れ出る」。エクリチュールにたいするデリダのあの執念の底には、深いユダヤ性がひそんでいるのだ。

「ユダヤ人であることの困難さと、書くことの困難さとは融合して分ちがたい。なぜなら、ユダヤ性とエクリチュールとは、同じ一つの期待、同じ一つの希望、同じ一つの消耗なのだから」と、ジャベスは『問いの本』のなかで書いている。苦渋にみちたユダヤ人として存在すること、生きること——ユダヤ人の歴史的運命のテクストを、ユダヤ的実存の根のコトバが織り出していく。

「存在」は、最初からそこにあるものではない。書かれてはじめてあるものだ。初めは、神だけがあり、神のコトバだけが聖なるテクストを書いていた。しかし、とジャベスが言う、律法の書板は、預言者モーセが、怒りのあまり砕いてしまった。砕かれた書板は神の沈黙を意味する。神のコトバが途切れ、その沈黙の場所に人間のコトバが働きだす。砕かれた書板の破片のあいだに、人間的パロールの権利が根付く。テクストの冒険が、雑草のように生え始めるのだ、律法から遠く離れ、「ユダヤ人の祖国」から遠く離れて。

人間の、人間的なコトバが、真の祖国を追われたパロールが、生れる。追放されたパロールは、存在の聖なるテクストの中心部にはどうしても達しない。「周辺」を空しくさまようエクリチュール。中断された神のコトバに代わって、人間のコトバが、周辺的な存在のテクストを織り続けるのだ。

人間のパロールとエクリチュールの状況とは、およそこのようなものである。人間の語り、書くコトバの世界では、神すら内部分裂を起こしている。そこには嘘がある。「私の最初の先生であったジャコブ師は嘘の美徳を信じていた」――と、『問いの本』のなかでジャベスは述懐する――「というのは、師によれば、およそ嘘のないエクリチュールなるものは存在しない、が、しかもエクリチュールは神の道であるから、だ」。これと同じことを、ヴェーダーンタの哲人シャンカラなら、いわゆる現実の世界は、すべてブラフマンの幻力《マーヤー》の所産、一つの巨大な幻想にすぎない、しかし、この虚妄の世界こそ、ブラフマンの自己顕現の姿なのだ、とでも、言うであろう。ユダヤ人ジャベスは、それを「嘘のある神の道」と見る。

嘘のある神の道。この道は、それでも、神から出て神に向かう。屈曲した、極度に遠い回り道。あまり曲がりくねっているので、本当にそれが道なのか、この道を行く人にもわからない。道でない道、「砂漠の道」(le chemin dans le Désert)――それがエクリチュールというもののあり方なのである。神のコトバの沈黙の空間に、人間が、神に代わって、「存在」を書いていくのだ。

この道を、おぼつかなげに人は行く。神に向かいつつ、神から彼は離れる。ものを書く人(「エクリチュールの人」l'homme d'écriture)は、分裂し、神から離れた存在者だ。もはや、失楽園以前のように、楽園で、自分のすぐ耳もとで、神の声を聞くことはできない。神の声を、もはや、じかに耳にすることのできない人間は、砂の上に仄かに残る「足跡」(traces)だけを頼りにして、不安げに砂漠をさまよう。

「楽園は(神の)コトバ、砂漠は(人の)エクリチュールだ。砂の一粒一粒に、思いもかけぬ記号《シーニュ》を見付けて、はっとすることがある」(ジャベス)。この体験を、ジャベスは「ユダヤ的体験」(expérience judaïque)と呼ぶ。

「存在」はジャベスにとって、そしてデリダにとって、一冊の書物、「砂漠の本」だ。砂漠には砂だけがある。ジャベスのいわゆる「狂気の砂」が。限りなく、空しくひろがり、空しく続く砂の曠野《こうや》。「手にすくい上げた砂を見てごらん」と、『問いの本』のイヴリ師が言う、「そうすれば、コトバの空しさがお前にもわかるだろう」と。

コトバの空しさとは、エクリチュールの空しさ、エクリチュールの書き出す存在の空しさ、である。だが、エクリチュールによってこそ、すべてのものが存在するのだ。ジャベスにとって、存在(être)とは「書物・内・存在」(être-dans-le-livre)でしかありえない。すべては「本《リーヴル》」のなかにあり、あらゆることは「本」のなかで起こる。「本」からの脱出すら、「本」のなかでの出来事である。「本から外に出る、と人は言う。実は、本のなかで、本から外に出るだけのことだ。……人は本のなかでのみ、本の外に出る。なぜなら、本は世界のなかにある、のではなくて、世界が本のなかにあるのだから」(デリダ)。

ここで「本」とか「書物」とかいうのは、ジャベスの特殊用語法であって、デリダ的術語で言えば、「エクリチュール」あるいは「テクスト」に当る。デリダにおいては、普通「書物《リーヴル》」(「本」)という語は、存在の(終末論的)完結性、自己充足、すなわち一切が完全無欠な現勢態に達して、もうそれ以上一歩も進みようもなくなった絶対「閉塞《クロチュール》」、閉じられた全体、あまりの完璧さのゆえの「死の静寂」、などを含意するが、ここでいう「書物」は、そのように解された「書物」と、まさに対照的な「開かれたテクスト」、エクリチュールを意味する。エクリチュールは未完結であり、「中途」であり、彷徨である。書き了って、完全に出来上ってしまった作品としての本ではなくて、書きさしの、まだ制作途中の、そしてどこまで行っても完成することのない書きもので、それはある。先に一言した、あの「ユダヤ的(実存の)不安」をそのまま反映するコトバのさまよいだ。

このようなエクリチュールの本源性を、デリダは次のように描き出す。「世界は端から端まで暗号文字だ。暗号文字としての世界が、詩的書きこみと詩的解読とによって、絶えず構成され、——というより、再構成され——ていく。本が、何よりも先に、まず書かれるのだ。すべてのものは、世界に現われてくるためには、存在するより以前に、まず本に所属しなければならない。いかなるものも、まず本に着岸してからでなければ生れ出ることができない。いかなるものも、本を目指しながら座礁してからでなければ死ぬことができない。いかなる場合にも、本の冷厳な岸辺が、まず第一にある」と。

「もし神があるなら、それは神が本のなかにあるからだ」とジャベスが言っている。神すら「本」のなかで生起する。神も、人間自身も、エクリチュールの空間のなかでのみ生起し、その空間のなかでのみ結ばれる。

「サラよ、私は、ことさらに、今度、お前を探したわけではない。私は以前からお前を探していたのだ。お前を通して、私は記号《シーニュ》の根源にまで遡る。風が、砂の上や海の上に素描するまだきちんとした形をなさないエクリチュールにまで、鳥たちや悪戯《いたずら》っぽい魚たちの野性のエクリチュールにまで、私は遡っていく。風の主《あるじ》、砂の主、鳥たちと魚たちの主、神、は人間が人間に期待していた本を、自ら人間に期待していたのだ。一方が、ついに、神であるために、そして他方が、ついに、人間であるために」(ジャベス)。

エクリチュールとしてのコトバなしには、何ものも存在しない。だから、本来は空しいものと知りつつも、人は書く。そして書かれたものを人は読む。どこまでも、彼は「暗号文字」を書き続け、「暗号文字」を読み続けていかなければならない。世界を存在にまでもたらすために。有意味性（の幻想）に生きるために。やがて、根源的解読不可能性(illisibilité radicale)の限界につき当るまで。

この「根源的に解読不可能な」文字が、一体、何であるのか、その秘密をデリダは我々に明かさない。おそらく、それは、この「解読不可能な（エクリチュール）のなかで自らを告知する存在が、自らを書きながら、しかも自らの名の彼方にある」からなのであろうか。ともあれ、はっきりわかっていることは、人間が、解読可能な文字からなる世界の存在を通して、遠い回り道をしながら、神に向かって歩いていかなければならないということだ。それが楽園を「追放された」人間の、神に近付く唯一の道なのである。

エクリチュールは、自己分裂した「悲劇的存在」、人間実存の宿命だ。言語幻想としての存在世界の不安な有意味性のなかに、彼は生きる。遊動する記号の「砂漠」。デリダの「さまよい」の哲学の基底には、濃厚なユダヤ性が揺曳《ようえい》する。

フランス語の日常的な用法では、écritureという語は、書きもの、書かれた文字、書き言葉（音声言語、話し言葉に対立）、筆跡、などを意味する。デリダはこの語を、日常的意味の次元から、非日常的次元、「解体」理論的、「相異」・「相移」的思惟の次元に移して使う。彼の、この語の用法は特異である。本論で私は、この非日常的意味におけるエクリチュールだけを、しかもそれのごく限られた一側面だけを、問題としてきたにすぎない。

デリダのエクリチュール論を試みる人は、当然、今言った二つの言語用法の次元を区別して論じるのが普通である。しかし、これら二つの次元のあいだの境界線は、デリダの思想そのもののなかで微妙に動揺し、移動して、容易には定着しがたい。それはそれ自体、大きな哲学的問題だし、また第一の日常的意味の次元でも、エクリチュール、すなわち「書記言語」は、デリダの特徴あるソシュール批判をめぐって、かなり複雑な、そして興味ある言語理論上の問題を提起する。だが、それは、デリダにおけるユダヤ性には直接関わりのないことだ。デリダのエクリチュール論全般については、いずれ稿を改めて、別の見地から考察することにしたいと思う。

四　「書　く」

——デリダのエクリチュール論に因んで——

汝の主は、こよなくも有難いお方。筆もつ術《すべ》を人間に教え給うた。人間に未知なることを教え給うた。

『コーラン』九六章三—五節

ジャック・デリダは、自分の哲学的言語のなかに術語を確立することを好まない。勿論、術語には学問的に、それなりの長所がある。だが、それは逆に、ともすれば、安心して凭《よ》り掛ることのできる拠点のようなものを思考に提供し、そうすることによって、思考を安易にし、上辷りさせ、あるいは思考の自由な流れを阻止したりする。とにかく、言葉を自覚的に一歩一歩練りあげていくことをもって思想展開の唯一の道とするデリダのような人にとって、術語はあまり有難い存在ではないのだ。

しかしそれでも、「解体」(déconstruction)をはじめとして、どんな問題を取り扱う場合でも、彼の文章に必ずと言っていいくらい、いつも現われてくる、デリダ好みの幾つかの言葉がある。例えば「相異」―「相移」(différence—différance)とか、「書く」(書記言語、文字言語、écriture)とか。この種の用語に言及することなしには、デリダの思想を論じることは、事実上、できない。そんなとき、デリダ自身の意向がどうであれ、世間ではこの種の言葉をデリダ哲学の術語と見做す。

だが、このような場合でも、デリダは、少なくとも、彼の術語を定義はしない。定義された術語は、たちどころに硬化して、もはや自由な読み変えができなくなってしまうことを、よく知っているからだ。彼にとって、意味の読み変えができなくなるということは、すなわち、言葉の死を意味する。「エクリチュールとは……」というような文を、彼もよく書くし、時には、「私はエクリチュールを……として定義する」などと言いさえもする。しかし、それはアリストテレス的な、厳密な意味での定義ではない。定義の名の下に、その場その場で、まるで違うことを、彼は言う。だから、彼の定義を聞いていても、結局、彼の術語の明確な概念的理解は一向に得られない。

こんなわけで、デリダの哲学言語の最も重要な、決定的に重要な、術語の一つである「エクリチュール」にも、デリダ的思考特有の不分明性、不定性、曖昧さが纏綿する。だが、「エクリチュール」を辺暈のように取り巻くこの茫漠とした概念的曖昧さのかげに、我々はデリダの、ある一定の方向に向かう強い思想的傾向性を垣間見る。この思想的傾向性こそ、彼の思想そのものなのであり、またそこにこそ、彼のエクリチュール論の独自性と創造性の源泉があるのだ。それが、私を魅惑する。

以下、私は、このような観点から、デリダのエクリチュール論を縁《よすが》として、「書く」ことが内含する現代哲学的問題性の幾つかの側面を追求してみようと思う。本稿はデリダの研究ではない。デリダの思想を研究しようなどという意図は私にはない。ただ、私が彼の思想的傾向性と認めるものの流れに乗って、東洋哲学の分野で日頃考えている問題の幾つかを、いささか考えなおしてみようとするだけのことである。

日本語のコンテクストに「エクリチュール」などというフランス語を持ち込むと、いかにもことごとしく響くけれど、「書く」と言いなおしてみれば、なんということもない。ごくありきたりの語だ。しかし、このありきたりの語のありきたりの意味を、異常に歪曲し、拡張して、デリダは使う。デリダばかりではない。ロラン・バルトにしてもラカンにしても同様だし、より一般的に、構造主義以後のヨーロッパ最近の前衛的思想界を代表する若い思想家たちは、みんな、それぞれ「エクリチュール」という語に激しい衝撃的な意味を賦与して使う。こういう思想コンテクストで使われる「エクリチュール」には、だから、目をみはらせるような、新鮮な、現代的感覚がある。「エクリチュール」とは、たんに「書く」ことではないのだ。

「書く」といえば、我々の常識は、筆またはペンで紙の上に文字を書きしるすこと、と理解する。それが、「書く」という語の普通の意味だ。だが、デリダの語る「エクリチュール」は、そのような「書く」の常識的意味表象から程遠い——と、一見、思われるほど極端な拡張解釈が行われている。ペンも要らない。紙も要らない。文字など書かなくともいい。それでも、人は「書く」、現に「書」いている、のだ、というのだから。

つまり、簡単に言ってしまえば、人は存在するという、まさにそのことによって「書」いているのである。しかも、人がそのなかに生きている——と自分で思っている——「世界」なるものも、実は、ぎっしり「書き込まれた」、エクリチュールの構成物である。どこまで遡って行っても決して始点《アルケー》に到達することのない、無始点の過去以来、およそどれほどの数の人がこの「書き込み」に参加してきたことか。無数の人によって「書き込み」「書き出された」エクリチュールの共同世界のなかに生きながら、我々自身もせっせと「書」いている。そんなところまで、「書く」という語は拡張解釈されているのである。なぜだろう。一体、なんの根拠があって……

だが、考えてみれば、「エクリチュール」という語のこのような拡張解釈ほど、思惟と言語の深い関わりをまざまざと見せつけるものはない、と私は思う。厳密な、分析的思考を事とする哲学者たちですら、従来、「存在」とか「現実」とか「世界」とか、その他これに類する言葉で直観的にわかった積りになり、簡単に片づけてきたものを、デリダや彼の一派の人たちは細かく分解し（＝「解体」し）、その分解線に従って様々に読み変えていく。例えば、今まで「現実」とか「世界」とか言ってきたものを「テクスト」と読み変える。「存在する」ことを、「テクストの織り出し」などと読み変える。

ただ表現を取り替えるだけのことではない。読み変える、とは、まったく新しい角度から、新鮮な視線を対象に向けるということだ。いわゆる「現実」を「テクスト」と読み変えたとたんに、いわゆる「現実」は解体されて、まるで違ったものとなって我々の前に現われてくる。べつに「現実」という言葉がいけないというわけではない。ただ、「現実」という語を使って考えているかぎり、どうしても見えなかったある事態が、突然、見えてくる、というわけである。「現実」という、今では使い古されて擦り切れてしまった語によって漠然と指示されてきた事態が、「テクスト」と読み変えて提示されるとき、この新しい語の内蔵する意味可能性の傾向線にそって、思いもかけぬ姿を、尖鋭に露呈するのである。ここに私は、言語の呪力の恐ろしさを見る。読み変えの操作にあたって、「現実」の代りにどんな語を選ぶか、つまり、どんな語の呪力を活用するかは、主として思考の「戦略《ストラテジー》」の問題だ。彼自身も認め、かつ強調しているごとく、デリダの哲学は、本性上、戦略的哲学である。

とにかく、こうして「テクスト」という語が選び出される。「テクスト」は、語源的に、「織りもの」の意を含む。だから、この読み変えの戦略的視点からすれば、例えばハイデッガーの「世界内存在」は、すでに織り出されてそこにある「テクスト」のなかに織り込まれている私が、公共のその織りもののなかで、自分も自分なりに「テクスト」を織っていく、つまり己れの「テクスト」を織り加えていく、ということを意味するだろう。巨大な、錯綜する記号連関として、「世界」は、それ自体、すでに一つの力動的「テクスト」なのであり、この織りものの小さな織り目の一つである私は、私なりに、刻々に織り変えられていくこの「テクスト」に、ささやかながら何かを織り足していくのである。

他面、しかし、「テクスト」という語は、言うまでもないことだが、「書く」と深く関わっている。もともと、言語の普通の慣用では、「テクスト」とは、文字で「書き」留められた記録を意味する。この意味では、「テクスト」との関連において考えるかぎり、「織る」ことは「書く」ことにほかならない。「テクストを織り出していく力をエクリチユールという」とデリダが定義している。人は、この世に生きているかぎり、不断に「テクスト」を「書き」続けていく。要するに、生きるとは、「書く」ということなのである。

ここに、言葉の意味の、強引な、暴力的な(と、一見、思われかねない)引き伸しが起こっていることは明らかだ。「存在」とか「生」とかいっておけばいいものを、どうして、ことさら、「書く」などというのか。世間通用の意味における「エクリチュール」や「書く」の内部領域には、「存在」や「生」などの観念は全然——あるいは、非常に遠い連想の糸の端にしか——含まれてはいないのに。

しかし、デリダが、存在世界を「テクスト」とし、そこに存在し生きることを「書く」(=「テクスト織り出し」)と読み変えるとき、「世界」や「存在」が、この思いもかけない特殊な意味表象の磁場のなかで、今まで全然見せていなかった側面を露呈しはじめることも、また否定すべからざる事実なのだ。紙の面に文字を書く行為の生み出す意味空間に、いわば強引に引き込まれることによって、「存在」についての我々の考えが、一挙に、根本的に変ってしまう。それが、デリダの哲学的戦略というものなのだ。

リチャード・ローティが言っている。「書く」とは、デリダにとって、心のなかに生起している想念を文字で書き写すことではない。もしそうだとすれば、それは、音声言語《パロール》を通じて自己実現するはずの「意味」というもの――あるいは、いわゆる「真理」――を文字言語のスクリーンに投射するというようなことになってしまう。そうではなくて、「書く」とは書き出すこと、何かを存在にまで引き出してくること、つまり、存在そのものを我々の目の前に引き出してきて見せるための術策(a device for bringing Being itself before our eyes)なのだ、と(Richard Rorty: Derrida on Language, Being, and Abnormal Philosophy, *Journal of Philosophy* 74)。エクリチュールを世界現出の謀計と考えるという、現代アメリカの代表的哲学者の一人、ローティのこのデリダ解釈を、私は面白いと思う。

ともあれ、エクリチュール(「書く」)は、すぐれて現代的な哲学のテーマだ。同じアメリカのすぐれた文学理論家、ロバート・スコールズが、現代ヨーロッパ思想の標語として掲げている Scribo ergo sum を、私はまた、この点で、非常に興味あるアプローチだと思う。

Scribo ergo sum「我、書く、故に我在り」――私は書く、ということは、とりもなおさず、私が存在するということだ、と。言うまでもなく、デカルトの Cogito ergo sum のもじりだが、今日の思想の現場では、もはやコギトー(我、思う)ではなくて、スクリーボー(我、書く)であるべきだ、とスコールズは言う(Robert Scholes: *Semiotics and Interpretation*, 1982)。バルト、デリダ、フーコー、ラカンなど、現代ヨーロッパ思想の前哨線に立つ人々を通じて、この原理が根本的意義をもって働いていることをスコールズは指摘する。そして彼は、彼の創案にかかるこのラテン語の標語を、もっと現代風に、次のように英語でパラフレイズして見せる。曰く、I produce texts, therefore I am と。そして、これに彼はこう付け加えるのだ——and to some extent I am the texts that I produce と。「我、書く、故に我在り」とは、現代哲学的に敷衍《ふえん》して言いなおすなら、「私はテクストを生産する、これすなわち、私が存在するということにほかならない。そして、ある程度まで、私は自分が生産するテクストそのものである」ということである、というのだ。「書く」と「テクスト」と「存在」とが、奇妙な形で結び合わされる。三者のこの関係は、意味可能性の自由遊動的次元における結合であって、社会的に制度化された言語《ラング》のコードのなかに固定された意味の次元では、こんな結び付きは考えられない。そこに、この結合の意外性があり、その意外性から新しい思想が展開するのだ。

人々がよく引用するデリダの言葉に、il n'y a pas de hors-texte という発言がある。

「テクスト外というものは存在しない」、つまり、「テクスト」の外側には何もない、という。要するに、人間経験に関するかぎり、一切は「テクスト」であり、「テクスト」内の事態である、ということだ。「人間というものは」とスコールズは言う「テクスト生産的動物(text-producing animals)である」。たしかに、生きる、存在する、ことが「テクスト」を作ることであるならば、これが人間の現代的定義ということにもなろう。とにかく我々は、自分のまわりに、自分の内部に、絶えず「テクスト」を作り出している。そして、そうすることを通じて、我々は我々自身を、流動的可変的な「テクスト」として織り出している。瞬間ごとに様相を変えていく「テクスト」織り出しの、きわめて人間的なこの営みを、デリダは「書く」と呼ぶ。

刻々に織り出され織り変えられていく「テクスト」は、それがテクストであるかぎり、我々にとって、何らかの形で有意味的でなければならない。「テクスト」の外には何もない、というデリダ的命題は、「テクスト」の本源的有意味性を示唆する。常識的には無意味と考えられるものも、「テクスト」に組み込まれているかぎり、それはそれなりに、それ自体の次元において有意味的なのである。いかなる意味においても、いかなる関連においてもまったく無意味なものは、「テクスト」の内部には存在しない。しかし、他方、「テクスト」の外部なるものは、人間にとっては存在しない。とすれば、「テクスト」は、隅から隅まで有意味的でなければならない、たとえその有意味性が、窮極的には、一種の意味論的幻想であるにしても。「テクスト」のこの有意味性は、一体、どこから来るのであろうか。

「テクスト」の有意味性。但し、意味とはいっても、それが、ロゴス的意味でないことに注意する必要がある。ロゴス的意味、つまり、プラトン的イデア、の客観的実在は、ここでは完全に否定される。「超在的所記《シニフィエ》」、すなわち、意識を超えて、意識の彼方に、人間が意識するとしないとに関わりなく、客観的に存在し続けるような意味対象、の実在性を否定するのだ。簡単に言えば、現今の記号学にいわゆる「指示対象《レフェラン》」を、記号学的シチュエーションから排除して、その空白のなかで、一切を相対的能記《シニフィアン》と相対的所記《シニフィエ》の関係に還元してしまうのである。「指示対象」の裏打ちを奪われた「所記」は、錯綜する記号連鎖の複雑な網の目のなかで揺れ、流れる。客体的に外在する「指示対象」という確固たる足場を失った「所記」の、この揺れから、霧のように立ち昇ってくる意味。それはもはや、辞書に記録されているような、公共的に固定された意味ではない。「指示対象」を離れて遊走する意味。それはまた、同時に、この場合、「所記」の「能記」からの遊走でもある。これこれの「能記」に対応するこれこれの「所記」、ということは、ここではもう成立しない。そんな浮動的意味の組みあげる有意味性を、「テクスト」の有意味性として考えるのである。

一体、「能記」、「所記」、「指示対象」の三つを、言語記号の基本的構成要素とし、それらの相互関係という形で記号の意味機能を考えるのが、ソシュール以後の現代の記号学の常識であるが、この三要素の区別そのものは、以前にも知られていなかったわけではない。東洋でも、例えば古代インドの哲学思想に、非常に明確な形で、それは認められている。

ほんの一例だが、『ヨーガ・スートラ』の一節に śabdārtha pratyayānām itaretarā-adhyāsāt saṃkaraḥ (*Yogasūtra* III, 17) という一文がある。直訳すると、「語と対象と意味とが、互いに重なり合うために、混同(あり)」。最初の śabda「語」は、もともと「声」を意味し、次の artha は「もの」、客観的対象、その次の pratyaya は「意識内容」「意味表象」。明らかにシャブダは我々のいわゆる「能記《シニフィアン》」、アルタは「指示対象《レフェラン》」、プラティアヤは「所記《シニフィエ》」に当る。現実に使われる言語記号にあってはこれらの三要素が、互いに重なり合って、ぴたりと一致し合って現われてくるので、混同が起こる、すなわち、三つの要素が、三つでなく、一つに見えてしまって、それらを区別すべき場合にも区別できなくなる、というのである。

ただ、『ヨーガ・スートラ』は、哲学的には実在論の立場を取るので、「指示対象《アルタ》」は客観的に、外界に実在する対象と考えられている。そこが、現代の記号学的哲学者の考えと違う。さきほども書いたように、現代記号学の前衛的思想家たちは、ものにたいして、そのような素朴な、常識的な見方をしない。「指示対象」として外界に実在する(と常識的には考えられている)ものの実在性を始めから否定してしまうか、否定しないまでも、少なくともそれを記号学的有意味性の場からなんらかの形で排除して、「能記」と「所記」の相互関係だけで事を処理しようとする顕著な趨勢《すうせい》を彼らは示す。ロゴスとしての「意味」の否定、あるいは解体、あるいは判断中止。これについて、デニス・ドノユー(Denis Donoghue: *Ferocious Alphabets*, 1981)が面白い観察をしている。

デリダ流の記号学的哲学者が、マルセル・マルソーのパントマイムを観ているところを想像してみよう、と彼は言う。暗い舞台。マルソーの手が、ライトを浴びて暗闇の底から浮び上ってくる。しなやかに、細かく、ふるえる彼の指。微妙な指の顫動《せんどう》のなかから、突然、蝶が舞い上る。マルソーの指が、胡蝶《こちょう》の夢を夢見るのだ。「栩栩然《くくぜん》として胡蝶なり」と、荘子なら言うだろう。

観客は、無論、それが指であることを知っている。だが、それがまた、蝶であることも知っている。感覚的体験の事実として、たしかに蝶が現前しているのだ。ひらひらと空に舞う蝶を、人は、目で見ている。感覚的体験の事実を否定することはできない。こうして、人は、マルセルの指の動きに蝶の現前を楽しむ。あたかも、そこに、蝶というものが存在しているかのように。

この場合、マルセルの指は、明らかに有意味的である。ある特殊な顫動状態において、指は蝶を意味している。象徴的に、蝶を指示する記号として、それは機能している。だが、蝶は、本当に、指という記号の「指示対象」なのだろうか。勿論、そうでないことは誰でも知っている。本当の蝶は、そこには実在していないということを、我々は知っている。「指示対象」が外界に客観的に実在するものを意味するかぎり、実在しない蝶は「指示対象」ではあり得ない。今ここに現前している蝶は、要するに、蝶の幻想にすぎないのだ。

だから、とドノユーは言う、マルセル・マルソーの舞台を見物する記号学的哲学者は、マルセルの指から舞い出す蝶などには、始めから、なんの関心も抱いてはいない。マルセルの指の動きと彼ら自身の心との間に成立する関係だけに関心がある。この関係のうちに現われてくる様々な可能性と、彼らは遊戯《ゆげ》したいだけなのだ、と。「様々な可能性」とここで言われているものこそ、この人たちの問題とする「意味」なのである。そこには、蝶は、いない。

実在しない蝶、蝶の幻想、を、あたかも実在する蝶のごとくに眺め楽しむ観客たち。みんな舞台の上での作りごと。だが、認識の次元を一段移して、本物の蝶が、本当に舞いたわむれる、いわゆる客観的事物の世界も、実は、認識の次元を一段移したところで生起する幻想なのではなかろうか。東洋思想の伝統では、大乗仏教や老荘が、そういう立場を取る。世に有名な荘周胡蝶の夢は、決してただの夢の話ではないのだ。と言うよりむしろ、人が普通、客観的現実と呼び慣わし、そしてまた事実そうだと思い込んでいるものが、本当は、遊動して止まぬ言語記号の夢見る夢、「記号の夢」、つまり意味イマージュの呪術的物象化、であって、客観的に実在するものとしての「指示対象」など、どこにもない、ということなのである。

こうして「指示対象」を取り払ってしまった後には、ただ記号の「能記」と「所記」だけが残る。そして「指示対象」の繋縛から解放された「能記」と「所記」とのたわむれ合い、絡み合いが、存在という名の「テクスト」を織り続けていく。エクリチュールの空間が、そこに、拡がる。

ところで、今、「指示対象」を取り払う、と私は言った。が、それをどういう意味に取るかは各人の存在論的立場の問題である。荘子のように、「存在」を「夢」と読み変え、ナーガールジュナのように一切を「空」に還元し、禅のように経験的世界の極限的境位を「無一物」と見るならば、すべての現象的事物、すなわち、すべての「指示対象」の実在性は、一挙に、全面的に、否定されてしまう。しかし、今、我々が問題としている「指示対象」取り払いの操作は、必ずしも一切を完全に無化し、否定し去ってしまうことによってのみ成立するわけではない。記号学としては、そこまで徹底する必要はないのだ。記号学的思考の戦略として、「指示対象」を括弧に入れ、その機能を停止させれば、それでことは足りる。但し、括弧に入れるといっても、その仕方が人によって、戦略上、いろいろに違ってくるだけのことである。デリダの場合は、「指示対象」取り払いは、「相移」(differance)概念の導入によって行われ、それが彼の哲学の根本的な特徴をなす。

「能記」・「所記」結合体の向うで、その「所記」的側面をいわば裏から固定する「指示対象」、つまり、客観的なもの、の実在性を、デリダは単純に、素朴に否定することはしない。もっと屈曲した形で否定する——「現前性」(présence)の繰延べ、という形で。「相移」(—「相異」)とは、要するに、「繰延べ」のことだ。マルセル・マルソーの舞台では、観客の目の前に、ひらひら舞う蝶が感覚的に現前していた。私はそう言った。

だが、それがマルソーの演技の生み出す幻影であり、現前する蝶と見えたものは、本当は、マルソーの指にすぎないことを、観客の誰にもわかっていた。現前性は蝶から指に繰り延べられる。では、あのとき、指そのものは現前していたのだろうか。

　幻の蝶が幻であることは問題ないにしても、その幻を生み出すマルソーの指までも幻影である、とはデリダは言わない。大乗仏教の思想家なら、なんのためらいもなく、そう言うだろう。だが、実は、デリダの思想も、それに非常に近いところまで来ているのだ。常識が実在する指と見るものを、指ではなくて、指の「痕跡」(trace)にすぎない、と彼は言うのだから。我々が現に目で見ている指は、本当は、指でなくて、指が後に残していった痕跡なのである、という。それでは、そのような痕跡を残して去った(はずの)指そのものは、一体どこにあるのか。跡から跡へ——どこまで跡を辿って遡って行っても、決して現前する指に、人は行き当らない。現前性はどこまでも、いつまでも、繰り延べられていく。この存在論的焦燥感。そこに一種のロマンティシズムがあることは確かだけれど。

　ついすぐそこにありそうでいて、どうしても摑《つか》めない。こんな奇妙な形で見失われたロゴスが、人の心を焦らし、「始源《アルケー》」の追求に駆り立てる。永遠に到達できない「始源」を求めて、人は生の砂漠を、とめどなく彷徨する。あるいは、生という名の砂漠を、己れの手で織り出していく。それが、「書く」ということだ。「書く、とは始源への情熱だ」と、デリダが定義している。エクリチュールを、彼は「始源への情熱」(la passion de l'origine)として理解する。そして、それに呼応するかのように、彼の親しい友人、現代フランスのユダヤ詩人、エドモン・ジャベスの言葉が響く、「二つの限界線の合間《はざま》で、私の生は、エクリチュールの、眠られぬ永い夜であるだろう」と。

「始源」——どこまでも続く「痕跡」の長い系列が、そこから始まる(と想定される)窮極の始まりの一点、は実在しない。少なくとも人間の意識には、絶対に現前することはない。ものの影、ものの「痕跡」があるからには、必ずものがあるはずだが、どこまで追って行っても、ついにその本体には突きあたらない。「書くことの、「始源」への情熱、エクリチュールは、必然的に、彷徨とならざるをえない。「書くことの、歓喜にみちた彷徨」(l'errance joyeuse du *graphein*)についてデリダが語るとき、人はそこに深い憂愁のイロニーの声を聞く。どこにも「始源」のない世界は「中心」喪失の世界だ。もはや立ち留ることも、引き返すこともできない。ものと呼ばれる無数の「痕跡」の砂粒の曠野を、嬉々として彷徨《さまよ》いながら、当てもなく——というのは、「始源」のないところには、「終末《テロス》」も、また、ないのだから——生の「テクスト」を書いていく。「テクスト生産的動物」としての、この人間のイマージュに、人は痛烈な皮肉を見るべきだろうか。

だが、とデリダは言う、「始源」と「終末」、すなわち「中心」、がどこかに確立されている安定した世界には、遊びもなく繰延べもない。遊びも繰延べもないということは、死を意味する、と。そのような死の世界を、彼は「本」(書物)と呼ぶ。

ヨーロッパ的人間は、かつて、「本」のなかに安住していた。神学百科全書のなかでのように、あらゆるものが整然と区別され、整理され、あらゆるものが、それぞれ、あるべきところにあり、しかも全体の中心に神があり、すべてがこの中心をめぐって見事な存在秩序をなす。そういう世界像を「本」という。「本」は自足的であり体系的であって、自己自身のなかで完結している。そんな存在秩序のなかに、人は生きてきた。少なくとも、そう信じ込んできた。だが、今は「テクスト」の時代。本が閉じられ、テクストが開かれる。「本が閉じられる、まさにそこに、テクストが開かれる」のだ。そして、「テクスト」の世界では、ものの代りにものの「痕跡」だけが、つまり記号だけが、遊動する。

しかし、ヨーロッパ的人間は、本当に、かつて「本」のなかに生きていたのだろうか。「本」は一つの作り物、幻想ではなかったか。マルソーの指の間から飛び出した蝶のように。すべての人間は、始めから——始まりの一点というものが、どこにも見出されない時間の始めから——デリダのいわゆる「本の向う側のエクリチュール」(l'écriture d'outre-livre)に生きてきた。「テクスト」への開扉は危険な冒険だ、とデリダはいうが、実は、この開扉は今に始まることではない。ただ、人間がそれを意識していたか否か、というだけのことだ。「本」の幻想に生き続けるか、幻想を解体する勇気があるか、ということにすぎない。ニーチェ＝オルタイザーのように「神の死」とは言わないまでも、「本」幻想の源泉であった神が、「使い古されて、疲労困憊《こんぱい》し」(Dieu excédé)、ついに姿を消しかねないほどの状態にある現在、幻想の解体がそれだけ容易になった、ということは事実だが。

およそ、このような思考的操作によって、すべての記号学的シチュエーションから、「超在的所記」すなわち「指示対象」が排除される。デリダの構想するエクリチュールの世界は、「現前」の不可能性を特徴とする。有形であれ無形であれ、いかなるものも現前するということはない。勿論、ここで「現前」とは、絶対に混り気のない、純粋な現前性のことだ。最初期の、フッサール批判以来、終始一貫して、デリダはこのことを強調してきた。話者が口を開いて何か言う。言いながら、彼は自分の言葉を耳に聞き、そのままそれを了解する。この理解は直接無媒介的であって、その瞬間、彼のこころ、つまり「意味」は、絶対的直接性において彼の意識に現前している、とフッサールは言う。ロゴスの現前。だが、ここにおいてすら、デリダはロゴスの絶対的現前の現成を否定する。発声と「意味」了解との、ほとんど間髪を容れぬ接合点にも、彼はかすかな遅延を見るからである。こんな微妙な一瞬にすら、彼は「相異」＝「相移」の介在を見るのだ。現前する(かのごとくに見える)ロゴスは、実は純粋に現前してはいない。発声と了解との間の目にもとまらぬ間隙に、無がしのびこむ。より一般的に、すべての有のなかには、始めから非有が浸透している。非有によって浸透された有は、もはや有ではなくて、有の「痕跡」である。

こうして我々は、「現前」は「現前」でない、という逆説的な結論に達する。いわゆる「現前」には、始めから、「相異」＝「相移」が住みこんでいるからだ。つまり、「現前」は、いつでもどこでも、必ず繰り延べられている。

元来、「現前する」(présence)とは、時間的に「現在」(présent)するということ。しかし「現在」が純粋に「現在」ではありえないこと、すなわち「現在」が純粋な形では絶対に捉えられないことは、アウグスティヌスの時間論以来、西洋哲学の常識に属する。これと同じことを、デリダは、有名なゼノンの飛矢のパラドクスで次のように例証する。

飛矢の通過は、ひとつながりの現在点として表象される。どの現在点をとってみても、矢はある特定の場所にある。特定の位置にある矢は動いてはいない。しかし現実的には、矢は始点から終点まで動き続けていることを、我々は知っている。ただ、純粋な現在性における現在の状態に注意を向けて見ると、矢の動きは決して実現在していない。つまり、矢の動き——そして、それが、我々の経験世界における一切の事物・事象の根源的あり方なのだが——は、それの各現在点が、始めから過去と未来との「痕跡」でしるしづけられているかぎりにおいてのみ、考えられることなのである。ある与えられた今の一瞬において起こりつつあることは、そこには現在していない先行後行の諸瞬間における事態の、それへの融入を考えることなしには把捉できない。言い換えれば、「今」は「非今」の「痕跡」を己れの構成そのもののうちに含みこむものとして、常にすでに(toujours déjà)——ちなみに、「常にすでに」は、世間がデリダの思考法を特徴づけるとき、いつも使う成句——複合的であり、「相異」=「相移」的である。非有を内含する有としての現在点においてのみ、矢の動き(従ってまた、すべてのものの存在)は考えられる。だから、とデリダは結論する、いかなるものも、純粋、端的には「現在」しない。デリダにとって、ゼノンのパラドクスは、運動の不可能性の証明であるよりも、むしろ「現前」の不可能性の論証なのである。

「現前」の不可能性は、このコンテクストでは、単純に「現前」がないということを意味しない。「現前」は可能だが、その可能性は、いつまでたっても現勢化しないということだ。時間とは、そして存在とは、「現前」の際限ない繰延べである。「現前」がどこまでも繰り延べられていくようなものは、本当はものではなくて、ものの「痕跡」である。「痕跡」としてのみ自己同定されるものは、あるともないとも言えない。あるけれどもない、ないという形である、と言わなくてはならない。そんな微妙な形でのあり方である。我々の普通いわゆる存在世界は、このような微妙な形である無数のものによって織り出される「テクスト」なのである。

この存在「テクスト」の織り出し、あるいは「書き」出しは、根源的に記号学的性格をもつ。ということは、すなわち、それが、本当は実在するのか実在しないのか誰にもわからない「指示対象」の彼方で、「能記」・「所記」の遊動が生み出す「指示対象」の幻影の世界である、ということだ。それが、すなわちエクリチュールの世界。エクリチュールの世界は、フロイトの語る「夢の舞台空間」と、構造的には少しも違わない。

フロイトが、『夢解釈』で、夢を一種の「秘密のエクリチュール」(Geheimschrift, écriture secrète)と認めるとき、彼はパロールには還元できない、「無言の」、つまり、古代エジプトの象形文字の原型に見られるような、「能記」が音声・聴覚的でない、一種独特の、視覚的暗号文書の空間のごときものを考えている。「夢の舞台空間」は、この意味で、エクリチュール的なのである。

フロイト的「夢の舞台空間」、そしてより一般的に、エクリチュールの世界は、「相異」＝「相移」の原理によって根源的に支配されている。そして、「相異」＝「相移」の原理は、デリダによれば、間《ま》の原理である。「間《ま》」(espacement, spacing)、すなわち、へだたりを取ること、間隔を置くこと、空間的に繰り拡げられること。

この意味において「相異」＝「相移」は、空間的、空間化的原理なのであって、このような原理の上に成立するエクリチュールの世界は、時間的継起の論理に従わない「意味」の空間的拡がりであることを、その第一の特徴とする。

本稿の最初に一言したとおり、「エクリチュール」という語の意味は、筆を手に取って紙の上に字を書くこと、と常識的には理解される。日本語の「書く」の意味も、一番普通には、そうである。とすると、私がここまで記述してきたようなエクリチュール論は、一見、「書く」こととは、まるで関わりのないことであるかのごとき印象を与えるかも知れない。事実、デリダ自身も、通用的、通俗的意味における「エクリチュール」

と、広い意味での「エクリチュール」とを、術語的にはっきり区別している。だが、彼の思想において、両者は決して無関係ではない。無関係でないどころか、通用的意味での「エクリチュール」は、デリダの記号学的哲学において、重要な位置を占める広い意味での「エクリチュール」を原初的に基礎づけるものなのである。

通用的な、狭い意味での「エクリチュール」は、要するに、書記システム、文字システム、書き言葉、であって、話し言葉、「パロール」と対立する。書記システムとは、西洋では、表音文字、いわゆるアルファベットを指す。アルファベットの組合せが、話される言葉、パロール、の「能記」的側面を書き写す。この意味で、エクリチュールは、西洋思想の歴史的展開において、パロールの代替物として、常にパロールにたいして従属的、第二義的位置に据えられてきた。プラトンの『パイドロス』以来、西洋思想の主流を支配してきた、長い、根強い伝統である。ごく当然のことでもあるかのように、エクリチュールはパロールの外に締め出され、下僕的奉仕の役を与えられる。エクリチュールは、フロイト的意味で、抑圧される。

具体的なシチュエーションに、具体的な個人がいて、聞き手に向かってものを言う。そこに生きた言葉が現成する。生きた言葉のうちに、おのずから「意味」が、ロゴスが、直接無媒介的に現前する、という想念が、このパロール尊重の底にある、とデリダは言う。

文字に書き写されるとき、言葉は死ぬ。生命のみずみずしさは、そこにはない。生きた話し手も、生きた聞き手もいない。書かれた言葉は中性化して、万人の前に投げ出されている。声を奪われた言葉は、ただ石ころのように、そこにころがっている。紙面に並ぶアルファベットの空ろな眼差し。

文字が言葉の生命を奪うというのは、話された言葉のなかに現前している（はずの）ロゴスとしての「意味」を消してしまう、ということである。エクリチュールは「現前」を脅かす。だから、排斥し、追放し、抑圧しなければならない、という考えが起こってくる。だが、パロール自体のなかにも、実は、何ものも現前していなかったのだという ことになれば、この問題は根柢から考えなおさなければならない。

エクリチュール一般の一種独特の空間性を、私はさきに指摘した。エクリチュールの最も顕著な機能は espacement にある、とデリダは言う。エクリチュールのなかに置かれるとき、あるいは、エリクチュールとして展開するとき、あらゆるもの——時間それ自体をも含めて——は「相異」的・「相移」的に布置され、空間化される。エクリチュール一般のこの特性は、狭い意味でのエクリチュール、すなわち、文字に書き写された言葉、に典型的な形で現われる。文字言語としてのエクリチュールの空間的拡がりは、誰の目にも明らかである。

エクリチュールの空間性は、しかし、時間性の全き否定ではない。空間化されながらも、パロールの時間性は、本性を奪われ、いわば「去勢された」時間性として残留する。ただ、書かれたその全体が、文字形象の――従ってまた、意味形象の――一つの脱時間的フィールドとして生起するというところにエクリチュールの空間性があるのだ。

実際に次々に字を書いていくプロセスそのものは、完全に継起的であり時間的である。例えば、まずａを書き、次にｂを書き、ｃ、ｄと書き進む。その過程は時間的である。しかし、ａ、ｂの次にｃを書くとき、前に書かれたａとｂとは、そのまま、そこに、全き姿で存続する。そして更にｄを書くとき、ａ・ｂ・ｃは三つともまったく同じ資格で、脱時間的に、ｄと共存する。つまり、ｄと書いた瞬間に、ａ・ｂ・ｃ・ｄという一個の文字結合体が成立するのだ。ａ・ｂ・ｃ・ｄの、この「相異」的・「相移」的同時展開に、エクリチュールの空間性を見る。

これに反して、パロールは時間性によって支配される。音声言語、話し言葉、が根本的に時間的、継起的であることは誰でも知っている。この点でパロールは、一見、エクリチュールと正反対であるかのように思われる。

「声、無常」と古代インドの思想家たちは言った。音声は瞬間的に現われて、瞬時に消える。消えて、次の単位への場所をあける。発音器官の構造上そうなっているのだ。二つの音——二つの語ならなおさらのこと——を同時に発音することはできない。bを発音するとき、aはすでに消えている。次のcを発音するとき、aもbも、そこにはない。だから、エクリチュールの場合のように、プロセスa↓b↓c↓dが、構造abcdに転換して、空間的拡がりに展開することはできない。

だが、それでも、そこに、なにがしかの空間性はある。a↓b↓c↓dの、継起的に現われては消える各単位は、消えながら己れの聴覚印象を後に残していくからだ。最後のdが発音されるとき、すでに消え去ったa、b、cの聴覚的記憶が、dの聴覚印象に加重され、全体が一つのブロックとしてゲシュタルト化される。そうでなければ、バラバラの音の連鎖があるだけで、「語」は成立しないであろう。

語という形でゲシュタルト的に捉えられた音声連鎖は、ゲシュタルトとして定立されているかぎりにおいて、本来の不可逆的線条性、すなわち時間的継起性を超えて空間的性格を帯びる。

一定の音声連鎖の、語へのこのゲシュタルト転換を可能にするものは、音声のいわば裏側にある意味——記号学的に言えば、「所記」——である。従って、語そのもの、そ

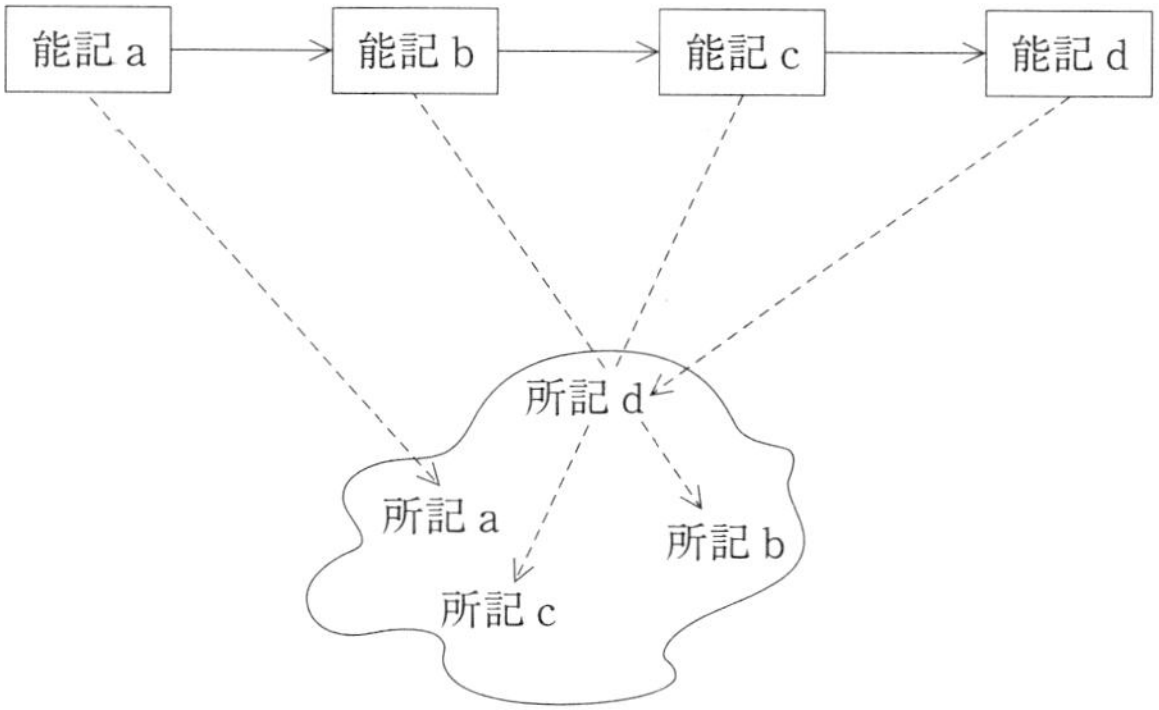

してまた語の連結体は、一つのダイナミックな伸縮性をもった、可塑的意味空間として展開する。

元来、記号学的には、すべての言語記号は「能記」と「所記」との結合体である。前節で問題となった無常性は、記号の「能記」的側面だけに当てはまるものであって、「所記」には当てはまらない。記号連鎖a→b→c→dにおいて、記号bが発声されるとき、記号aの「能記」は、たしかに、少なくとも物理的には、もはやそこにはない。だが、もともと本性上、内的事態である「所記」はそれとは違う。つまり、記号aの「能記」的側面は瞬時にして消えるけれど、その「所記」的側面は、そのまま、そこに、持続する「痕跡」として残る。同様に、記号cが発音されるとき、aとbとの「所記」は残留し、互いに融合して、更にcの「所記」と融合する。また、それだからこそ、実際のパロールの現場において、聞き手は、話し手のa↓b↓c↓dの「意味がわかる」のだ。但し、「所記」が残留するとはいっても、エクリチュールにおけるa、b、c、dの残留の仕方とは違って、感覚的、固定的にではない。非感覚的に、不可視的な形で残留するのである。不可視的だから、固定性がない。「所記」の構成する意味空間には、こういう可動性がある。

「所記」空間のこの本源的可動性の、最も重要な原因は、パロールにおける「所記」の、「能記」からの遊離ということである。瞬時に消える「能記」から離脱しているから、「能記」と一緒に消えないで後に残るのだ。「所記」と「能記」とは、この観点からすれば、ソシュールが言うような同じ一枚の紙の表裏ではない。記号連鎖a↓b↓c↓dのパロール的展開において、「能記」系列と「所記」系列の間には間隙がある。次々に現われてその場で消滅する「能記」a、b、c、dから離れて、それとは別の次元で、「所記」a、b、c、dは柔軟な、もやもやした意味の塊《かた》まりを作っていく。

「所記」連鎖の生みだす、この意味の塊まりは、ディスクールの進行につれて、独自の形で動き、生長していく。ディスクールの内的事態であるからには、無論、そこにも流れはある。が、その流れは単線的、一方向的、不可逆的ではない。流れは、時として、よどみ、また方向を変えて流れ出す。かと思えば止り、逆流さえする。「能記」

系列はa→b→c→dという順序を保つが、「所記」a、b、c、dは、どれがどこに行くか、わからない。ただ、全体として、それらが一つの特殊な意味空間を形成するのである。

この意味空間において、それを構成する「所記」a、b、c、dのそれぞれは、一定の場所に固定されない。他との関連において絶えず揺れ動き、相互の組み合い方を変える。「所記」のこの可動的、可塑的相互連関の原理は、デリダ流に言えば、「相異」＝「相移」性である。

「相異」＝「相移」的原理に基づいて、このように形成される脱時間性、すなわち空間性において、パロールは、まさにエクリチュール——より正確には、エクリチュールの一種——である。パロールの基底にはエクリチュールがある。それを、デリダは「原エクリチュール」(archi-écriture)と呼ぶ。

言語記号そのものの本質が、ソシュール的に言えば、徹頭徹尾、差異的であり、デリダ的に言えば「相異」＝「相移」的であり、そして「相異」＝「相移」は必然的に記号空間的に展開するものであるとすれば、書かれる言葉も、話される言葉も、それが言葉であるかぎりは、空間的でなければならない。ただ、エクリチュールにあっては、この記号空間性が、可視的、感覚的事実として、著しく顕著であるのに反して、パロールの空間性は不可視、非感覚であって、少なくとも外面的には極めて微弱である。事実、パロールについてまず目につくことは、それの時間性、不可逆的線条性であって、空間性は、普通ほとんど気付かれない。それほど微弱な空間性なのである。

ということは、要するに、パロールは極めて不完全なエクリチュールである、ということでもある。「原エクリチュール」とか「一般エクリチュール」とかいうものを、記号性そのものの根源に立て、その立場からパロールの記号性を観察すれば、どうしてもそういうことになるのだ。つまり、パロールは、記号の構造的半身である「所記」の機能を通じて、微弱な、不完全な形で危うくエクリチュール性を保持する、程度の低いエクリチュールということになる。

前にも言ったように、古来、ヨーロッパ思想の伝統では、言語に関しては、パロールが第一義的、エクリチュールは第二義的とされてきた。文字は音声の不完全な転写。エクリチュールはパロールの派生物、代替物にすぎない、と。音声言語と書記言語の、この上位下位関係を、デリダは逆転させる。「パロールはエクリチュールである」という見かけはすこぶる簡単なデリダの基本命題には、彼の全記号学的哲学の運命がかかっている。

デリダの、この特異なエクリチュール論構想の基底にあるものは、言うまでもなく、ヨーロッパ文化特有の表音文字組織(écriture phonétique)、いわゆるアルファベットである。表音的エクリチュールの功過を、彼は、いわばその外側に立って、外から、批判的に観察する。

ヨーロッパ文化の伝統において、なぜエクリチュールがパロールの下位に置かれ、常に従属的地位に置かれてきたのか。それを思想家たちの考えの足りなさばかりに帰するわけにはいかない。アルファベット自体の責任でも、それはあるのだ。

アルファベットは表音文字。パロール(の「能記」的側面)を、そのまま書き写す道具にすぎない。大切なのは、写される音声であって、写す道具自体には価値がない。こう考えれば、当然、エクリチュールはパロールに従事し、奉仕するだけのものとなってしまう。しかも、前に言ったように、文字に転写されるとき、生きた言葉は、そこに現前するロゴスを失って死物と化す。こうして、エクリチュールは「抑圧」され、さげすまれる。

このような純表音的文字システムの外側に立つものとして、デリダは古代エジプトの象形文字や、中国の表意文字を引き合いに出す。特に中国のエクリチュールには、強い関心を彼は示す。むしろ、彼のエクリチュール論は、この種の非表音文字の空間形成力への遥かな憶いに淵源する、と考えてもよさそうである。

事実、アルファベットには、文字としての、それ自体の存在性の主張がない。文字自体としては、ほとんど独立の価値がない。アルファベット的表音エクリチュールが、「生命をもち、魂をもつ話し言葉」(プラトン)の代用品として軽視されがちであったのも、それなりの理由があってのことだ。西洋文化の真の担い手がパロールである。エクリチュールは、せいぜい、それの補助役、悪くすれば邪魔もの、であったにすぎない。

これに反して、中国は、古来、文字文化の国とされてきた。エクリチュールが文化を担う。それだけに、中国のエクリチュールの存在性には、ずっしりした重量感がある。

この重量感は、何よりもまず、漢字それ自体が、独立した、有意味的な図形、つまり、意味の視覚形象的指示であるというところから来る。漢字においては、音声よりも、それの図形的意味形象が、まず人の目を打つ。現に、漢字を己れの書記システムに取り入れた我々日本人の場合、発音のわからない漢字でも、平気で意味が理解される。漢字の連鎖は、第一義的には、意味と概念の連鎖であり、しかも、意味は、ここでは、大抵の場合、鮮烈にイマージュ化されて現われる。そしてイマージュ化された図形的意味のまわりには、濃密な情感性が漂う。このようなエクリチュールは、決してパロールの代用物ではありえない。

文字そのものの形象性に、美的価値や精神的価値を認める中国のエクリチュールは、この点で、アルファベットとは比較にならない重要性をもっている。文字が文字として、それ自体の重みをもつのだ。

勿論、中国にも、その思想史の発展過程において、エクリチュール軽視――あるいはエクリチュール敵視――の思想が現われなかったわけではない。例えば老子。『老子』第八十章、世に有名な「小国寡民《しょうこくかみん》」のユートピア。一見、牧歌的な――しかしその実、痛烈な文化批判である――老子的理想郷の描写が、まだ文字のなかった太古の淳朴《じゅんぼく》な人間性を描いている。「民をして、復《ま》た、縄を結びて、之を用いしむ」と。「事、大なれば、その縄を結ぶこと大。事、小なれば、その縄を結ぶこと小」(鄭玄《じょうげん》)といった具合で、簡単な結び縄のシステムでコミュニケーションが行われる。そんな太古の人間は、みんな素朴で、幸福だった、というのだ。まさに、エクリチュールは諸悪の根源とでもいうところか。

だが、『老子』のこのようなエクリチュールにたいする否定的評価も、本当は、エクリチュールというものの怪物的な恐ろしさを痛感すればこそ、である。その迫力の凄《すさ》まじさは、「文字の国」に生れ育った人でないとわからない。人間の自然に加えられる政治という名の暴力制度の基盤としてエクリチュールを見ると言えば、西洋ではすぐルソーを憶い出すが、反文化主義という思想のイデオロギー的表面は同じでも、それを裏づける情感の痛切さの度合いが違う。

エクリチュールが、このような重みをもつものである故に、東洋では、「書く」ことの意義が、アルファベットの場合とは、根本的に異ならざるをえない。

中国では、そして日本でも、エクリチュールは、いわゆる書として発展した。書は、毛筆を使う高度に洗練された指先の技術である。勿論、西洋人も指先を使ってアルファベットを書く。しかし、自分の指の動き、そしてそれにつながる全身心的律動を、それ自体としてほとんど意識しない。これに反して、極東の書伝統では、人は心を凝らし、己れの全存在のエネルギーを指と一管の筆に集中して文字を書く。筆の動きの緩急遅速、圧力の強弱、墨の濃淡、乾潤の変化が、すべて最高度の有意味性においてこれに加わって、書は書道となり、芸術となった。西洋にもカリグラフィーなるものがあることはあるが、アルファベットの芸術化、精神化の可能性は、たかが知れている。

漢字システムのようなエクリチュールの大きな特徴は、それがデリダのいわゆる「一般エクリチュール」の空間形成性を、まともに我々に見せつけるところにある。中国の「表意」文字について、デリダが云々するとき、彼がどの程度までこのエクリチュールの重みを自ら意識しているのか、私は知らない。ただ、中国人の漢字意識ばかりでなく、漢字を摂取して、平仮名、片仮名を加え、世界一複雑な文字システムといわれるものを作り出した日本人の「書く」意識のなかから、デリダを超えて、新しいエクリチュール論が生れなければならない、と私は思うのである。

Ⅲ

五　シーア派イスラーム

――シーア的殉教者意識の由来とその演劇性――

つい数年前まで、日本では、シーア派はおろか、イスラームという言葉すら、ほとんど耳にすることもないような状態でございましたが、最近は中近東をめぐる現代史の急流に突き動かされて、わが国でもイスラームについて話されたり書かれたりすることが非常に多くなってまいりました。シーア派などという、普通なら我々に縁遠いはずの名称まで、イラン革命のおかげで、今ではもうジャーナリズムの常識の一部になってしまいましたような次第で。それればかりか、従来、西洋でもほとんど知られていなかったドゥルーズ派――シーア派の異端のイスマーイール派のそのまた異端、一番極端な過激派ですが――のようなものまで、レバノンの政治情勢に関連しまして、新聞の記事などに、よく名前が出てくるようになってまいりました。全く隔世の感がございます。

このように、シーア派という名前は、皆様がよく耳にされるようにはなりましたけれど、それではシーア派とは、一体どんなものなのか。特にシーア派イスラームといってスンニー派イスラームと区別する理由はどこにあるのか。一体どんな違いがあってシーア派イスラームとスンニー派イスラームとが対立しているのか、などということになりますと、ご存じない方が非常に多いと思います。シーア派という言葉を使っていらっしゃる方ご自身も、「シーア派とは何だ」と言われると、ちょっと困るというようなことではないかと思います。今日は、そのシーア派イスラームにつきまして、私の知っておりますことを、いささかお話してみたいと思います。

シーア派というのは、どんなふうにしてできあがってきた派なのか。つまりシーア派の形成の過程。また、シーア派の形成過程の特殊性から、シーア派にどんな根本的な特徴が出てくるのか。いわゆるスンニー派とどんなふうに違うのか、というようなことが、いくらかでもおわかりいただければと思っております。

元来私は、イスラームと申しましても、イスラームの古典哲学を東洋哲学の一部として研究している者でございまして、余り切実な現代性をもったテーマをもちあわせておりません。しかしシーア派イスラームというものは、いわゆるイスラーム革命以後のイランを支配している宗教でありますし、現に中近東に起こりつつあるいろいろな事件について、シーア派とスンニー派との対立というようなことが、すぐ問題になってきますので、イスラーム教徒のなかで特にシーア派と呼ばれる人々は一体どんなことを考えているのかということがおわかり願えれば、今日私がお話申し上げることにも、まあ何とか現代性があるといいますか、現代とのつながりがあると見ていただけるのではないかと思っております。

早速ですけれども、一体どこから、何を手がかりにしてシーア派イスラームなるものを分析し、理解したらいいかということになりますが、いろいろ入り口は考えられますけれども、私どもの立場から申しますと、さしあたり「代理人」という概念を導入することによって、それを手がかりにして考え始めるのが一番よろしいのではないかと存じます。代理人、つまり代表者といいますか、本人自身ではなくて、本人に代わってだれかのために何かをする人。

代理人などと申しますと、何となく平凡でとるに足りないことのように思われるかもしれませんが、実はそこからシーア派のすべてが始まると言ってもいいほど、重要な概念でございます。ただし、代理人といいましても、この場合には特に、だれがだれの代理をして何をするのかということが決め手になります。

元来、代理人という概念はシーア派だけではなくて、イスラーム一般におきまして非常に重要な働きを歴史的に担ってきた概念でございます。イスラーム文化、イスラーム思想の全歴史過程を通じて、いろいろなところに、いろいろな次元で、いろいろな形で姿をあらわしてまいります。

一番根本的な次元では、聖典『コーラン』が「人間は地上における神の代理人である」とはっきり規定していることです。代理人のことを『コーラン』ではハリーファ(khalīfah)と申します。皆様「カリフ」という言葉をご存じだと思います。「カリフ」とはもともと、「ハリーファ」というアラビア語がヨーロッパ語的になまったものです。「神のハリーファ」――神の代理人――というのは、きわめて特徴的な『コーラン』の人間観でございます。

我々はよく、「人間は万物の霊長」などと申しますけれども、それを『コーラン』では人間は生あるもの一切の代表者であって、生あるもの一切を代表するものとして地上に君臨する、と考えます。

しかし、このように神の代理人である人間そのもの、人類全体をさらに代表するたった一人の人間がいる。それが、預言者ムハンマドという人であります。ついでながら、ムハンマドのことを俗にマホメットと申します。マホメットというのは、「ムハンマド」がヨーロッパ語化されて非常に崩れた形でございますが、それがそのまま日本に入りまして、つい最近まで我々もマホメットと言っておりました。しかし近頃ではムハンマドという、より原語に近い形がよく使われるようになってまいりました。

それはとにかく、預言者ムハンマドが人類全体を代表しまして、みんなの代わりになって神の前に立つ。みんなの代わりになって一人で神の言葉を聞く。それが「預言者」ということの意味です。預言者というのは、未来を予言するという意味は一つもございません。神の言葉を受け取って、それを自分の心の中にとめておく人という意味です。

神の言葉を聞き、神の指示を受けることによって、預言者ムハンマドは、今度は逆に神の特別な代理人という資格を帯びまして、その資格で他の人間の支配者、指導者となります。ですからこの場合ムハンマドは、代理人といいましても、その代理人性は、上にある神と下にある一般人との関連において、一種の二重構造を示す。ですから、同じ代理人でも、なかなか複雑で、非常に特殊な代理人です。

ところで、いま私は「人間」とか「人類」とか申しましたけれども、それはもちろん理論上のことでありまして、実際はイスラーム教徒、イスラーム信仰者たちの世界、いわゆるイスラーム共同体の支配者ということでございます。それを神の代理人として、預言者ムハンマドが宗教的、政治的に支配するということであります。

ご承知のように、ムハンマドが神の言葉を聞き始めまして、いわゆる預言者となったのは西暦六一〇年、彼が四十歳のころですが、その後約十年にして彼の周りには強力な信者の集団ができあがります。それをイスラームの共同体と申します。アラビア語ではウンマ(ummah)といいます。

ウンマとは、『コーラン』の教えに基づき、神によみされ、神に承認された、神聖な信仰共同体を意味します。しかし歴史的現実としては、宗教的共同体であるばかりでなくて、政治的軍事的共同体でもあったのです。ということは、すなわち、このような性格をもつイスラーム共同体の最高主権者としての預言者ムハンマドは、宗教的ばかりでなく、政治的にも最高権威であるということであります。つまり、来世のことばかりでなくて、現世の生活のことまで指導する人、という意味を帯びてまいります。

しかし、『コーラン』に基づくイスラームそのものの理念といたしましては、この世を治めるのは、世界そのものを無から創造した神ただ一人であるはずでありまして、預言者ムハンマドがいくら偉い人であっても、要するに彼は神の地上経綸《けいりん》の代理人――ハリーファ――であるにすぎない。つまり神に代わって世を治める、ということであります。

そしてこの点だけは、あらゆるイスラーム教徒が、異議なく、無条件に認めるところでありまして、ここまではスンニー派もシーア派も区別がございません。『コーラン』

の根本的思想として、だれでも、例外なしに、認めることであります。むしろ本当の問題は、次の段階での代理人の資格をめぐって起こってくるのです。次の段階での代理人をめぐって、全イスラーム界は分裂し、スンニー派とシーア派の根本的な対立が、早くもイスラームの歴史の最初期に、未曽有の危機をはらむ問題として生起してまいります。

「次の段階」といま申しましたが、具体的にはそれは預言者ムハンマドが死んだ時であります。彼は西暦六三二年に他界しますが、彼の死によって、イスラームの内部に突如としてあらわれた大きな、取り返しのつかないほど大きな空白状態をだれが埋めるのかという問題にイスラーム共同体が突然直面するのであります。

もう少し具体的に申しますと、いままでは預言者ムハンマドが神に代わって、神の代理人として共同体を宗教的、政治的に治めてきた。預言者なきいま、だれがどういう資格で今度はムハンマドに代わって、ムハンマドの代理人として共同体の最高主権者の位置に就くべきか、ということなのであります。これがイスラームの死活にかかわる、由々しき問題として生起してまいりました。

この危機的状態において、まさにこの問題をめぐって、共同体内部に激烈な意見の相違が起こり、共同体自身が真っ二つに割れてしまうのであります。

常識的には問題はむしろ単純で、いままでの主権者が死んだ、その後継者にだれがなるかという、いつでも、どこでも起こり得る、いわば平凡な問題なのでありますが、イスラームの特殊な思想コンテクストにおいては、そこに、さっきからお話しておりますような預言者の代理人、そして特に神の代理人という問題が起こってまいりますので複雑になります。

預言者の後継者とは、ここでは預言者の代理人ということであり、預言者の代理人になるということは、間接的に神そのものの代理人になるということなのですから、事は重大です。神の世界経綸の直接の代理人である預言者は死んでもはやこの世にはいない。その後を継いで、それに代わって仮に世を治めていく。それこそ文字通りハリーファ——代理人——でありまして、この意味でムハンマドの後継者は、ハリーファ——西洋でいわゆる「カリフ」——と呼ばれるのであります。

こう申しますと、それなら次の預言者の出現を待って、その人を共同体の最高主権者の位置に据えたらいいじゃないかとお考えになるかもしれませんが、絶対にそうはいかない。と申しますのは、イスラームの最も根本的な思想の一部として、ムハンマドはこの世にあらわれる最後の預言者、預言者の打止めであるという重要な考えが、すでに『コーラン』の段階で確立されているからです。最後の預言者、『コーラン』ではそれを「すべての預言者たちの封緘《ふうかん》」と呼んでおります。

ちょうど私どもが手紙を書きまして、それに封緘してしまう、あるいは何か大切なものをしまっておく長持などに錠をかけて、それに封印する、もうだれもそれを開くことはできない、そういうイメージでありまして、もうこれからは絶対にこの世に預言者というものは出現しない。もし預言者というものが出てくるとすれば、それは贋者《にせもの》、つまり偽預言者です。実際にイスラームの歴史では、数人の偽預言者が出たことが記録されておりますが、本当は終末の日まで、地上に預言者があらわれる可能性は絶対にないはずなのであります。

元来『コーラン』は、人類の歴史の過程で長い預言者の系列というものをうちたてます。神が天地を創造して以来、実に多くの預言者を神はこの世に送り出してきた。自分の代理人として。

その系列は、まず人類の始祖アダムに始まります。これは思想というより、むしろイスラームの神話ですが、イスラームの世界創造の神話では、人類の始祖アダムが第一の預言者でありまして、その次がノア、その次がアブラハム、次がイサク、次がヨセフ、次がモーセ、次がダビデ、ソロモンというふうに『旧約聖書』でおなじみの人々が続いてまいりまして、今度は『新約聖書』に入りまして、ヨハネ――バプテスマのヨハネですね――そしてイエス。イエス・キリストの次がイスラームの預言者ムハンマド、ということになります。そして、ここまで来て、連綿たる正統預言者の系列が終止してしまうのであります。

ちょっと余談になりますが、イスラームでは、イエス・キリストは一人の預言者と考えられております。これがキリスト教徒とイスラーム教徒との長い間の争いのもとでありますが、イスラームでは、イエス・キリストを神の御子とは認めません。神を「父」と呼び、イエスをその「独り子」とする。それは要するに神を人間的存在次元に引き下ろすことであり、神を冒瀆《ぼうとく》することである、と考えます。イエスはムハンマドと同じ一人の預言者であった。その預言者イエスが死んで、その後に世界歴史に現われた預言者がイスラームのムハンマドであるということになります。そしてこのムハンマドを最後として、世に預言者なる者があらわれることは、もはやなくなってしまう。

ですから、ムハンマドの死後また新しい預言者が出て来て、その跡を継ぐということは考えられない。しかもイスラーム共同体の真の主権者は預言者でなくてはならないとしますと、ムハンマドの後継者として共同体の最高支配者になる人は、預言者の代理人という資格でのみその地位に就くほかはないのでありまして、それが「カリフ」という語の本来的意味なのであります。

それでは一体だれが、この意味でのカリフの位置に坐る正当な権利をもっているのか。

この問題をめぐってイスラーム世界全体が激しい社会的、政治的動乱の渦に巻き込まれたことは当然です。共同体の内部ばかりでなく、共同体の外部にいる人たち、つまりイスラームの敵であった人たちのほうでも、すわこそと色めきだつ。まさにイスラームはこの時最初のクライシスに突入したわけでありまして、何をおいても先ずこの問題を解決しなければならない。共同体そのものの存立にかかわる緊急事態で、それはあったのです。

とはいえ、決して簡単に解決できるようなことではありませんでした。預言者がもし生きているならば、彼を通じて神の意思を伺うことができる。それなら簡単です。しかし、人類史上最後の預言者がすでに世を去っておりますので、神の声をだれ一人としてもはや聞くことはできない。そうなりますと、人間が自分の頭で、なんとか考えていかなければならない。つまり神の意思は恐らくこうだろうというふうに推測するほかはありません。したがって、意見が分かれてくるのは当然であります。

様々な意見が出て激しく争いましたが、細かいことは一切別にいたしまして、大きく見ますと、この問題をめぐって、特に二つの主張が圧倒的な力をもってあらわれました。

その一つは、どちらかと申しますと現実的に事態を見る、いわば健全な常識派の立場でありまして、大体次のように考えます。預言者は完全無欠な人間だった。しかしそんな完全無欠な人間は、もはや二度と出てこない。預言者の後継者といっても、預言者のような偉い人は期待することができない。とすれば、預言者よりはるかに劣った人物で我慢するほかはない。ただ、知・徳衆《しゅう》に優れた人、そして共同体の指導者として最もふさわしいと共同体の大部分の人の意見が一致した人を選ぶ。それでいい。要するに共同体の全員が自分たちの一番適当と思う人を選び出せばいいのであって、今日の言葉で言えば選挙制であります。つまり預言者の後継者を選挙で決める。

ただし、そういう優れた人であればだれでもいいのかといいますと、そうではなくて、クライシュ族出身の人でなければいけないという変な条件がつきます。カリフは必ずクライシュ族のメンバーの中から選ばれなければならない。クライシュ族と申しますのは、預言者ムハンマド自身の属していた砂漠の大きな名門部族であります。

しかしいくら名門であっても、カリフたるものがクライシュ族の人間でなくてはいけないなどという条件は、局外者である我々から見ますと、ちょっと腑に落ちないことですが、そのころのアラブとしては、この条件には実に重い意味があった。要するに部族的血統――血筋――のプレスティージの問題なのであります。

我々も、よく「氏素姓《うじすじょう》」などと申しまして、血統関係を大切にするところがございますが、昔のアラビアではそれどころではありませんでした。実に部族というのが人間のすべてだったのであります。どこの何部族の一員であるか。それだけで人間の価値がいっぺんに決まってしまう。どんなに傑出した人間があらわれてきても、それはあくまでも、何々部族の何々家の人という資格で偉いのであって、個人として偉いのではない。

つまり、人間の価値はその人個人ではなくて、彼の所属する部族が決める。各部族は、それぞれ自分独特の「シャラフ」(sharaf)というものをもっておりまして、部族のメンバー全部がそれを誇りとし、生き甲斐としている。「シャラフ」とはアラビア語で、訳しますと「栄誉」とか「名誉」とか「高貴さ」とか。人間の高貴さ、栄誉ということです。具体的には、その部族が歴史的に積み重ねてきた先祖伝来の勲《いさおし》です。

ある部族の中で、いろいろな人が、後世に語り伝えられるに値するような優れたことをする。たとえば詩人は詩作において立派な詩をつくる。武人は戦場で武功をたてる。そういうことが積み重なっていって、時の流れにつれて一種の無形財がつくり上げられていく。それをその部族のメンバーの一人一人が遺産として受け継ぐ。本当に、具体的にそういうイメージなのです。遺産として受け継いで、それを自分の身に体現し、育て上げて、それを今度は子孫に残してやる。連綿と続きながら、雪だるまを転がすようにふくらんでいく。そういうふうに考えておりました。

部族のメンバーの一人一人が、自分の生れた部族に伝わる「シャラフ」の総量を一身に受けまして、そこに自分の存在の根拠を見出す。近代的意味における「個人」というものは、昔のアラビアには全然ありませんでした。すべてに部族が先行し、いかなる場合にも血統が最後の決定権をもつのであります。

こうして見ますと、さきほど話しましたカリフの資格を成立させる最後の条件、すなわち、クライシュ族の一員でなくてはならないという条件の意味がおわかりになると思います。クライシュ族はおのれの中から神の預言者ムハンマドを出した部族であります。その事実がイスラーム教徒にとっては、クライシュ族に否定すべからざるプレスティージを与えることになったのであります。

ここで、イスラームという宗教に多少親しんでいらっしゃる方々は、一つの疑問を抱かれるかもしれません。そもそもイスラームというものは、いま私がご説明申し上げたようなアラビアの部族至上主義に反対して、公然と反部族主義的宗教として歴史の舞台に登場してきたのではなかったか、と。

確かにその通りです。イスラームは反部族主義、アンティ・トライバリズムを堂々と宣言して登場しました。イスラームは初めから一つの世界宗教たることを意図して、普遍人類主義をひっさげて世界史の舞台にあらわれてきた。『コーラン』を一読すれば、だれでもすぐ気がつくことです。部族の一員としてではなくて、信仰的個人として一人一人の人が神の前に立たなければならない、という考えでありまして、結局は個人個人の信仰の深さが個人の価値を決定するのであって、何々部族の何々家の一員だから偉いとか偉くないとかいうことではない。

こういう反部族主義を旗印として立ち上がったからこそ、イスラームは古代アラビア社会における一種の精神革命であり、社会革命でもあり得たのですし、またそれだからこそイスラームは、単にアラビアの宗教ではなくて、一つの世界宗教でもあり得たわけです。

それにもかかわらず、こと預言者の後継者をだれにするかというような緊急事態に直面しますと、たちまちクライシュ族という部族のプレスティージが強力に働き出して、カリフ選定の根本条件の一つとなる。部族主義の精神がいかに根強くアラビア人の魂の中に食い込んでいたか——イスラームという新宗教の普遍主義的原理によって、表面的には、一応、抑圧され否定された部族主義が、実はアラブの意識下、無意識の領域に、いかに根深く入り込んで、そこに生き続けていたか——ということを、まざまざと見せつけられます。

とにかく、こうしてカリフになる者の資格についての規定は一応できあがります。そして、事実この原則に従って、第一代、第二代、第三代までのカリフは次々に選ばれていくのであります。

ムハンマドのあとを継いで共同体の主権者となったこの三人の人々については、今日の主題とは直接関係ありませんので、ここでは何も申し上げません。ただ一つ、今日の私の主題に深い関係のありますことは、カリフの資格について、いま申し上げたような考え方をする人が、ごく大雑把に申しますと、後日、スンニー派という名前で知られることになった人々であるという事実であります。

ところが、さきにもちょっと申し上げましたように、カリフの資格に関して、これとは全く対照的な見方をするもう一つの、これまたきわめて有力な一群の人々がおりました。それが後にシーア派となって、スンニー派と真っ正面から衝突し、スンニー派とともにイスラーム共同体を構造的に二分し、さらに進んでイスラーム文化の二大潮流となって今日に至るのであります。この第二のグループの最も著しい、そして最も根柢的な特徴は、いまお話ししました血統、血のつながり、というものに極度に特殊な解釈をほどこしまして、しかもそれを思想的、感情的に極端な形で推し進めたというところにあります。

さっき申し上げましたように、第一のグループの常識的で現実主義的な人たちの場合でも、カリフたるべきものは、クライシュ族の一員でなくてはならないという非合理的な条件が加わっておりましたが、第二のグループの人たちを特徴づける血統尊重は、それとは全く違う原理に基づくものであり、似て非なるものであります。同じく血筋を尊ぶといいましても、解釈の次元がまるで違うのです。

第一のグループのクライシュ族尊重は、ごく普通の部族中心主義の原理の上に立っております。ところが、血筋とか血のつながりと申しましても、第二のグループの考えている「血」というものは、決して肉体的フィジカルな血ではないのでありまして、神に直結していた預言者ムハンマドその人の血筋の内部に流れていた霊性——神に淵源し、預言者の身心を通して人間化された一種の霊的なエネルギー——というものを考えるのであります。そういう意味での血のつながりにすべてを賭ける。理性も理屈も超えた激しさで、すべてをそれに賭ける。いわば情熱的な「血」のグノーシスでありまして、結局この人たちの態度が、その歴史的展開において、イスラーム文化の精神主義的、霊性的次元を構成し、第一のグループの人たち（スンニー派）の律法主義と対立するに至るのであります。

イスラーム共同体の最高主権者としてのカリフはどんな人であるべきかという、他の場合でしたら恐らく政治的問題として取り扱われるであろうものが、イスラーム文化の内面性、霊性的次元の形成にまで発展していく、そこにシーア派の史的重要性があると思います。つまりシーア派といいましても、単にシーア派という一派の問題ではなくて、イスラーム文化全体の内面性に関わる問題なのであります。

以下、シーア派独特の宗教的イデオロギーが形成されていく歴史的過程をたどりながら、この問題を少し考えてみたいと思います。

さきにお話ししましたように、第一代から第三代のカリフまでは、いま申しました第一のグループ――後にスンニー派と言われることになる人々――が、さっきお話ししましたような原理に基づいて、いわば選挙制によって選出した人でありますが、特に第三代目のカリフ、その名をオスマンというのですが、これは非常に問題の多い人でありました。もともと彼はクライシュ族の中でもウマイヤ家――後日有名なウマイヤ朝のもとになる一族――の一員でありまして、しかも生来非常に性格の弱い人であった。敬虔《けいけん》な信者ではあったけれども、性格が弱い。カリフの地位に就くと、たちまち自分の同族のウマイヤ家の人々に対して目にあまる依怙贔屓《えこひいき》をやり始めまして、世人の顰蹙《ひんしゅく》をかうのであります。猛烈な不満が社会に満ちました。

結局彼は、西暦六五六年にテロリストによって暗殺されます。いかに人気の落ちかけたカリフとはいえ、とにもかくにも敬虔な信者であって、しかも共同体の最高主権者であるカリフが同じイスラームの信者に殺されるという未曽有の事件が起こります。まさにイスラームの歴史に起こった最初のスキャンダルであります。

当然イスラーム世界は不穏な空気に包まれました。そして、世情騒然たるうちに、だれが殺されたオスマンの後を継いで次代のカリフになるか、つまり第四代目のカリフになるかという大問題が起こってきました。シーア派の起原がここにあります。

カリフの地位をめぐって、二人の有力な候補者が出現いたします。一人は当時シリアの地方長官をしていたムアーウィア(Mu‘āwiyah)という人。この人は大変な野心家で、有能なというより、奸知《かんち》にたけた政治家で、しかも軍事力は強大というわけで、たまたまこの人は暗殺された第三代カリフのオスマンと同じウマイヤ家の一員でした。この血縁関係を根拠として、彼は自分こそオスマンの跡継ぎたるに一番ふさわしい人物だと名乗りをあげたのであります。

もう一人の後継者が出ました。それは預言者ムハンマドの娘婿で、アリー(‘Alī)という人です。アリーの周りには、彼を熱狂的に支持し、むしろほとんど宗教的に崇拝するといったほうがいいほど尊敬し、敬愛する一群の人々が集まっておりました。アリーを取り巻く熱狂的なアリー信者たち。彼らがやがてシーア派となっていくのであります。

アリーはまさしく、シーア派の始祖であります。今日我々は普通シーアとかシーア派とか言っておりますが、「シーア」(shīʻah)という言葉はアラビア語では「党派」とか「派閥」とかいう意味なのです。これにアリーという名前を結びつけまして、「シーア・アリー」――アリーの党派――という意味の表現だったのですが、それを省略してシーア、シーアと言っているうちに、一種の固有名詞になってしまった、というわけであります。ですからシーアというのは、もともと、簡単に言ってみれば、アリー党という党派であります。アリーという一人の人物を除いては、その存立を考えることができない特殊なグループです。要するに、アリーとその後継者たちを頭に戴《いただ》くイスラーム共同体の中での特殊共同体であります。

それでは、アリーというのは一体どんな人だったのか。また、何ゆえに彼があれほどのプレスティージを享有《きょうゆう》し得たのかという問題でありますが、一番簡単で即物的な理由は、預言者ムハンマドに対する彼の近しさ、他に比べもののない親密な人間関係が考えられます。アリーは預言者ムハンマドの叔父にあたる人の息子でありまして、この叔父が、幼くして両親を失って孤児となった預言者ムハンマドを自分の家に引き取って、我が子のようにかわいがって育てました。ですからアリーは預言者ムハンマドの従兄弟に当たるわけでして、二人の従兄弟は、この叔父の家で本当の兄弟のように親しみ合って育ちました。

ムハンマドがイスラームという宗教を興したとき、アリーはまだ十三歳の少年でしたが、初めから無条件でムハンマドに信頼を示しまして、まだみんなが「ムハンマドは気違いだ」とか、「詐欺漢だ」とか言ってあざ笑っていたころから、最初のイスラーム教徒として、この新しい宗教に入信したのであります。イスラームの最初の信者はアリーを入れてたった三人だったと言われております。しかも、ムハンマドは、自分が一番愛していた娘ファーティマをアリーにめあわせました。つまりアリーは預言者の娘婿になったわけです。

これだけ特別に親密な間柄にあったのですから、それだけでも、アリーこそムハンマドの最も正統な、最も由緒正しい後継者だと言う人が多かったのは当然であります。事実それが、アリー自身のゆるぎない確信でもあったのです。

しかし、事は思い通りにはいきませんでした。さきにもお話ししましたように、一代目から三代目のカリフは全部彼の意思に反した人がその地位を占めました。自分こそ唯一の正しい後継者だと信じていたアリーは、じっと我慢してそれを見続けてまいりました。我慢とか、辛抱とか――そこには、自分が不当な扱いを受けている人間であるという意識があります。自分は不当に弾圧され、就くべき位に就かずにじっと身をひそめているという、被抑圧者の意識。苦難の道を行く、あるいは苦難の道を行くことを強制される受難者の意識。こういう意識には、常に一種の悲壮感が纏綿《てんめん》いたします。

悲壮感、この感覚が、アリー一人の心理現象ではなくて、アリーから始まるシーア派の歴史的展開全体にわたって、深い暗い影を落としていきます。それがシーア派イスラームの、一つの顕著な特徴です。明るく陽の当たる人生の表街道を陽気に歩いていく人たちに背を向けて、陽の当たらない裏街道を、あるいは暗い夜の道を、行く人。そういうイメージです。この種のイメージは、いろいろな次元でいろいろな意味に解釈されると思いますが、シーア派の歴史には、確かにそういう否定的な色づけが濃厚に認められます。シーア派独特の受難者意識。その悲劇的性格は、後でお話するアリーの息子ホセインの最も悲痛な殉教《じゅんきょう》において、その頂点に達しまして、それが今日に及んでいるのであります。

ところで、さっきお話ししましたシリアの長官ムアーウィアとアリーとはカリフの候補者として対立することになりますが、一応アリーのほうに人々の支持が多く集まりまして、彼がカリフの位置に推薦されます。形式上は暗殺された第三代カリフ、オスマンの後継者、第四代カリフであります。しかし、もちろんムアーウィアと彼を支持する人々はそれを承認しようとはいたしません。ムアーウィアとその一党の人々は、シリアの都ダマスカスに拠って、激烈な敵対運動を開始いたします。
正式に第四代カリフとして人々の宣誓を受けたアリーは、メソポタミア――今日のイラク――のクーファという町を首府と決めまして、そこを本拠地として、共同体の統治を始めます。ムアーウィアとアリーの対立抗争の過程には様々なことが起こりまして、初期イスラーム史の興味ある一章でありますが、ここでは都合で全部割愛いたします。とにかく、おそるべき陰謀と戦争の渦中に巻き込まれて、さんざん苦杯をなめさせられたあげく、西暦六六一年、アリーは、敵の回し者、過激思想をもつテロリストに、毒を塗った刀で殺害されます。

こうしてアリーという人は、一生悩み続け、苦しみ続け、受難者として生きながら、悲劇的最期でその生涯の幕を閉じたのであります。彼の一生は、さっきお話いたしました殉教的受難精神、人生の悲劇的感覚において、まさにシーア派そのものの運命の象徴たるにふさわしい生涯でありました。

ところで、アリーには二人の息子がおりました。預言者ムハンマドの孫に当たるわけですが、長男がハサン（Ḥasan）、次男がホセイン（Ḥusayn）。父親のアリーが暗殺されますと、彼を支持してきた人々は、すぐさま長男ハサンを次代のカリフに推薦し、第五代のカリフといたします。

もちろん、ムアーウィア側がそれを承知するわけはありませんので、ムアーウィアは直ちに六万の大軍を起こして、クーファに向かって進軍を開始します。優勢な軍事力で脅しをかけながら、ムアーウィアはハサンに退位を勧めまして、こんな手紙を送りました。今日に伝わるその有名な書簡の一節に、ムアーウィアはこう書いております。

「イスラームという宗教において、宗教的に私はあなたが私よりも上位におられることを認めるにやぶさかではない。また、あなたの預言者ムハンマドとの親密な間柄も私はよく知っている。だが、イスラーム共同体の主権者ということになると、そんなことは判断の基準にはならない。イスラーム共同体の最高主権者として決定的に重要なことは、何よりもまず実力である。次に政治と行政の能力と経験である」云々。

要するに、カリフになるためには宗教だとか信仰だとかいってもはじまらない、むしろ世俗的、政治能力の問題だということでありまして、ここに初期イスラーム思想史上初めて、政治と宗教の分離という重大な考えがはっきり出てまいります。そして、事実イスラームの表側ともいうべきスンニー派のイスラームは、その歴史的発展において、カリフ制度なるものを、ムアーウィア的イデオロギーに基づいて次第に世俗化してまいります。つまり、カリフは事実上、宗教的最高権威ではなくなってしまうのであります。

これに反してシーア派のほうでは、イスラーム共同体の長たるものは、イスラームの預言者を通じて神に直結する宗教的カリスマを身に体した人物でなくてはならないと考えます。元来イスラーム共同体なるものは、霊性的共同体なのであって、ここでは宗教と政治の分離などということは考えられない。宗教的最高権威が政治を行って初めてイスラーム共同体の真面目が発揮される、という考え方でありまして、この考え方がいかに根強くシーア派を支配してきたかということは、ホメイニー革命後の現在のイランの情勢をごらんになれば、一見して明らかであろうと思います。これこそ、まさにホメイニー体制の政治理念であるのですから。

しかし、話をそこにもっていく前に、もう少し、さきほど中断しましたハサンのことを続けてお話する必要があります。

ムアーウィアに退位を迫られたハサンは、最初のうちこそいろいろ抵抗を試みますが、あたりの情勢はいよいよ不穏になってくるし、もともと気の弱い人ですから、とうとう意を決して退位しまして、カリフの位を正式にムアーウィアに譲ってしまいます。勝ち誇ったムアーウィアは、全軍を率いてクーファに乗り込んでまいりまして、そこで正式にカリフの位につきます。これが世に有名なウマイヤ朝の始まりであります。

一方ハサン自身はどうしたかと申しますと、彼はクーファを去りましてアラビア半島のメディナに退いて、そこで隠遁生活に入ります。それ以後は、幾ら人に勧められても、絶対に政治的活動に乗り出そうとはいたしませんでした。しかも、それから間も無く、西暦六六九年、ムアーウィアに教唆《きょうさ》された自分の妻の手で毒殺されてしまいます。時に四十五歳。ここにもう一つ、アリー家の悲劇が重なって起こったわけです。

さて、いま申しましたように、ハサンは退位して敵将ムアーウィアがカリフの位に就く。ハサン個人としてはそれでもよかったかもしれませんが、収まらないのは、いままでアリー一家に対して情熱を傾けてきた人々の気持であります。形式的には退位したとはいえ、何といっても預言者の孫であり、アリーの子であるハサンは、あくまでもイスラーム共同体の唯一の正統な最高主権者であるという考えに、彼らは固執しました。ムアーウィアが正式にカリフになってしまったからには、ハサンはもはやカリフではない。カリフではないけれども、依然として彼が、彼だけが共同体の最高主権者であると彼らは主張しました。

カリフではないということは、政治的実権を失ったということです。政治的実権を全くもたなくなった。だがしかし共同体の最高の支配者ではある。とすれば、その権威は純粋に宗教的カリスマ、霊性的権威でなくてはなりません。

こうして、カリフと区別された意味でのイスラーム共同体の最高権威者の理念ができあがってくるのでありまして、それをシーア派的術語で「イマーム」と申します。カリフと区別された意味でのイスラーム共同体の最高支配者という意味です。イスラームの歴史全体を通じて実に重要な働きをし続けたカリフとイマームの区別、両者の対立ということがここで起こります。

ともに共同体の最高の支配者ではあるが、カリフのほうは律法的に制度化されたイスラームの外部構造を支配する支配者。しかしその裏にはイスラームの内面、イスラームの精神性、霊性というものがあって、それを支配するもう一人の主権者がいる。むろんスンニー派ではそんなことは全然認めませんが、シーア派ではそう考えるのであります。イスラーム的内面性、イスラーム的精神性、霊性の絶対原理としてのイマームが、もちろん政治に関与できないということはありません。むしろそのような霊性の最高権威が政治を行ってこそ、本当の意味での正しいイスラーム国家が成立するわけでありまして、いまのイランのホメイニーなどにもその考えがよくあらわれておりますが、しかし時の情勢次第では、直接政治を司る必要はない。イマームは、第一義的には、あくまで宗教的カリスマなのであります。

とにかくこうして、ハサンをめぐってイマームという極めて重要な理念がシーア派の人たちの間に起こって、それがシーア派の旗印となります。イマーム中心主義。それこそシーア派のすべてでありまして、イマームという概念を取り除けばシーア派は成り立ちません。それほど決定的に重要なものであります。

シーア派を特徴づけるイマーム中心主義——西洋人のいわゆるイマーミズム——において最も大切なことは、それが個々のイマームを問題にしているのではなくて、霊性的、精神的原理によってつながるイマーム系列というものを考えるところにあります。そして、このイマーム系列はアリーに始まると考えるのであります。ですから、アリーが第一代のイマーム、ハサンが第二代のイマーム、そしてその後アリーの子孫が代々イマームの位を継いで、イマーム系列をつくっていく。

ここで決定的なのは預言者の血筋であります。カリフの場合のような選挙制などということは絶対に許されません。前に申しましたように、預言者のほうにも人類の始祖アダムに始まる長い預言者系列があって、それがイスラームの預言者ムハンマドで終点に達します。そうしますと、いま新しく始まるイマーム系列というものは、まさに預言者系列を継ぐものであります。最後の預言者ムハンマドが死んで、預言者系列はなくなってしまうけれども、その代わりに今度はイマーム系列というものが出てくる。預言者はなくともイマームがあるからイマームを通じて人は神と直接結びつくことができる。

　預言者の場合のように外面的啓示はもう起こり得ないけれど、そのかわりイマームの心の奥に神が語りかけ、そこに内面的啓示というものが起こる。『コーラン』などには全然なかった新しい「啓示」概念に我々はここで出合うのです。しかし、神の啓示に外面的・内面的の区別を立てること、いや、外面的であるにせよ内面的であるにせよ、とにかく預言者でない人に啓示が起こるなどという考えは、スンニー派の見地からすれば、まごうかたなき異端であります。スンニー派とシーア派とは、ここに至って決定的な形で宗教的対立関係に入ります。

　イマームをめぐるシーア派の宗教的情熱の内容をもう少し具体的に理解することが、シーア派イスラームなるものを把握する唯一の鍵であることがよくわかると思いますが、そのためには、ハサンの次のイマームのことを簡単にお話しておかなければなりません。

　アリーが第一代のイマーム、ハサンが第二代のイマームとすると、次の第三代のイマームは当然、アリーのもう一人の息子、ハサンの弟ホセインだということになります。そのころようやく明確に形成されてきたシーア精神の信奉者たちが、ホセインをイマームに戴いて、ムアーウィアの立てたウマイヤ朝を倒そうとはかり始めたことは、理解するに難くありません。

他方ウマイヤ朝のほうでは、ムアーウィアがヤジードという自分の息子を次のカリフの位にたてようとして、着々として計画を進めておりました。果たして六八〇年にムアーウィアの死とともに、ヤジードが正式にウマイヤ朝第二代目のカリフとなります。このヤジードという人は、それはもう手のつけられない遊蕩児《ゆうとうじ》でありまして、だれはばかることない非宗教的、反宗教的生き方が、長く世の語り草となったほどであります。

シーア派の本拠地クーファの都では、いよいよウマイヤ家の暴虐《ぼうぎゃく》に対する反抗の気運が高まりまして、相次ぐ手紙でホセインの奮起を勧めてまいります。その数、実に数百通に及んだと言われております。

最初のうちは、事の重要性を知っているホセインはなかなか腰を上げませんでしたが、ついにまき起こる打倒ウマイヤ家の熱気に動かされまして、出馬を決意するに至ります。六八〇年九月、約五十人の兵士、それに女たち、子供たちを伴ってメッカをたちまして、彼はクーファに向かいます。その結果が例の、歴史に名高いカルバラーの悲劇であります。

思うに、ホセインは初めから、それが負け戦であることを知っておりました。つまり、死は最初から覚悟の前であったのです。なにしろ、敵とするカリフ、ヤジードのほうは圧倒的な大軍で、綿密な作戦計画をたてて待ち構えている。ホセインの一行はイラクに入りましてカルバラーという平原に着いて、そこに陣を敷いた。それは六八〇年十月二日のことで、いよいよここで最後の決戦ということになりました。ただし、勝敗は初めから完全に決まっておりました。決戦の前夜、自分の最期の時が来たことを知ったホセインは、人々を集めまして、自由に夜陰にまぎれて逃亡することを許しましたが、ほとんどだれ一人逃げた人はいなかったと言われております。

そしてついに、運命の日の夜が明けます。騎馬兵三十二人、歩兵四十人、あとは女と子供ばかり。ホセインは、預言者ムハンマドから伝来の外衣をまとい、麝香《じゃこう》を身に薫じ、『コーラン』を片手に、馬にまたがって敵の前にあらわれてまいります。早朝から日没まで激戦が続き、女、子供を除いて、武器を執ることのできる男たちは全部殺されて、最後にホセインがただ一人残ります。ついにホセイン自身も殺されて首を切り落とされます。首のない、傷だらけのホセインの胴体は、十人の騎馬兵によって踏みしだかれまして、見るも無残な姿をカルバラーの平原にさらしたのでありました。

そして、それから二日後、シリア軍の凱旋《がいせん》行進がクーファに向かいます。切り取られた首七十二個、一つずつ槍の穂先に突き刺しまして、それに泣き叫ぶホセイン一家の女たちが従い、クーファに着きます。クーファでは、ホセインの首を街にさらしものにした後、ダマスカスのカリフ、ヤジードのもとに勝利の印として送ります。こうして、いわゆるカルバラーの悲劇が終わったのでありました。

初めから負けることは火を見るよりも明らかだったのに、なぜホセインは、こんな一見無謀な戦いを試みたのか。戦いに臨むイマーム、ホセインの心の中に、一体どんな考えが起こっていたのか。

この問いにたいしては、推測に基づくいろいろな答が考えられると思いますが、とにかくシーア派自身の見解によりますと、そのときホセインは、おのれの死によってイスラーム教徒の宗教意識に完全な革命を引き起こすつもりだったのだと申します。負けて殺されることはわかっている。だが、たとえ武力で敵に勝ったとしても、それはほんの一時的現象にすぎない。これに反して、死の屈辱と苦痛と犠牲によって勝ち得た精神的勝利は、永遠に人々の心に刻み込まれると、彼は確信していました。

一体殉教というものは、その当人の受ける苦しみと屈辱が大きければ大きいほど、それだけ人の心を深く動かす傾向があります。こういう考え方は、実に典型的なシーア派的発想です。おのれが苦しむことによって、何か尊いものを購《あがな》おうとする。この場合には、ウマイヤ家の暴虐によっていまや失われようとしている預言者ムハンマドの精神そのもの、イスラームの「内面性」、それをいま自分の死によって活性化しなければイスラームに未来はないというのが、ホセインの信念だったと言われております。
このホセインの信念と、それを敢然として実行に移した彼の勇気とによって、シーア派イスラームは、「受難」の宗教として成立いたします。シーア派イスラームが、特に、、、、シーア的イスラームとして生れたのは、まさにこの時からです。

ホセインがカルバラーで殺害された日、イスラーム暦で申しますとムハッラムという月に当たりますが、ムハッラム月の十日を、シーア派をシーア派たらしめた決定的宗教体験の記念日として、この派の人々は今日に至るまで、忠実に、情熱的に、熱狂的に守り続けてまいりました。皆様もご存じかと思いますが、アーシューラーと呼ばれる大祭、「十日祭」です。

毎年、シーア派のイランでは、ムハッラム月の十日、国じゅうをあげて激しい悲しみに身を浸します。上半身裸の男たちが、列をなして街を行く。われとわが手で傷つけた体から血をしたたらせながら街を行く男たち。異常に高揚した悲痛感が国じゅうにみなぎります。華やいだ笑いとおどけに満ちた陽性の祝祭日を彩る歓喜のパッションとは正反対の、痛切な嘆きと悲しみの一日であります。陰性の、いわばネガティヴな祝祭日です。
しかし、陰性であっても、暗く沈み込んでしまう静けさではなく、むしろ沸き立つような哀悼の狂騒です。悲しみと嘆きのパッションと言ったらいいかもしれません。これは、この行列を実際自分で見た人でないとわからないかもしれませんが、ともかく「パッション」という西洋の言葉が、情熱という意味であると同時に、受難をも意味することは、シーア的発想からいって、この場合、非常に意味深長です。

ムハッラム十日の行事の性格については、それが著しく演劇的であることに注目しなければなりません。演劇的ではあるが、お芝居ではない。このネガティヴな祝祭に参加する人々は、日常的意識の敷居を超えたところでものを考え、ものを見ているのです。

ついこの間も、日本の某新聞のテヘラン特派員が、このムハッラム十日のイランの国営テレビ放送を見て、ホメイニー師がさめざめと泣いていたということに驚きを示しておられました。鉄のように強靱なホメイニー師の涙。はたして本当の心情から湧き出す涙なのか、それともすべてはお芝居なのか。これはやはり、シーア派でないとわからない心理だと思います。決してお芝居ではないのです。本当にそういう演劇の中に身を投げ込んでいくのです。そして、それを生きるのです。

シーア派にかぎらず、一般にイスラームでは、「殉教者《シャヒード》」と呼ばれることは至高の栄誉とされております。しかし、それがシーア派では、特別の意味を帯びています。なぜなら、殉教とは、ここではたんに宗教的真理のため、あるいは大義のために死ぬ、というような漠然たる理念ではなくて、イマーム・ホセインの悲劇的死を、己れの一身上に再現するということであるからです。つまり、「イマーム殉教の imitatio(まねび)」なのであり、そういう意味で、殉教ということそれ自体に強烈な演劇性がある。殉教のこの演劇性を、人々は、アーシューラー祝祭において、演劇的に体験しなおすのです。この象徴性豊かな宗教行事の示す異様な受難の演劇性こそ、シーア派イスラーム文化の、他にはまったく見られない特徴なのであります。

このような形で、イマーム・ホセインの受難劇に極限的自己表現を見出すシーア派の宗教的イデオロギーの根柢には、文字通りイマーム信仰と呼ばれるにふさわしいものがあります。そしてイマーム信仰の底には、アリー一家に対する、一種独特の情感が伏在しております。この派の人々にとって、アリーとその家系の人々とは普通の人間ではないのです。シーア派の精神を正しく理解することにおいて、これが一番大切な点でありましす。それをこれから簡単にご説明して、今日のお話を終わらせていただきたいと思います。

アリーとその家系がシーア派の人々にとってなぜそれほど特別であるのか。さきにお話ししましたように、アリーは預言者ムハンマドの娘ファーティマの夫でありまして、二人の間に生れた息子たちハサンとホセインとは、ムハンマドが生前、いわば目の中に入れても痛くないほどかわいがっていた孫であります。

一つの有名な伝承が、シーア派の人々の間に伝えられております。それによりますと、あるとき預言者ムハンマドは、娘のファーティマと婿のアリーと、その子ハサンとホセインとを自分の周りに呼び寄せて坐らせまして、手に持っていた大きなマントをすっぽり、自分自身を含めてみんなの頭の上に被せたと申します。同じ一つのマントに包まれたこの人たち――ムハンマド、アリー、ファーティマ、ハサン、ホセイン――を「マントの五人」と申しまして、これがシーア派のいわゆる聖家族です。つまりシーア派ではこのムハンマドの行為を象徴的に解釈するのでありまして、この象徴的行為によって、アリー一家は聖別された、すなわち一種の神聖さを与えられたと考えるのであります。

具体的に申しますと、これによってムハンマドは、イスラームの内部に預言者系列とは別の――というより、それの跡継ぎとなるべき――イマーム系列なるものをたてた。そしてそれをアリー一家に託したということになります。アリーとファーティマの直接の子孫だけがイマームとなる権利をムハンマドから直接受け取ったというわけでありま す。

比較的簡単なこの考えが、時とともに複雑に理論化されまして、ついには深遠な霊性を帯びた一種のイマーム論的形而上学として展開していくのであります。

では、このような歴史的展開においてイマームというのは、そもそも何であり、またいかなる人として理解されるに至ったか。それが問題の中心点であります。シーア派独特のイマーム観念は、天地創造の神話にまで遡ります。この神話に物語られているところによりますと――。

人類の歴史が始まる以前、人間というものがまだ創造されなかったころ、ただ無数の光の粒子が虚空に舞い流れておりました。神的始源からあらゆる方向に向かってたち上り、自らを限りなく繰り広げていく光の束のかろやかな遊戯。突然そこにひときわ強い一条の光線が神から発出しまして、空中にムハンマドの姿をありありと描き出した。これに向かって神はこう言ったと伝えられております。「汝はわが選びの人。わしは汝の内にわが光を置き、汝にその宝物を託す。汝の家系の者たちのみが人々の救済への道しるべとなるであろう」と。

人類の始祖アダムが創造されたのは、その後のことだと言われております。アダムは人間に託されたこの神の光の最初の守護者となったのでありまして、その意味でアダムが第一番目の預言者になった、と言われるのであります。

この特別な光のことを、シーア派の術語では「ムハンマド的光」――ヌール・ムハンマディー(nūr Muḥammadī)――と申します。著しくグノーシス的観念でありまして、宇宙の開闢《かいびゃく》以前にあらわれた神の光を意味します。これが先ずアダムに宿りまして、それ以後父から子、子から孫と伝えられて、遂に預言者ムハンマドに至る。

ところが、ムハンマドに到達する直前のところで「ムハンマド的光」が、内的光と外的光の二つに分かれたと言われております。すなわち、もともと神の光に内在していた内面と外面とが、この段階ではっきり分岐して、別々の形をとってあらわれたということです。二つに分かれた光の一方、外的光のほうは宗教学的に申しますとエクソテリックの側面、つまり仏教などで言う顕教の側面でありまして、この側面から預言者が出てくる。もう一方の内的光は、宗教学で言ういわゆるエソテリシズム、つまり秘教的、密教的側面でありまして、この側面からイマームがあらわれてくる。

したがって、この考えでいきますと、預言者とイマーム――具体的に申しますとムハンマドとアリー――とは、同じ一つの神的光、つまり同じ一つの神的リアリティの裏表ということになります。まさしくイマームこそ、預言者亡き後、預言者に代わって現世の主として神聖な機能を果たすべき人物なのであります。要するに、イマームはその霊性、精神性において預言者と全く同列であるということになりますので、スンニー派の立場から申しますと、もちろん異端であります。危険きわまりない思想です。

こうしてシーア派のイマーム尊信は、遂にイマーム神化にもう紙一重というところまで進んでしまいます。各時代ごとに一人ずつ現われるはずのイマームは、それぞれ「神の生ける証《あかし》」。イマームの言葉は神の言葉であり、彼の命令は神の命令、彼に従うことはとりもなおさず神への服従、彼に背くことは神への背信。この思想の赴くところ、ついにイマームは宇宙そのものの存在の究極原理として形象されるに至ります。すなわち、宇宙はイマームなしには一瞬たりとも存続し得ないというのです。

それにつれて、預言者とイマームとの関係もまた違ってまいります。最初、預言者とイマームとは同じ一つの神的光の外面と内面——裏と表と考えられておりました。ところが、いまやそれがさらに一歩進みまして、預言者はむしろイマームの特殊形式であると考えられるようになります。イスラームという宗教の構造上、形式の上では、イマームはあくまで預言者に対して従属的でありますけれども、深い宗教的感情としては、この関係は逆転して、事実上預言者はイマームの一種、イマームの一つの特殊ケースということになってしまう。なにしろ、世界そのものがイマームなしには一瞬も存続し得ないというのですから、それは当然です。

しかし、こうなりますと、スンニー派の代表する伝統的イスラームにとっては、シーア派のイマーム論なるものはおそるべき危険思想ということになる道理でございまして、事実、スンニー派が圧倒的多数を占めるイスラーム共同体全体の、特にアラブ的な部分においては、シーア派は歴史的に異端としての否定的存在を強いられてまいりました。シーア派の運命にまつわる、被抑圧者意識の悲劇性が、ここにも屈曲した形であらわれております。

それはともかくといたしまして、アリーの悲劇に始まり、ホセインの悲劇に至って、シーア派のイマーム性というものは完全に確立されます。そしてその後は、アリーとファーティマの直系の子孫が代々イマームの位についていきます。

ところで、一口にシーア派といいましても、実はいろいろ違った部派がございますが、特にその中で一番強力なもの、現在イランの国教として最も有力な地位にあります十二イマーム派という派がございますが、この十二イマーム派の考えによりますと、イマームの系列が、その名のごとく第十二代目でバッタリ跡絶《とだ》えてしまう。大体西暦九世紀ころであります。

十二代目のイマーム、その名をムハンマド・イブン・ハサンと申します。このムハンマド・イブン・ハサンは、幼くして父の跡を継いで第十二代イマームになりますと同時に姿を隠しまして、杳《よう》として行く方知れずになってしまう。死んだのか、殺されたのか。外部の人はこれは暗殺されたのだ、誘拐されたのだと申しますが、十二イマームの人々はそうは考えません。彼らによりますと、イマームは死んだのでも殺されたのでもなくて、ただ存在の不可視の世界に移ったのです。世界の霊性的内面に身を移して、姿を隠しただけのことであって、そこにいつまでも生き続けている、いまでも生きている。そして、世の終末の日に存在の霊性的次元から突然またこの地上に戻ってきて、絶対的正義の秩序をうちたて直してくれる。その時が来るまでイマームの潜伏状態は続く、という考えであります。

十二代イマームはいまでも生きている。目に見えないところで生きている。二十世紀の現在も、依然としてその状態が続いている。いまでもまだ、この意味でのイマーム不在の状態です。

ですから、いまシーア的世界——具体的にはイランのことですが——を治める人は、だれであれ、身を隠している本当のイマームの代理人にすぎません。皆様よくご存じのホメイニー師は、新聞、放送などでイマーム・ホメイニーと呼ばれておりますけれども、あれは一種の通俗的、大衆的称号でありまして、本当の意味でのイマームではありません。本当はイマームの代理人です。ホメイニーに倒された前のシャーも、本来的には第十二代イマームの代理人という資格でのみイスラーム共同体の最高主権者たり得たわけなのですけれど、シャー自身としては、古代イランの帝王の意識のほうが圧倒的に強かった。つまり、シーア的イスラーム共同体の長としてよりも、イラン帝国の王として国民に君臨していたのでありまして、イスラーム的立場から見れば、そこに大きな問題があった。つまり、非イスラーム的である古代イランの帝王神権政治理念をもって、イスラーム的宗教共同体を支配するということに根源的矛盾があったのであります。

シャー体制のこの根源的矛盾を、ホメイニー師は「革命」によって一挙に解決してしまった。イスラーム的主権者が、イスラーム的政治理念によって、イスラーム共同体を治める。しかし、ホメイニー体制にも問題がないわけではありません。もしホメイニー師がイマームその人であったならば問題は簡単にそこで解決してしまうわけでありますが、代理人ですから完全無欠ではない。元来、シーア派のイマーム論においては、イマームは絶対無謬《むびゅう》ということにきまっておりますが、代理人はそうではない。絶対無謬性は、もともと、人間の性質ではなく、神あるいは神に極限的に近い人のみのもち得る属性なのですから当然のことです。どれほどホメイニー師が偉大であっても、預言者でもイマームでもない以上、絶対無謬性からは程遠いわけです。だから、時勢の流れによっては、どういうことになるのか、それはだれにもわかりません。ホメイニー師自身にもわからないはずです。イマーム不在の状態にまつわるそのような一種の不安、不安定性を背負って、いまイランは、激動する国際関係の現状の中におのれの生きる道を手探りしているのであります。

大変長たらしい昔話をお聞かせいたしましたが、とにかくこれで大体シーア派というものがどんなものか、シーア派の存在に纏綿している何とも言えぬ不思議な雰囲気がどこから来るのか、ということが、いささかなりともおわかりいただけたら、幸いだと存じます。長時間、どうもありがとうございました。

六　スーフィズムと言語哲学

いろいろな学問が目まぐるしく発展していく——別に進歩とは私は申しませんけれども——激しく展開していく現代世界の学問的状況において、われわれ東洋学に従事しているものが、いったいどんな態度をとるべきなのであるかということを、このごろ私はよく反省いたします。また、事実、時代の潮流はそういうことを私どもに反省させる、あるいは反省させずにはおかないだけの激しさを持っていると思います。ただ、安閑として手をこまねいているわけにはいかない。昔ながらの文献学、いわゆる訓詁《くんこ》の学にあぐらをかいて現代学問に無関心を装ったり、その趨勢を白眼視していても仕方がない。

訓詁の学といいましても、今では古いテクストを読むその読み方、そしてテクストを読んで、それを解釈し、了解していく学問的主体性のそのものの問題が、新しい解釈学という形で大きな問題となってわれわれの前に立ちはだかっているのでありまして、ただ、昔ながらの文献学の方法で、古い昔のテクストを読んでいても始まらないと思うのです。

また、専門が違うからわれわれには関心がないというわけにもまいりません。今のように学問が学際的になり、学問領域が重なり合って、旧来の学問の分野の区別原理の妥当性そのものが問われるようになってきますと、われわれのいわゆる「専門」ということも大いに問題になってくるのであります。

もちろんそうは申しましても、ただ流行を追って右往左往することがいいというわけではございませんが、流行を追うという意味ではなしに、現代学問の潮流に自ら棹差しながら、そこに現代という時代のプロブレマティークをとらえていく、そしてそこから東洋学の今後の進むべき方向を見定めていくというふうにしなければならないのではないかと、私は考えております。

ひと口に東洋学と申しましても、私が実際に関心を持っておりますのは、極東、中近東を含めていわゆる「東洋」の哲学と宗教の現代的再評価、つまり今ちょっとお話ししたような学問の現代的状況において東洋の思想伝統が示す可能性の新しい方向づけ、いろいろな東洋思想伝統の考え直し、組み直しというようなことなのでございまして、本日はそれらの東洋思想伝統の中の一つでありますイスラーム思想、特にスーフィズムという名で知られておりますイスラーム神秘主義の提起する言語哲学的な問題について、日ごろ考えておりますことの一端をお話したいと思います。

では、なぜ特に言語哲学という問題を立てるのかということでございますが、それは事実、コトバというものがさっきお話いたしましたような意味で、すぐれて現代的な問題の一つだからであります。

二十世紀後半、特に構造主義が起こってから現在までの西洋の思想界の大きな特徴、そしてまた地球社会的普遍性を持つ世界文化的パラダイムとしての西洋の圧倒的影響のもとにある非西洋世界、具体的にいえば東洋、の現代思想の顕著な特徴、少なくともその一つ、は言語に対する関心であると私は思います。

現に日本の思想界でも、特に西洋化の傾向の著しい進歩的分野では言語に対する異常な関心が見られます。文化人類学、記号学、哲学などはその典型的な場合でありまして、今日ではコトバは決して専門的言語学者だけの研究対象ではありません。

なぜ、コトバにこれほどの関心が寄せられるのか。人間を「ホモ・ロクエンス」として、他の動物の種から截然《せつぜん》と分かつ標識としてコトバを考えるからには、これはむしろ当然のことなのかもしれません。しかし、もっと具体的には、最近の記号学的思惟が進むにつれて、人間におけるコトバの決定的重要性が改めて認識され直してきたという事実に注目する必要があると思います。

このことは、現代社会におけるコミュニケーションの重要性を考えただけでも、容易に理解できることですが、さらにコミュニケーション以前、つまり人間における意識の成立そのものに対するコトバのかかわりの重要性がわかってきたということが、もっと大切な要因です。

わけても、フロイトやユングなどの深層心理学の研究の成果を通じて、人間意識の社会生活的表面の底に、下意識的薄暮の領域が想定されてきた、それがわれわれにコトバの異常な重要性を悟らせる一つの有力な動機となったのであります。意味論的には、この下意識的――私は無意識的とは申しません――下意識的領域こそ、コトバの意味生成の生きた場として考えられなければならないのでありまして、もしこのような意識構造モデルを立てるということになりますと、普通われわれがコトバの「意味」と呼んでいるものが、たんに辞書に記載されている単語の社会制度的意味だけでなくて、さらに、いわばその下に、通常は気づかれない形で、今現に生れつつある意味、まだ言語コードに形式的に組み入れられていない意味、浮動し、流動し、絶え間なく新しくつくり直され、組み直されていく意味可能体の星雲のようなものを、どうしても考えなければならないことになってきます。この下意識的意味領域の認知は、あらゆる次元における人間存在にたいするコトバの絶大な関わりを、われわれに悟らせずにはおかないような性質のものなのであります。

ソシュールは社会制度化されコードとして認められているコトバの次元を「ラング」(langue)と呼びましたが、「ラング」に比較的固定した位置を与えられている意味は、われわれ人間の意識を構成している生きた意味的世界のごく一部、氷山の一角にすぎないということになってきます。

意味なるものをこういう階層的、重層的形で考える考え方が、いわゆる意味論、セマンティークなるものに決定的な影響を与えて、それを徹底的に新しく構想し直すことを要請することは言うまでもないと思います。

われわれの意識構造モデルにおいてこのような深層的意味領域に該当するものが、事実、われわれの言語生活のみならず、より根源的に、われわれの認識活動、存在感覚、世界認識にまで強力に作用していることを、最も説得的な形で示すものは、詩人たちの言語体験、いわゆるポエジーでありますけれども、いわゆる神秘家たちの言語体験もまた同じような性質をもつものであります。

およそこのような見地から私はスーフィズム、イスラームの神秘主義の提起する言語哲学的問題、特に意味にかかわるそれの問題性に特別の関心を最近抱いております。要するに「スーフィー」(イスラームの神秘家)の実在体験が彼ら自身によって哲学化されるときに、そこに言葉の意味機能に関してどんな問題を提起するかということであります。

ところで、私はすでに「スーフィー」(ṣūfī)という語に対して、「イスラームの神秘家」という訳語を用い、「スーフィズム」を「イスラーム神秘主義」という表現で置き換えましたけれども、たしかにスーフィズムは実践的にもまた理論的にも、普通、西洋でミスティシズムと呼ばれ、また日本語で「神秘主義」と訳しならわされているある特殊な精神現象に、ほぼ正確に該当するものであります。したがって、スーフィズムとは英語などでいわゆる mysticism のイスラーム的形態、つまりイスラームという特殊な文化枠の中で発展した神秘主義の一種、一つの型として理解しておいてよろしいと思います。

といたしますと、それではイスラーム的とか、キリスト教的とかいうふうに特殊化される以前の一般的な広い意味での神秘主義《ミスティシズム》とはどういうものかということに、当然、なってまいりますが、これがまた大変な仕事でありまして、とうてい簡単に処理できるような問題ではございません。

面倒な議論に足をとられて、かえって迷路に踏み込んでしまう危険を避けるために、ここでは仮に神秘主義とは人間が自己自身、すなわちわれの真相、本当の姿を直接自覚すること、そして次にまたその自覚の境地に開けてくる意識のある特殊な認識地平に顕現する存在の究極的な様相を把握することである、といたしておきたいと思います。簡単に申しますと、意識の深層を開くことによって、主体、客体を含めた意味での存在の深層、存在の深みをギリギリのところでつかまえるということであります。

ところで、神秘主義がそのようなものであるといたしますと、当然、それは特殊なプラクシスを必要とするということになってまいります。そのプラクシスの側面は、都合上、ここでは一切省略いたしますが、とにかく、どのような方法をとるにせよ、それはいずれも知覚、感覚、思惟、感情などの普通の人間の内的体験の次元の彼方に働く一種独特な認識機能の場としての意識の形而上的次元を開発することを目指す特殊な精神的訓練の方法、修行の道、いわゆる「タオ」(道)すなわちイスラームでいう「タリーカ」(tarīqah)であります。

この種の訓練、心身訓練は、必然的に一種の形而上的実在体験に導きます。つまり意識の深みにこのような形而上的次元が開かれますと、そこに存在、あるいはリアリティの日常的意識次元では全く見られない形而上的様相が見えてくる。意識のこの次元で働く認識主体の機能を、イスラームでは「バシーラ」(baṣīrah)と呼びます。「バシーラ」とは、普通のアラビア語では「視覚」を意味する言葉ですが、スーフィズムの術語としては精神的な目、あるいは内観というような意味でありまして、肉眼の視覚から区別された意味で使います。要するに事物の形而上的真実、真相(＝深層)を見通す目ということであります。

古来、東洋の、例えば中国の芸術論、特に画論などでは、見る働きの深化、見る働きを深める、深化させるということを非常に重要視いたしますが、それはつまりいわゆる骨法、すなわち存在の表面的形態や様相の底に伏在する根源的構造を直視するということでありまして、これがまさに「バシーラ」に該当いたします。神秘主義とは、ですから「バシーラ」を通じて実在の真相(＝深層)を覗き見る体験なのであります。今日の記号学的意味論の考え方に組み入れて申しますと、「無」とか「空」とか、つまり未だ全然どのようにも分節されていない、未分節の存在的カオスを、日常経験の成立する場とは全然違った意識の次元において、常識では考えられないような新しい形で新しく分節し、新しく分節したものを新しく組み直す能力を「バシーラ」と呼ぶということになると思います。新しく分節し、その新しい分節単位を組み直していくのですから、そこに全く新しい存在世界のイマージュが起こってくることは当然であります。

本日の私の主題は「スーフィズムと言語哲学」ということでございますが、ここで先ず第一に、今お話いたしました「バシーラ」による実在の真相体験、すなわち意識の深層的機能による日常的存在秩序の解体、新しい分節、新しい存在秩序の組み直しということが、事実、コトバと深くかかわっているということにご注意願いたいと思います。ただし、この場合、スーフィー的神秘主義的実在体験とコトバとのかかわりが否定的、パラドキシカルなかかわりであるということも注意に値します。

スーフィーは、あるいはより一般に神秘家は、己れの体験を言葉で表現し、記述したりしようとすると、たちまち乗り超えることのできない壁にぶつかってしまう。

もともとわれわれの日常使っている言語は意識の日常的次元における存在分節に基づいたものでありますから、これは当然であります。コトバという語を日常的社会生活で使用されている普通の常識的コミュニケーションの言語と理解いたしますと、スーフィーたちの実在体験は、明らかにコトバを超えたものであり、コミュニケーションを拒絶する性質のものなのであります。

それならいったいどうしたらいいのか、思い切りよく一切の言語の使用を断念してしまうか。事実、そういう行き方をとる場合が従来は非常に多かったのであります。「言《ごん》語道断《ごどうだん》、心行処滅、……知らず、何を以てか名付けん」というわけです。

「言語道断」、つまり、ここまでくると言語道、言葉の道、は跡絶えてしまう。「心行処滅」、どう考えてみようもない、言葉や思惟でとらえようにも何の手掛り、足掛りもない。「知らず何を以てか名付けん」、こんな状態ではいったいどんなコトバを使って自分の体験内容を名付けたらいいのか、見当もつかない、ということであります。

コトバを超えている。ロゴス以前、ロゴスの彼方、コトバで表現することも叙述したりすることもできないもの、それが初めから当事者にはわかっている。とすれば、例のヴィマラキールティ(Vimalakīrti)、維摩居士《ゆいまこじ》のように、話が究極のところまできたら黙然として口を閉じてしまうのが、いちばん利口なやり方なのかもしれません。しかし、本来ロゴス的存在である人間には、なかなか黙り通してしまうということもできない。

それればかりではありません。言語道断とか、コトバを超えるとか申しますけれども、それはコトバというものを先ほどお話しました社会制度化された記号コードとしての常識的コミュニケーションの言語として考えた上での発言でありまして、心の下意識的領域に場を持つ意味の生成過程、深層意識の薄暗がりの中で点滅し、活動している無数の意味可能体まで掘り下げてコトバというものを考えますと、問題はそう簡単に解決できなくなってまいります。だいいち、コトバのそのような次元に視座を据えてみますと、常識的にはコトバを超えたものとされる実在体験、実在ヴィジョンにしても、下意識的意味可能体による存在リアリティの分節し直し、そして分節されたものの組み直しによって処理できる面も出てくるはずでありまして、単純にコトバを超えた境地などといってすましているわけにはいかなくなってくるのであります。

コトバは、さっき申しましたように、元来、人間の日常的、常識的存在次元において、人間相互のコミュニケーションの要求に合わせて設定されているものでありますから、コトバを使うというからには、どうしても社会的記号コードとしての言語を使うほかはない。しかし、それの使い方次第では、社会的記号コードの下に伏在している意味可能体を示唆するようにすることも不可能ではない、というふうに考えなおしてみようとするのであります。

つまり、実際に使われるコトバは、普通の人間の使う普通のコトバにほかならなくとも、その使い方次第で、そこに一種のヒネリが出てくることがあり得る。いわば、ひとひねりしたコトバの使い方を考えるのでありまして、日常言語のこのヒネリ、あるいは歪み、から生じてくる異常な意味論的緊張のうちに、常識的にはコトバにならないと考えられているような精神的事態が言語化されることもありうるというわけであります。

そしていったん、コトバをこのような方向に向かって発動させ、いわゆる「言語以前」の体験内容の言語化が始まりますと、それがさらに進んで一種独特の哲学的思想にまで展開するということにもなってまいります。われわれに身近なところでは、大乗仏教の哲学など、要するにそのような性格の哲学だと私は思いますが、イスラームでもスーフィーと呼ばれる神秘家たちは、常識的にはコトバにならない実在体験をあえてロゴス化し、言語化した特殊な哲学をつくり出しております。いわばスーフィズムの哲学ということでございますが、この種の哲学をイスラームではギリシャ系、特にアリストテレス系のスコラ哲学、いわゆる「ファルサファ」(falsafah)——「ファルサファ」というのはもちろんギリシャ語の *φιλοσοφία* のアラビア語化でありまして、スコラ哲学、ギリシャ系のアリストテレス的なスコラ哲学をイスラームでは「ファルサファ」と呼びます——からはっきり区別いたしまして、神秘主義的実在体験に基づくスーフィズム的哲学を術語的に「イルファーン」(irfān)と申します。後世の思想界、特にイランの思想界では、「イルファーン」と同時に、「ヒクマット」(hikmat)という語も使います。「ヒクマット」とは、英語でよくwisdomなどと訳されておりますが、叡知、知恵、もちろん非常に特殊な意味での知恵でありまして、普通の人間の感性的、理性的認識とは全く違う実在認識の形であります。大乗仏教の「プラジュニャー」(prajñā)、つまり「般若の知」などと呼ばれているものにほぼ該当します。

このように考えてみますと、哲学として展開した神秘主義、すなわち「イルファーン」あるいは「ヒクマット」は、われわれの日常的意識の働きを超えた根源的に非ロゴス的な意識次元に働く「バシーラ」、内観の目、に映った非ロゴス的存在風景を、その次元特有の意味分節に従って、全く新しくロゴス的に組み立て直したものであるはずでありまして、意識論としましては、意識の超ロゴス的領域の機能構造論であり、存在論としては存在の超ロゴス的様相の構造論であるということになります。

また言語論としては、もともと日常的シチュエーションにいちばん適合した形でできた上がっているコトバが、日常的シチュエーションからいわば無理に引き離されて、非日常的な限界領域、限界状況に移されたとき、どのような形で機能し始めるか、どのような意味作用を示し始めるかという、一種独特な意味論として展開いたします。この点において「イルファーン」、あるいは「ヒクマット」なるものは大変興味ある現代的な言語哲学的問題性をはらんでいるのであります。

しかし、これまでの私の簡単な説明でもおわかりいただけたと思いますが、「イルフアーン」「ヒクマット」と呼ばれるスーフィー的哲学は、本性上、スーフィー的存在体験の内容のロゴス化、哲学化でありまして、それ以前に、哲学以前の生《なま》のスーフィー体験というものがあることを忘れてはならない。ですから、言語論としましても、「イルファーン」ないしは「ヒクマット」の言語哲学で、哲学的に取り扱う以前に、スーフィーたちがその特殊な実在体験の中で吐き出す生の言葉というものがあります。それをまず考察しなければならないのであります。

要するにスーフィーたちは、哲学する以前にスーフィーだったということであります。したがって、結局問題は、また元に戻って、スーフィズムとは何かということになります。

今日の話の最初のところで、私はスーフィズムとはイスラームの文化枠の中で、それに根本的に条件付けられた形で生れ育ったミスティシズム、イスラーム的神秘主義であると申しました。

しかし、実はこれだけではまだ何事も解明されてはおりません。神秘主義それ自体につきましては、これを広い意味で、一種の普遍的精神現象として先ほど仮に定義いたしましたようなところで、いちおう満足しておくことにいたしましても、この地球上、人間の歴史において今までに現われてきた神秘主義のいろいろなタイプの中で、特にイスラーム的という形容詞に値するものはどんなタイプの神秘主義なのであるか、それが先ず第一の問題であります。

　詳しく論じ出しますと際限もなくなりますが、それを極端に単純化して、いわゆる神秘主義なるものを、私はまず第一に有神論的神秘主義と、無神論的神秘主義という形に二大別したいと思います。

　無神論的神秘主義ということで私が考えておりますのは、たとえば古代インドのブラフマニズム、大乗仏教諸派、わけても禅仏教のようなものであります。

　有神論的神秘主義のほうは、これまた極度に単純化して考えますと、多神教的神秘主義――いわゆるシャーマニズムにその典型的形態が見られるものでありますが――多神教的神秘主義と一神教的神秘主義に大別することができます。

　この区別にもいろいろ問題があると思いますが、それは、きょうの主題には直接の関係がありませんので、素通りさせていただくことにいたします。私はただ、ここで、イスラームという宗教が歴史的にも、構造的にも、ユダヤ教、キリスト教に直結するセム的、人格的一神教であるということに注意を向けたいと思います。

　イスラームはその生誕の第一歩から、ユダヤ教やキリスト教すら、まだその一神教性において徹底的でないという批判的意識に立って、真に厳正な純正一神教たらんことを意図してきたものであります。

ユダヤ教、キリスト教に対するこの考え方が正しいか、正しくないかは、ここでは私は問いません。とにかく、イスラーム自身としてはそういう立場をとります。ユダヤ教やキリスト教でもまだその一神教性は純正でなかった。だからイスラームにおいては、絶対的人格的一神、唯一絶対の生ける神ということだけをすべての中心とし、出発点とする、というわけであります。

「汝らどの方角に向かおうとも、必ずそこに神の顔がある」と『コーラン』に言われております。イスラーム的世界ヴィジョンにおいては、人がどの方向に進もうとも必ず神に突き当る。神を回避することは絶対にできない。正統的イスラーム教義のいろいろな重要な考えを大胆に否定する神秘主義、スーフィズムですら、この点だけは変わりません。神秘主義は日常的存在体験を超えた次元での存在体験だと、前にも申しましたが、イスラーム神秘主義では、神、アッラーを抜きにした存在体験というものは、いかなる意識次元においても絶対にありえない。いつでも、どこでも人は神に直面するのです。ですから、神秘主義も、それがイスラーム的現象であるかぎりは、それなりに神をなんとかしなければならない。神ということがいわば大変厄介な問題になってくるのであります。

と申しますのは、スーフィズムに限らず、一般に神秘主義と呼ばれる内観的体験の道においては、人間の意識は、己れの内面に向かって根源的なものからより根源的なものへと自己深化を進めていきますので、どうしても東洋哲学で「無」とか、「空」とかいっている境地に次第に近づいてきます。

キリスト教の神秘主義では、マイスター・エクハルトの思想などがその典型的一例ですが、イスラームでも非常にたくさん例がありますし、ユダヤ教の「カッバーラー」(Qabbālāh)でいう「エーン・ソーフ」('ēn-sōf)なども、やはり「無」とか「空」とかいう境地に近づこうとする一神教の枠内での動きだと言えると思います。しかし、それでもなお、一神教の伝統としては、神を存在秩序の中心から取り外してしまうことはできない。どこまでも神中心的であり、「神の彼方」などといっても、ふと気づいてみると、依然として神は自分の目の前にいたというようなことになるのであります。

現代思想のアヴァンギャルドとして大きな波紋を起こしているジャック・デリダという哲学者のことを皆様ご存じだと思います。多くの現代西洋の代表的思想家の中では、私が最近いちばん興味を持っている人なのですが、この人の哲学の中心概念に、「デコンストリュクシオン」(解体)ということがあります。

いったい何を解体するのか、ギリシャ以来の西欧思想伝統の根源的形態であるロゴス中心主義的世界像の解体です。ロゴス中心主義「ロゴサントリスム」。ロゴスをすべての中心に据え、ロゴスの有機的秩序としての存在世界の構造を立てる考え方。

プラトン的イデアもロゴスの一つですし、その他、いろいろなロゴスが西洋の思想史に現われてまいりますが、なんといっても最高絶対のロゴスは神です。

したがって、ロゴス中心主義の解体というのは、神をすべての中心におき、その周りに、あるいはその下に、全存在の秩序を考える世界像そのものの解体を意味するわけでありまして、簡単にいえば、ニーチェのように「神は死んだ」と宣言し、神の死、すなわち絶対中心点消失の状態において、かぎりない存在流動を構想していくわけであります。

一般に神秘主義といいますものは、ある意味で伝統的宗教の中における解体操作である、と私は考えております。つまり神秘主義とは、ある意味で宗教内部におけるデコンストリュクシオン運動であると思います。

これがイスラームのように著しくロゴス中心的な宗教の場合、重大な問題を惹起することは当然でありまして、ここにスーフィズムに伏在する危険思想への傾きの淵源があります。

この点が同じ神秘主義でも、初めから神などというものを全然立てない、つまり初めから非ロゴス中心主義で、初めから解体されている大乗仏教、特に禅などになりますと、事情が全然違ってまいります。

イスラームである限りは、神秘家といえども「神は死んだ」と言い切って簡単に片付けてしまうわけにはいかない。そうかといって、在来の宗教的神表象でも満足できない。とすれば、イスラーム神秘主義としてのスーフィズムは、必然的に非常に屈曲した形で神と対決せざるをえないということになってまいります。スーフィズムも神と人間とが人格的、つまり実存的に出会う出会いの、一つの著しく特殊な形態ということになるのであります。

もちろん神秘主義でない普通のイスラームでも、神と人間との実存的出会いということが中心問題であります。しかし、普通の、つまり神秘主義でないイスラーム信仰の場合には、神はただひとえに絶対的超越者でありまして、神と人間とのあいだには超え難い断絶がある。深淵、あるいは無限の距離を隔てて、その向うに人は遥かに神をのぞみ見る。そういう形でのみ、人間と神とのあいだに我―汝の関係が成立するのでありまして、そういう関係において人は「我」として、無限の彼方なる神に「汝」と呼びかけるのであります。

これに反して、スーフィズムでは神と人間とのあいだの本性上取り払うことのできないはずのこの隔てを、あえて体験的に無化してしまおうとします。完全に無化することができないまでも、少なくとも両者の隔たりを紙一重のところまで持っていこうとする。そこにスーフィズムの大きな特徴があります。

神と人間とのあいだの隔絶、隔たりを可能なかぎり極限まで縮小して、究極的には無化してしまおうというこのプロセスは、スーフィズムにおいては、二つの異なる形をとって現われます。

一つはエロスの道、愛の道です。神に対する人間の愛、というよりむしろ、恋の道です。人間的「我」と神的「汝」との関係を、情熱的な恋愛という形で象徴的に体験する。したがって、またこの体験を表現するコトバも著しい象徴性を帯びてまいります。具体的には象徴詩。ペルシャ文学の独擅場《どくせんじょう》であります。外面的形式としては純然たる恋愛詩、通俗的な恋愛詩の形です。

艶《つや》やかな女がいる、それに恋する男がいる。ここでは神が絶世の美女、人間の魂にこれを慕い求める、恋にやつれた男として形象化されます。この世のものならぬ女の魅力が感じやすい男の正気を奪ってしまう。

正気を失った男、これがペルシャ文学でお馴染の主題、「マジュヌーン」(majnūn)——物狂い、気違いということですが、もともとはペルシャ語ではなくてアラビア語です。

「マジュヌーン」は語源的には、√jnn を語根とします。「ジン」(jinn)とは妖精、目に見えない魔性のもの。『千夜一夜』などをお読みになった方は、いろいろな形で人間とかかわりながら活躍するジンのことをよくご存じだと思います。ジンにとり憑《つ》かれた男というのが「マジュヌーン」の原義なのです。

しかし、スーフィズムの特殊なコンテクストでは、憑かれた男、正気を失った男というのは、文字どおり「我」を忘れた人、つまり自我意識の消滅した人、あるいは自我意識の消滅にいたるプロセスにおいて、「我」の根本的な変貌、変質を経験しつつある人の意味であります。

「我」が根本的に変質し、無に近くなっていく。無化されていく。それにつれて「我」と「汝」との関係が根本的に変わってきます。その究極的状態が「我」と「汝」とのあいだの区別の無化、区別がなくなること、「我」と「汝」との融合ということでありまして、これが俗にいわゆる「神秘主義的合一」(unio mystica)などといわれて広く知られた現象であります。

西暦九世紀半ばから十世紀にかけてバグダードに活躍しました有名なスーフィーの一人に、ハッラージ(Hallāj)という人がおります。ペルシャ生れのスーフィーでありまして、バグダードで異端の罪で処刑されましたが、この人が、有名な詩の一節で、この「我」の変質についてこんなことを言っております。「この神秘主義的体験のさなかで、今、ここに実現している私の「我」は、たしかに「我」には違いないけれども、それが「汝」にあまり近く引き寄せられているので、「汝」の「我」なのか、「我」の「我」なのかわからない」と。こういう不思議な状態が起こってくるのです。

スーフィズムの術語としては、このようなシチュエーションでスーフィーが発する言葉を「ムナージャート」(munājāt)といいます。「ムナージャート」とは俗にいう恋の睦《むつ》言《ごと》、つまり非常に密室的な、しめやかな男女の語らいであります。とにかくこれが神と人間とのあいだの隔絶の消去の一つの形。キリスト教のほうでは十字架のヨハネなどを連想なさる方もおありのことと思いますが、イスラームでもこれは人間と神との関係の非常に重要な一つのあり方です。

もう一つは、普通西洋で deificatio と呼ばれているもの。人間神化、人間が神になる。

人間が「我」を失うかわりに、「我」を神化して、簡単にいえば、人間が神になってしまうということ。少なくとも言語表現上ではそういうことになります。

ここではもはや、「我」と「汝」という関係が問題ではなくなってまいりまして、「我」の問題だけになる。すべては「我」の一点に集約されてしまいます。スーフィー的修行道の極点において、「我」が本質的に変質し、今まで人間的「我」であったものが、突然神的な「我」になる、あるいは神的「我」として自覚される。これを俗に人が、神になるというのであります。

たとえばイランの有名な神秘家バーヤジード・バスターミー(Bāyazīd Basṭāmī)——西暦九世紀、初期スーフィズムの大立者であります——がこんなことも言っています。「蛇が古い皮を脱ぎ捨てるように、私は私の殻を脱ぎ捨てた。そして私は私自身の中をフト覗き込んで見た。すると驚いた、私はまさしく彼だった」と。私はまさしく彼だった。「彼」とは言うまでもなく神であります。

普通の神秘主義ですと、こんな場合、たちまち言語道断、コトバの道が跡絶え、コトバでは言い表わしようもない幽玄な境地、ということになって沈黙してしまうわけですが、すぐれて言語的であるイスラームでは、だれもなかなか黙るということはいたしません。どこまでも、ものを言おうとする。ちょっとパラドキシカルになりますけれど、言語を超えた次元で、あえて言語を使おうとする。

このような状況でのスーフィーの発言を術語で「シャタハート」(shaṭaḥāt)と申します。アラビア語です。酒に酔いしれた人の吐く異常なコトバ、「泥酔妄語」とでも申しましょうか、事実、この言葉のもとになった「シャタハ」(shaṭaḥa)という動詞は、酒を飲み、飲み過ぎて泥酔するという意味です。ですから、「シャタハート」とは非日常的な意識からほとばしり出てくる非日常的なコトバであります。

第一級のスーフィーたちの「泥酔妄語」(あるいは「酔言」)がたくさん今日まで伝えられておりますが、その多くは、普通われわれが酔っ払いのコトバということで考えるようなわけのわからない譫言《うわごと》みたいなものではなくて、むしろはっきり筋の通った言表です。しかし、その筋の通った意味が極端に冒瀆的であるような発言、神をまともに冒瀆するような内容の発言であることを特徴といたします。

なかでも世に有名な、西洋でもよく知られたものは、さっき名を挙げましたハッラージの「アナ・ル・ハック」(Ana al-Haqq)でしょう。「アナ」は私、「ハック」というのは真理とか真実とかいうことで、al- は定冠詞です。定冠詞がつくと「唯一の」とか、「絶対の」とかいう意味になります。ですから、「我こそは唯一の絶対者」「我こそ真実在」というような意味であります。

また十一世紀のもう一人の有名なイランのスーフィー、アブー・サイード・イブン・アビー・ル・ハイル(Abū Saʻīd b. Abī al-Khayr)という人のコトバに「わたしの着物の下には神しかいない」というのがある。つまりこの着物を着て、私という人間のように見えているけれども、実は私は神だという意味であります。

もう少し長い、そしてきわめて独創的な発言としましては、さっき挙げましたこのバスターミーの次のようなコトバがあります。

「霊性の大海の深みに飛び込んだ私は、ついに神の玉座にたどりついた。ところが、驚いたことに、玉座の上には誰もいなかった。私はその場にひれ伏して言った、神よ、汝の御姿をどこに求めたらよろしいのでしょうかと。すると目の前の帳がスルスルと巻き揚げられて、私はそこに、驚いたことに、私自身の姿を見たのだ。私は、そうだ、私だった。結局、私はほかならぬ私自身を求めてここまで来たのだった」。

そう言いまして、さらに彼は続けてこう申します。

「私は私ではない、だが、私は私だ、なぜなら、私は実は彼なのだから。私は彼なのだ、彼なのだ」と。

「私は彼なのだ」「アナ・フワ」(Ana huwa)、「わたしは彼」、まさに古代インドの、『ウパニシャド』にいわゆる「我こそはかのもの」「アヤム・アスミ」(Ayam asmi)、あるいは「アハム・ブラーフマースミ」(Aham Brahmāsmi)「我こそはブラフマンなり」、という境地。

そしてバスターミーはさらに付け加えて申します。「我はある。我のほかに神はいない、我を礼拝せよ」と。

イスラームの一神教的世界において発言されるとき、このような発言がいかに大胆不敵で、いかに危険なものであるかは想像に難くありません。はたして非常に多くのスーフィーがこのような発言の故に刑場の露と消えたのであります。生命を賭して、命を失ってまでもこのような発言をスーフィーたちにあえてさせた体験が、深い哲学的意義をもつものであることは、申すまでもありません。

今いくつかの例を挙げましたスーフィー独特の「泥酔妄語」、このような異常なコトバの源となった特殊な体験、そういう体験をした人の意識が、普通の人間のそれとは全く違った内的状態であることは明らかでありまして、またそのような意識状態にある人の見た世界――内的世界、外的世界ともに含めて――が常識的人間の見る世界とはまるで違った異様な世界であることも明らかであります。

この人たちは不思議な目で不思議な世界を見ている、異常な主体性をもって、存在を異常な形で体験している。そして彼らにとっては、そのような次元に成立する意識のあり方こそ、本当の主体性のあり方であり、そのような目で見られた世界こそ、存在の真相であって、もし、たまたまそのスーフィーが哲学的思考への傾向を持っている場合には、それが新しい哲学への力強い出発点となるのは当然であります。

初めにお話しました「イルファーン」とか「ヒクマット」とかいうイスラーム哲学は、まさしくこの種の発言の源になった実在体験を意識論として、また存在論として哲学的に展開したものであります。

そして意識論にせよ、存在論にせよ、この種の哲学が、言語哲学、特に意味の形而上学として展開された場合、きわめて興味ある一種独特の思想になるであろうことは、今までお話してまいりましたことからも容易にお察しがつくところであろうと思います。

今、私はこの種のスーフィー的言語理論の一例といたしまして、「イルファーン」の歴史的最初期を代表する一人の傑出したスーフィー、アイヌ・ル・コザート・ハマダーニー('Ain al-Quḍāt Hamadānī)の意味多層構造理論について簡単にお話してみたいと存じます。

このスーフィーは、在世一〇九八年から一一三一年までのイラン人であります。前に名を挙げましたハッラージ、「我こそは絶対者」という言葉を吐いたハッラージと同じく、神に対する冒瀆の罪を問われまして、三十三歳の若さで故郷ハマダーンの刑場で想像を絶する拷問を受けたのちに殺害された悲劇の主人公であります。

ハマダーニーの思想について、先ず注目しなければならないことは、彼が人間の意識に二つの本質的に違う次元を区別するということであります。そしてこの意識の二階層構造モデルに従って、彼は存在世界にも二つの異なる次元を認めます。

と申しましても、この問題についてのハマダーニーの思想はなかなか複雑でありますし、まだ彼の著書が全部出版されておりませんような次第で、あまり詳しいことは申し上げられません。とにかく説明の都合上、極端に単純化して、この二つの区別を意識・存在の構造モデルに仕立ててみますと、意識に表層と深層とがある。それに応じて存在にも表層と深層があるということであります。

意識、存在の両方を通じて、彼はこのモデルの第一層、つまり表層のほうを「理性の領域」(ṭaur al-ʻaql)と呼びます。理性といいましても、われわれのいわゆる理性だけでなくて、合理的、論理的思惟の基礎となる感覚、知覚の認識領域も含むのであります。

これに対して、第二層を彼は「理性の向う側の領域」(al ṭaur warāʼa al-ʻaql)と呼びます。理性の向う側、理性の彼方、というのは、要するに存在の形而上的秩序のことでありまして、イスラーム哲学のいわゆる「マラクート」(malakūt)「天使的世界」に当ります。イスラーム哲学、特に「イルファーン」ではよく「天使的世界」を云々いたしますが、これは存在論的には日常的現象的事物の構成するエンピリカルな存在秩序の向う側、あるいはその根柢、に想定される根源的存在分節の秩序のことでありまして、意識論的にはそういう特殊な現象的存在秩序の世界に向かって、心の窓の開けた状態を意味します。

もっとも、こういう二つの領域を区別すること自体は、多くの人がやることでありまして、そこにさしたる独自性も認められませんが、この区別がハマダーニーの言語理論にとって決定的な重要性を帯びてくるのは、哲学者たるものは、意識のこの二次元を同時に働かせていなければならない、したがって、二つの存在次元を同時に見ていなければならない、ということにハマダーニーが思いいたる時点からであります。

スーフィズム一般の術語で申しますと、哲学者は「複眼の士」(dhu ʻaynayn)でなくてはならない。二つの目の人間。仏教では、例えば『般若心経』で「空即是色」などといいますが、要するに、「空」と「色」とを同時に見なければいけないということです。どちらか一方だけではない。「空」だけでもだめ。「色」だけでもない。また両方を一つずつ順々に、今は「空」を見ている、次は「色」を見るというのでも困る。両方同時に、——「空」を見ることが、そのまま「色」を見ることであり、「色」を見ることがそのまま「空」を見るような仕方で、「空」と「色」とを一緒に――見るということなのでありまして、今問題にしているスーフィズムの「複眼の士」も、まさにそういうことです。

もちろんスーフィーにとって存在の根源的あり方は、メタフィジカルな次元にあるのでありまして、エンピリカルな現象的次元はそれが著しく歪んだ、変形した姿でしか現われておりません。それはたしかにそうですけれども、歪んだ形も要するにメタフィジカルな実在そのものの一つの必然的な現象形態なのであって、それを切り捨ててしまっては、存在の深層は捉えられない。二つの意味分節の次元が重なって二重写しになってはじめて存在の深層が如実に捉えられるという考え方であります。

ですから、ハマダーニーにとって哲学者は常に必ずあらゆるもの、あらゆる事態、つまり全存在世界、を二重に、あるいはもっと正確には多重的に見ていくということになります。そしてこのことが、ハマダーニーの場合、一つのきわめて特徴ある言語哲学の成立に導いていくのです。

元来、ハマダーニーは言語を非常に重要視する思想家であります。二つの存在次元の区別などと申しましても、彼の考えでは、コトバを離れて存在次元が成立するわけではない。要するに二つの存在次元、二つの存在領域とは、二つの意味次元、二つの意味の世界なのであります。

スーフィーは、前に申しましたように、特殊な実存体験によって、己れの意識に二つの異なる機能次元があり、それに応じて存在が二つの本源的に異なる次元として現われてくるということを親しく知っております。そしてその全体に言語が密接にかかわっている。とすれば、言語が意味論的に非常に特殊な、特異な構造を持つと考えるのは当然でなければなりません。

その構造をアイヌ・ル・コザート・ハマダーニーは「タシャーブフ」(tashābuh)という言葉で表わします。「タシャーブフ」というのは、字義どおりには「不定性、不安定性、不決定性、曖昧性、動揺性」などを意味します。術語としては要するに「多義性」ということですが、それが非常に特殊な意味での多義性なのです。

普通、常識的にコトバの多義性と申しますと、例えばアラビア語の「アイン」(ʿain)という語には驚くほどたくさんの違った意味がある。いちばん初めに出てくるのは「目」という意味。それから「泉」、「水源」、それから「金貨」。次に母だけ同じで父が違う「兄弟」。さらに哲学では、「本質」、「リアリティ」、「具体性」など、いろいろ違った意味を表わす。そういうのを多義性といいます。

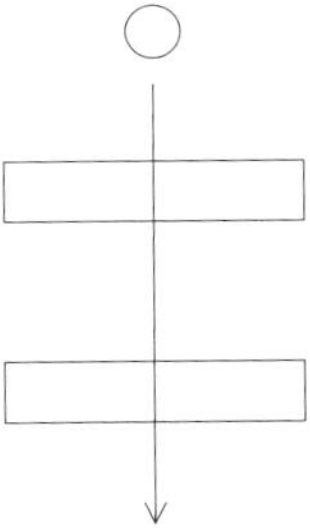

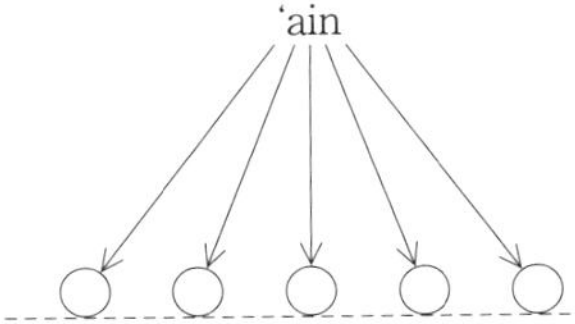

ところが、ハマダーニーの考えている多義性はこれとは全然性質を異にする多義性です。「アイン」のような場合は、今申しましたようなたくさんの意味がありますが、それは、これらの多数の意味が、いわば同一平面上に水平に並んでいるということに過ぎません。ハマダーニー的にいいますと、これは意識と存在の第一層。つまり「理性の領域」に成立する多義性であります。

これに反してハマダーニーが構想している多義性は垂直的多義性です。つまり同じ一つの語が「理性の領域」と「理性の向う側の領域」という二つの存在次元、あるいは意味次元——本当はもっとたくさんの次元があるのですが、仮に便宜上二つとしますと——をタテに貫くことによって成立する二層的多義性なのです。もちろん、二つ以上の意味次元を認めるなら、多層的多義性ということになります。

いずれにしても、このように垂直的な重層構造をもっていますので、一つ一つの語の意味は、ハマダーニーにとっては、常識では考えられないような深みを示します。しかもこの場合、深みとは広さでもあるのです。なぜならば、スーフィーの内的体験の示唆する方向にコトバの喚起する意味の重層性を、いわば深みへ、深みへと追っていきますと、それにつれて、日常的、あるいは概念的にコード化されて成立している意味の限界線が次第に薄れ消えて、最後には茫洋たる無限定性の極限にかぎりなく近づいていくからであります。

こうして開けてくる無限化された、あるいはかぎりなく無限化に近づいていく、意味の世界が、あまりにも深く、あまりにも広いので、もともとそれを表わすはずだった記号の手に負えなくなってしまう。つまり語と意味とのあいだのプロポーションが壊れてしまう。

現代の記号論者たちが好んで使うソシュール言語学の術語で申しますと、ソシュールにおいては、元来、一枚の紙の裏表のように密接不離と考えられていた「シニフィアン」(signifiant)と「シニフィエ」(signifié)、「能記」と「所記」、つまり言語記号の音声聴覚的側面と意味表象的側面とが分離して、両者のあいだに大きなギャップが現われてくる、とでも言ったらいいだろうと思います。

つまり、スーフィー的体験の深まりとともに、意味のほうがいわば勝手にずんずん広がり深まっていってしまうので、音声的記号のほうはそれについていけない。音声的記号は社会的にコード化された表面の意味、表層的意味と結びついたままあとに取り残されてしまうというわけであります。

このように「シニフィアン」と「シニフィエ」のあいだに大きな裂け目を開いた上で、ハマダーニーは「シニフィアン」に対する「シニフィエ」の圧倒的な優越性を説くのです。

つまり、「シーニュ」のソシュール的記号式に即していうなら、小文字のs、つまり「シニフィエ」が無限に深まり、無限大に拡がってくる。だから大文字のS、「シニフィアン」のほうは取り残されてしまう。そこでバランスがとれなくなってバラバラになってしまうということです。

とにかくハマダーニーのようなスーフィーの意識においては、「シニフィアン」と「シニフィエ」、簡単にいえば音と意味、とのあいだには決定的なアンバランスがあるのでありまして、一方に音声表象があり、他方にはそれに対応する意味表象があって、つまり音と意味があって、二つがまるで、さっき言いました一枚の紙の裏表のようにぴったり重なり合い、照合しているというような状態ではありえない。そうではなくて、言語記号の「シニフィアン」的側面、音的側面、の向う側には、「シニフィエ」が、つまり意味が、不断に流動する一つの広大で深遠な意味世界、立体的、多層的意味空間として拡がっていると考えるのであります。

もちろんハマダーニー自身が「シニフィアン」とか「シニフィエ」とかいう術語を使っているわけではありません。当然のことです。もっと常識的に、彼は語と意味、「カリマ」(kalimah)と「マァナー」(ma'nā)といいます。しかし、彼が言わんとしているところは明らかでありまして、ハマダーニーによりますと、「シニフィアン」は、それを通じて人間の意識が、どこまで深く、どれほど広いかわからない不気味な意味の世界、「シニフィエ」の世界、に踏み込んでいくための一つの小さなきっかけ、いわば意味の大海に飛び込んでいくための小さな踏み切り板にすぎないのであります。

このようにしてスーフィーの意識に開けてくる意味の世界は、常識的には理解不可能な奇妙な形を示します。ごく簡単な例でご説明いたしましょう。例えばアラビア語で、「近い」「遠い」という言葉がある。"qarīb" "ba'īd"——"qarīb"というのは「近い」という意味です。"ba'īd"というのは「遠い」という意味。ごく平凡な語であります。

もっともこの一見平凡な語が、イスラームの神学では、術語的にかなり難しい、こみいった意味に使われまして、神が人間から遠いか、近いかというような議論をするときによく出てきます。しかし、普通の意味では――普通の意味というのは、ハマダーニー的に申しますと、「理性の領域」で成立する意味ということですが――、「近い」とか、「遠い」とかいうのは、もちろん二つの事物のあいだの空間的距離、隔たりのことであります。隔たりの大小です。

それが、同じ「理性の領域」の範囲中でも、今ちょっと申しましたイスラームの神学的思考の働く、より深い次元になりますと、ただの空間的隔たりではなくて、内的、実存的な隔たりになる。例えば神は人間から遠い、あるいは人間は神に近い、そういうような形です。要するに比喩的な近さ、遠さ、比喩的な空間性です。信仰の深さ、浅さによって人は神に近いとか、遠いとかいうことになってくる。そういうような意味の次元があります。

ところが、今度は一挙に「理性の向う側の領域」に出ますと、この比喩的な空間性すら消えてしまうのです。実在体験のこの次元では、もう空間上の距離などというものは、比喩的にすら、まったく問題でなくなってしまう。すなわち「近い」、「遠い」の違いが無意味になってくる。これは神秘主義的な実際の体験の事実であります。理屈ではない。近さと遠さが同じになってしまう。とにかく神は人間から遠いといっても、神は人間から近いといっても全く同じことになってしまうのです。

ただし、事実上、「近い」とか「遠い」とかいう語を使うからには、そしてコトバが有意味的であるかぎりは、「理性の領域」で元来それらの語がもっていた意味が痕跡として残る。その点から見て、「理性の向う側の領域」で使われる場合でも、「近い」と「遠い」とが完全に同じ意味である、とは言い切れません。「理性の領域」での意味が、痕跡としてそこに入り込んでいるからです。「理性の領域」で「近い」と「遠い」とが違っていたその違いが痕跡的にその中に入ってきている。だからこの点で両者の区別を完全に消してしまうということはできない。そこで「神は近いけれども遠い、遠いけれども近い、近くて遠い、結局、近くも遠くもない」というような常識的にはまことに奇妙な表現がスーフィーの言語世界には成立するのであります。

要するに、そんなふうに人間の意識そのものが変質してしまっているということでありまして、「近い」、「遠い」という語の意味としては、第一層の文字どおり空間的な隔たりから、第二層の比喩的空間性、つまり精神的な隔たり、最後に第三層の絶対無空間性における二つのものの相互関係にいたるまで、三つの層をタテに貫く全体が同時にその語の意味ということになるのであります。それがハマダーニーの考えている多義性です。

ここでもう一つ顕著な例を挙げて今日の話の終わりにさせていただきます。その例は、アラビア語の khalq という語であります。khalq は「創造」、神の天地創造、神が全存在世界をつくり出すこと、creatio です。

イスラームの信仰において、創造、creatio ということがどんなに重要な概念であるかは申すまでもございません。神が天地万物を創造する、いわゆる「無からの創造」(creatio ex nihilo)です。

同じイスラームでも、ギリシャ系の哲学、前に申しました「ファルサファ」と呼ばれるスコラ哲学、などになりますと、取り扱いが全く違ってきます。スコラ哲学では神を「第一原因」といたします。アリストテレス的伝統特有の考え方です。

われわれの経験的な世界に存在するあらゆるものは必ず原因があって存在する。原因がなくて存在するものは一つもない。あらゆるものはそれぞれ個別的に自分の存在の原因がある。しかし、このような個別的な原因は相対的な原因であって、究極的、絶対的原因ではない。例えば、AはBから出てくる、BはAの原因です。ところが、BはCから出てくる、CがBの原因です。今度はそのCがDから出てくる云々というふうに、原因の系列がずっと続いていく。その相対的原因の系列をどこまでもたどっていくと、この原因系列は、どんな場合でも、最後に必ず絶対的究極的唯一の原因に帰着してしまう、それが神。この意味で神を第一原因と呼ぶのであって、これがスコラ哲学の神の考え方です。

これはアヴィセンナ(Avicenna)——西洋の中世哲学に親しんでいらっしゃる方はご存じと思いますが、アヴィセンナ、アラビア語のもとの名前では、イブン・スィーナー(Ibn Sīnā)、アラビア人ではなくイラン人です。彼の作品がラテン語に翻訳されたときに、イブン・スィーナーという名がアヴィセンナというふうにおかしななまり方をして入ってきた。これは中世のヘブライ語を通したからです。それは余談ですけれども——の、世に有名な原因論であります。神の万物天地創造ということをスコラ哲学がどう考えるか、を典型的な形で示しております。

ところが、ハマダーニーに言わせますと、哲学としては、こんな考えは実にひ弱な、脆弱《ぜいじゃく》な思想である。それでは、このような原因論的創造論のどこが弱いのかと申しますと、結局、創造という神の行為を一つの時間的出来事としてしか見ることができないからであります。これでは創造の表面しか見ていない。

ということは、ハマダーニーの術語で申しますと、いわゆる「理性の領域」だけで「創造」という語の意味を理解しているにすぎない。ところが、本当は語の意味というものは、重層的にタテの多義性を本質とするものであって、「理性の領域」だけに限って理解することはできない、というのです。

「理性の領域」、すなわち常識的な立場では、たしかに神の天地創造は時間的事件であります。今まで存在していなかったものを神が存在に引き出してくる。この神の行為は時間的にしか考えることができない。

ところが、「理性の向う側の領域」までいって考えますと、「創造」という語の意味がガラッと変わってしまう。「理性の向う側」に出て、その立場から事態を眺め直してみると、まず気がつくことは、いわゆる存在が、実は存在ではなくて、無なのだということです。そういう矛盾的事実がある。

神が無から事物を存在に引き出してくる、神が今までなかったものを存在させるとかいいますけれども、それは「理性の領域」的見地特有の見方であって、本来的には依然として何物も存在してはいない。何物も無から出てきたりはしない。出てきたものは、有ではなくてやはり無なのである。そういう考えなのです。

存在的世界に存在しているもの、存在していると思われている万物は、本当は徹頭徹尾無なのである。この次元で本当に存在しているのは神一人だけ。他の何物も実は存在してはいない。しかも「理性の向う側」は無時間的次元であります。唯一の存在者である神が、それ自体では存在でない、つまりそれ自体では非存在あるいは無であるようなものに向かって立っている。神と万物とのこのいわば偏頗《へんぱ》な無時間的関係が「創造」という語のこの次元での意味だとハマダーニーは言うのです。

これを、ハマダーニーは『コーラン』の第二章一一五節、その他に出てくる「神の顔」(wajh Allāh) という表現に引っ掛けて理解いたします。唯一の存在する神が、本来的には無である万物のほうに顔を向けている。神に顔を向けられることによって、本来は存在していない万物が、あたかも存在しているかのごとき姿をとって現われてくる。この関係は全く一方的であって、相互的ではない。つまり神は万物に顔を向けているが、逆に万物のほうでは神に向けるべき顔をもっていない。だが、神が顔を向けているそのことによって、あたかも万物も神に向かって己れの顔を向けているかのごとき姿を見せる。それが神と世界との存在関係であり、このきわめて特殊な関係を「創造」と呼ぶのであります。

「創造」はここでは時間的展開とは何のかかわりもありません。無時間的関係であります。この「創造」の無時間性をハマダーニーは人間の書く手紙にたとえて説明いたします。彼の『書簡集』の一節に出てくることなのですが――私が誰かに手紙を書こうと思い立って筆をとる。第一の字を私は書く。次の字を書く。第一行を書き終わって、第二行を書く。そうして最後の行の最後の文字を書き終わって手紙が完了する。神の世界創造を時間的事件として見るアヴィセンナのような人にとってはこんなぐあいなのであります。

手紙を書こうという私の決意、私の意図が第一原因であって、そこから今まで無であった文字が、次々に存在に出てくる。これは「理性の領域」での見方。ところが、「理性の向う側」の立場からいうと、手紙はもう初めから書かれてそこにあるというのです。書かれる前から書かれてそこにある。

神が存在するというただその一事で世界がそこにある。そこでは手紙の最初の一行も最後の行も、最初の一字も最後の一字も全部まったく同じ資格で「神の顔」の前に立っている。というより、「神の顔」によってそこに仮象的に存在させられている。最初の文字が最後の文字より時間的にも空間的にも先にあるということはない。もし時間空間的に考えるなら、すべての文字が一挙に同時に、そしてその源から等距離に存在しているというのであります。それが「創造」の事態である。

とはいっても、「創造」の時間性をまったく否定してしまうわけではありません。「理性の領域」では、あくまで時間的事件なのですから。ただ、「理性の向う側」では、それが無時間的関係として現われるということなのであります。そして「創造」、アラビア語の khalq という語の意味は、この両方にまたがっている、あるいはこの両方を貫いている、とハマダーニーは主張するのであります。

「創造」は時間的出来事としては、われわれが常識的に理解しているような意味ですが、これを無時間的次元まで掘り下げて、無時間的関係として考えると、普通常識的にわれわれが「創造」という語で理解するものとは似ても似つかない意味となって現われてきます。しかし、それでもなお、これは「創造」という語の意味であるとハマダーニーは言うのです。つまりこの二つを同時に合わせ、両方をタテに貫くものが「創造」という語の意味なのであるという考えです。

この第一レベルの意味は、「理性の領域」での意味、第二レベルの意味は、「理性の向う側」での意味です。第二レベルの意味は、スーフィー的観想体験によって初めて現われてくる意味、普通は隠れて見えない意味であるというところに、ハマダーニーの意味論の大きな特徴があります。

以上、二つ、三つの例でごく簡単なご説明をいたしましたが、ともかくハマダーニーのスーフィー言語論の精神だけはなんとかご理解願えたのではないかと思います。コトバに対するこのようなアプローチを一般言語理論にまで拡大し、展開するためには、

「創造」というような特殊な語だけではなくて、ある一つの言語、アラビア語ならアラビア語、英語なら英語、の語彙全体に、ハマダーニーの意味二重構造理論、あるいは多層構造理論の原理を適用していかなくてはならないわけでありますが、それはイスラーム哲学とは関係ないことであります。

イスラーム哲学としては、むしろ、「創造」とか、「神」とか、「世界」とか、それに類するイスラームのキーワードの意味を、一つ一つの語について、またそれらの全体的関連性において探究していかなければならない。そういうふうにしてイスラームの主要概念を表わす一切のキーワードをハマダーニー的意味多層性原理で解明し尽したときに、それがハマダーニーの構想によるイスラーム哲学ということになると思います。

そういうことがもしできたら、大変面白いと思うのでありますが、現在のところ、それは将来に向かっての課題にすぎません。

大変雑駁なお話をいたしましたが、このくらいで終わらせていただきます。

七　意味分節理論と空海
——真言密教の言語哲学的可能性を探る——

思想史、哲学史の専門家たちは、当然、過去の思想家の誰彼を取り上げて研究する。カントの専門家があり、ヘーゲルの専門家がある。それが「学問」というものであるからには、誰もそれに文句を言う人はいない。しかし、そういう専門的研究家たちとは別に、自ら創造的に思索しようとする思想家があって、この人たちも、研究者とは全然違う目的のために、過去の偉大な哲学者たちの著作を読む。現在の思想文化が、過去の思想的遺産の地盤の上にのみ成立しているものである以上、これもまた当然のことだ。こうして現代の創造的思想家たちも、己れの哲学的視座の確立のために、あるいは少なくとも、強烈に独創的な思索のきっかけとなるであろうものを求めて、過去を探る。現代ヨーロッパの思想界ではこの傾向が特に目立つ。それをテクストの「読み」という。過去のテクストの「読み」を出発点として、その基盤の上に思惟の創造性を求めることは、現代西洋哲学の一つの顕著な「戦略」である。

厳密な文献学的方法による古典研究とは違って、こういう人達の古典の読み方は、あるいは多分に恣意的、独断的であるかもしれない。結局は一種の誤読にすぎないでもあろう。だが、このような「誤読」のプロセスを経ることによってこそ、過去の思想家たちは現在に生き返り、彼らの思想は溌剌たる今の思想として、新しい生を生きはじめるのだ。ドゥルーズによって「誤読」されたカントやニーチェは、専門家によって文献学的に描き出されたカントやニーチェとはまるで違う。デリダの「戦略的」な解釈空間にたち現われてくるルソーやヘーゲルは、もはや過去の思想家ではない。

西洋思想界のこのような現状に比べれば、東洋思想、東洋哲学の世界は沈滞している、と言わざるを得ない。勿論、研究者の数は多い。現に日本でも無数の専門家たちが、今も昔も変りなく、東洋思想の貴重な文化的遺産を、孜々《しし》として研究している。だが、それらの思想文化の遺産を、己れの真に創作的な思惟の原点として、現代という時代の知的要請に応じつつ、生きた形で展開しているといえるような、つまり東洋哲学の古典を創造的に「誤読」して、そこに己れの思想を打ち建てつつあるような、独創的な思想家は、残念ながら我々のまわりには見当らない。現代日本の知の最前線にある思想家たちが、自分の思索のためのインスピレーションを求めて帰っていく古典は、例えばマルクスでありニーチェでありヘーゲルであって、東洋哲学の古典ではないのだ。

長い年月を経、広大な地域に拡がる東洋思想の様々な伝統には、多くの貴重なものが包含されている。しかし、東洋思想界の現状では、それらは、あたかも古色蒼然《こしょくそうぜん》たる寺院の宝物殿の奥深くひそかに荘厳《しょうごん》されたまま伏蔵されている宝物のように、現代に生きる人々の若い心から遠い。伝統的思想文化の遺品を、昔ながらの視角から、昔ながらの方法で研究していくことは、無論、大事だが、しかしそれだけでは、どれほど研究を積み重ねても、生きた現代の哲学は、そこから生れてはこないだろう。

旧来の思想の構造解体が云々され、新しい知のパラダイム、新しい「エピステーメー」が、全世界的に、切実な要求となりつつある今日、我々東洋人も、己れの思想的過去を現代的思想コンテクストの現場に曳き出して、そこに、その未来的可能性を探ってみようとする努力を、少なくとも試みるべきではないだろうか。私がこれから語ろうとしている真言密教、空海の思想も、そのような知的操作に値する、あるいは、それを必要とする、重要な東洋的文化財の一つである。

真言密教をいま言ったような方向性において捉え、それを現代的思想のテクスチュアのなかに織り込んだ場合、それは一体どのような意義を帯びてくるであろうか。この点で先ず注意されなければならないことは、この思想体系の全体を支配する根源的に言語哲学的な性格である。勿論、真言密教なるものは、それ自体、実に複雑な構成をもつ、多重多層、かつ多面的複合体であって、言語の一事をもって一切を覆い尽せるようなものではない。だが、真言密教は、要するに真言密教である。「真言」(まことのコトバ)という名称の字義どおりの意味が、それのコトバの哲学としての性格を端的に表明している。この意味ではコトバは決して真言密教の一側面ではない。コトバが全体の中心軸であり、根柢であり、根源であるような一つの特異な東洋的宗教哲学として考えることができる——あるいは、少なくともそう考えなければならない——思想体系であるのではないか、と私は思う。

他方、現代世界の思想状況に目を転じてみると、コトバにたいする異常な関心に、我々は出合う。事実、ヨーロッパの学界に構造主義が現われて以来、いわゆるポスト構造主義の隆盛期を経て、さらにその彼方への超出すら考えられている現在に至るまで、言語および言語的なるものが、思想界のあらゆる分野における人々の関心を圧倒的に支配してきた。西欧だけではなく、日本の思想界もまた。東西の別なく、今日我々が特に現代的と感じている思想の前衛的部分については、言語あるいは記号に関説することなしには、何事も語ることができず、何事も理解することができない。それが現代的人間の思想コンテクストである。問題は、このような思想コンテクストの舞台に、真言密教の言語哲学が登場するとき、それは何を告げ、何を語るであろうか、ということだ。

真言密教は、千年の長きにわたって、コトバの「深秘《じんぴ》」に思いをひそめてきた。コトバの深秘学。この特異な言語哲学は、第一義的には、コトバの常識的、表層的構造に関わらない。表層的構造の奥にひそむ深層構造とその機能とを第一義的な問題とする。人間言語の秘密をその究極の一点まで、それは追求していこうとする。我々の日常的生活のレベルで、かまびすしく響動するコトバが、その究極の深層において、そもそもいかなる本性を露呈するであろうか、いかなる機能を発揮するであろうか、それを、このコトバの深秘学は実体験的に探ろうとする。真言密教のこのような特異な言語哲学が、現代世界の言語中心的思想動向に無意味であろうはずがない、と私は考える。コトバの深秘についての真言密教の省察は、取り扱いのいかんによっては、現代思想の広場で、一種のアヴァンギャルド的言語哲学にまで展開する潜在能力をうちに秘めている。もとより、私自身にそこまで行ける才がないことはわかっているが、少なくともそのような線にそって、以下、真言密教の言語哲学的展開可能性の射程を、できるところまで、理論的に追求してみようと思う。

本論の表題そのものによって明示されているとおり、私がここで理論的にと言うのは、より具体的には、意味分節理論の観点から、ということである。すなわち、真言密教の言語哲学を、現代的な思惟の次元に移して展開するために、私はそれを意味分節理論的に基礎づけることから始める。そして、この目的のために、その第一歩として、先ずコトバに関する真言密教の思想の中核を、「存在はコトバである」という一つの根源命題に還元する。

「存在はコトバである」。あらゆる存在者、あらゆるものがコトバである、つまり存在は存在性そのものにおいて根源的にコトバ的である、ということをこの命題は意味する。一見して明らかなように、こういう命題の形に還元された真言密教は、もはや密教的ではない。宗教的ですらない。「真言」という観念を、一切の密教的、宗教的色づけを離れて、純粋に哲学的、あるいは存在論的な一般命題として提示するにすぎない。そのような純粋に哲学的な思惟のレベルに移置しておいて、その上で「真言」(まことのコトバ)ということの意味を考えなおしてみようというのである。

だが、それにしても、「存在はコトバである」というこの命題は、具体的には一体どんな事態を言い表わそうとしているのだろうか。始めから無意味な戯言《たわごと》として一笑に付してしまうなら話は別だが、いやしくもこの命題はなんらかの真理を言い表わしているはずだという有意味性の仮定の上に立って、それでは、その真理は何であろうかと考えようとすると、たちまち困難にぶつかってしまう。少なくとも常識的には、そういうことになるのだ。

元来、常識では、存在とコトバとの関係をこんなふうには考えていない。コトバと存在とは、それぞれ独立の観念系統をなしているのであって、両者の間にはせいぜい相応関係が成立するにすぎない。存在が、即、コトバである、つまり、この経験世界に存在するありとあらゆる事物事象、いわゆる森羅万象、がことごとく、本当はコトバなのであるなどと考えるのは、完全に非常識である。

それればかりではない。存在とコトバとの間に対応関係があるにしても、常識的存在論、常識的認識論の立場から見るなら、両者の間には、順位上のずれがある。というのは、存在、つまりものが、どうしてもコトバに先行すると考えざるを得ないからだ。先ずものがある、それをコトバが命名する、あるいは指示する、のであって、その逆ではない。そう考えるのが、我々の常識としては、ごく自然な考え方なのである。

ところが、いま、「存在はコトバである」という命題の立場は、まさにこの常識的見解の逆を主張する。つまり、コトバが存在に先行し、そういう順位で存在とコトバとの間に同定関係が成立する、というのだ。

我々の普通の経験的事実としては、事物事象の世界、いわゆる存在世界、は客観的にそれ自体で独立して、我々の目前にひろがっている。森羅万象は、第一次的には、コトバと関係なしに存立する。それらを様々に名づけ、あるいは既成の名によって指示することは、事物事象の客観的存立そのものから見れば、人間の側の第二次的な操作にすぎない。常識的人間にとっては、それは疑いの余地のない事実である。

「存在はコトバである」という立場を取る非常識な人に言わせると、常識的人間のこのような「事実」は、存在の表層風景にすぎないのであって、事の真相(深層)はそれとは全く違う。表層風景としては、たしかにそれ自体で自立的にそこにあるかのように存在世界が現象している。しかしそれは、実は、全体としても、またそれを構成する個々の事物としても、すべて根源的にコトバ的性質のもの、コトバを源泉とし、コトバによって喚起され定立されたもの、つまり簡単に言えば「コトバである」のだ、という。明らかに常識に反するこのような主張を、どう了解したらいいのか。この問題を考究することは、我々を意味分節理論の領域に導き入れる。そして、それを通じて、真言密教の言語哲学の中核に、我々は近づく。

このように真言密教の言語哲学を、意味分節理論との関連において理解しようとするのであるからには、まず何を措いても意味分節理論なるものを略述するのが順序であろうが、しかしそれに先立って、真言密教そのものの側に、ちょっと考えておかなければならないことがある。それは、真言密教が本来的、第一義的に問題とするコトバというものが、我々の普通に理解している言語とは違って、いわばそれを一段高いレベルに移したもの、つまり異次元の言語であるということである。

そのことの一つの証拠として、私は空海の説く「果分可説」の理念を考える。「果分可説」とは、空海が『弁顕密二教論《べんけんみつにきょうろん》』のなかで、密教を、すべての顕教から区別する決定的な目じるしとして挙げている重要な思想である。「果分」とは、通俗的な説明では、仏さまがたの悟りの内実ということ。より哲学的なコトバで言えば、意識と存在の究極的絶対性の領域、絶対超越の次元である。コトバの表現能力との関連において、普通、仏教では、この次元での体験的事態を、「言語道断」とか「言亡慮絶《ごんもうりょぜつ》」とかいう。つまり、コトバの彼方、コトバを越えた世界、人間のコトバをもってしては叙述することも表現することもできない形而上的体験の世界である、ということだ。

このような顕教的言語観に反対して、空海は「果分可説」を説き、それを真言密教の標識とする。すなわち、コトバを絶対的に超えた(と、顕教が考える)事態を、(密教では)コトバで語ることができる、あるいは、そのような力をもったコトバが、密教的体験としては成立し得る、という。この見地からすれば、従って、「果分」という絶対意識・絶対存在の領域は、本来的に無言、沈黙の世界ではなくて、この領域にはこの領域なりの、つまり異次元の、コトバが働いている、あるいは働き得る、ということである。

仏教に限らず、およそ止観的、冥想的、ヨーガ的方法による意識の機能次元の転換を事とする精神的伝統の人々は、事実、「コトバの彼方」、「言詮不及」をしばしば口にする。東洋だけではない。西洋でも、ネオ・プラトニズム以来の、いわゆる神秘主義的伝統では、コトバを超えた体験ということが、ほとんど常識として語られる。たしかに、言語脱落は冥想的体験の極限的事態であるように思われる。冥想意識の極所、一切のコトバは脱落し、全ては深々たる沈黙の底に沈みこむ。

だが、真言密教は、たやすくこのような見方を肯定しない。そこに「果分可説」的立場の特異性がある。悟りの境地はコトバにならないと主張して止まぬ通説に対して、悟りの境地を言語化することを可能にする異次元のコトバの働きを、それは説く。コトバを超えた世界が、みずからコトバを語る、と言ってもいい。あるいはまた、コトバを超えた世界が、実は、それ自体、コトバなのである、とも。

注意すべきは、悟りの境地を言語化するといっても、人間が人為的に言語化するというのではないことだ。むしろ、悟りの世界そのものの自己言語化のプロセスとしてのコトバを考えているのである。そしてそのプロセスが、また同時に存在世界現出のプロセスでもある、と。このようなレベルで、このような形で、コトバと存在とを根源的に同定する。それが真言密教的言語論の根本的な特徴である。だから、この立場では、最初に掲げた「存在はコトバである」という命題が、そのままなんの問題もなく成立することは当然でなければならない。

ただし、論述のこの段階では、この命題の密教的真意、すなわち、異次元のコトバと存在との結びつきの内的機構自体は、ほとんど解明されていない。それが解明されるためには、ここで問題となっている異次元のコトバなるものが、どういう根拠の上に考えられるのか、それが言語哲学的にどういう性格の言語現象であるのか、また、顕教的立場——日常的人間の経験的立場はいうまでもなく——では、とうていコトバとは認められないような異次元のコトバが、コトバとして、かつ存在として展開するとは一体どういうことなのか、等々、幾つかの基本的な疑問が、解決されなければならない。

それらの問題については、本論の後半で主題的に論考するつもりだが、ここでは、それに先立って、異次元のコトバに対立する普通のコトバ、すなわち我々の日常的経験次元におけるコトバ、と存在との関係についての意味分節理論的アプローチを略述して、後に続く主題論考への手掛かりを準備しておきたい。

「果分可説」と空海が言う、その「果分」に対立するものは「因分」である。「因分」とは、すなわち、我々普通の人間の普通の経験的現実の世界。我々が通常「コトバ」とか「言語」とかいう語で意味するものは、「因分」のコトバであって、「果分」のコトバではない。両者は、同じくコトバであるにしても、それぞれ成立の場と機能のレベルとを異にする。「果分」的コトバの異次元性の事実については、もはや繰り返し強調するにはおよぶまい。

しかし、他面、「果分」と「因分」とが、まったく別々に存立していて、両者の間になんのつながりもない、というわけでもない。「果分」のコトバは、たしかに異次元のコトバではあるけれど、それだからといって、普通の人間言語とは似ても似つかぬ記号組織であるのではない。それどころか、普通の人間言語が、そこから自然に展開して来るような根源言語として、空海はそれを構想しているのだ。

「果分」の絶対超越的領域に成立し、そこに働くコトバの異次元性を、空海は「法身《ほっしん》説法《せっぽう》」という世に有名なテーゼによって形象的に提示する。「法身説法」——大日如来そのものの語るコトバ。人間の語るコトバと根本的に違うものであろうことは想像するに難くない。ちょうど、大日如来が普通の人間とはまったく次元を異にする存在であるように。

しかし、それと同時に空海は、法身の語るコトバと人間の語るコトバとの内面的連関性を指摘することを忘れない。「コトバの根本は法身を源泉とする。この絶対的原点から流出し、展じ展じて遂に世流布《せるふ》のコトバ(世間一般に流通している普通の人間のコトバ)となるのだ」と『声字実相義《しょうじじっそうぎ》』の一節で彼は言っている。つまり、我々が常識的にコトバと呼び、コトバとして日々使っているものも、根源まで遡ってみれば、大日如来の真言であり、要するに、真言の世俗的展開形態にすぎない、というのだ。

「果分」のコトバが、その異次元性にもかかわらず、「因分」のコトバの究極的原点であり、この意味で「因分」のコトバに直結しているとすれば、「果分」において絶対無条件的に成立する「存在はコトバである」という命題は、「因分」においても、たとえ条件的、類比的にではあれ、成立するであろうことが、当然、予測される。

それでは、「存在はコトバである」というこの命題は、「因分」、すなわち人間の日常的言語の通用する領域において、どのようにして理論的に正当化され、根拠づけられるであろうか。それが当面の問題である。そして、この問題を解決するために、私はここに、意味分節理論を導入する。

　とはいえ、分節理論については、既にいろいろな機会に、いろいろな形で述べ続けてきたので、今またここでその詳細を繰り返すつもりはない。結局、この理論の要旨は、我々人間の言語には、哲学的に最も重要な機能として、現実を意味的に分節していく働きがあるということ——あるいは、より正確には、いわゆる「現実」、我々が普通、第一次的経験所与として受けとめている「現実」は、本当は我々の意識が、言語的意味分節という第二次的操作を通じて創り出したものにすぎない——ということである。

　「分節」(articulation)とは、文字通り、例えば竹の節が一本の竹を幾つもの部分に分けていく、区分けしていくということ。もともと素朴実在論的性格をもつ常識的な考え方によると、先ずものがある、様々な事物事象が始めから区分けされて存在している、それをコトバが後から追いかけていく、ということになるのだが、分節理論はそれとは逆に、始めにはなんの区分けもない、ただあるものは渾沌としてどこにも本当の境界のない原体験のカオスだけ、と考える。のっぺりと、どこにも節目のないその感覚の原初的素材を、コトバの意味の網目構造によって深く染め分けられた人間の意識が、ごく自然に区切り、節をつけていく。そして、それらの区切りの一つ一つが、「名」によって固定され、存在の有意味的凝結点となり、あたかも始めから自立自存していたものであるかのごとく、人間意識の向う側に客観性を帯びて現象する。たんにものばかりではなく、いろいろなものの複雑な多層的相互連関の仕方まで、すべてその背後にひそむ意味と意味連関構造によって根本的に規定される。それがすなわち存在の地平を決定するものであり、存在そのものである。と、大体、このように考えるのである。

以上は、意味分節理論の要点の簡略な叙述であるが、こういう考え方が西洋の思想史で起こってくるのは、それほど古いことではない。たかだか十八世紀後半から十九世紀にかけて、大体フンボルトあたりから現われはじめる比較的新しい思想動向であるにすぎない。これに反して、東洋では、この考え方の歴史は長い。一例をあげると、大乗仏教では、人間の日常的経験世界、いわゆる現象界の事物の本性を説明して、すべては「妄想分別」の所産であるという。唯識系の術語には、「遍計所執《へんげしょしゅう》」という表現もある。つまり、我々普通の人間は、現象的世界を「現実」と呼び、そこに見出される事物を、我々の意識から独立して客観的に実在するものと思いこんでいるけれども、実はそれらは、すべて人間の意識が妄想的に喚起し出した幻影である、というのである。

このコンテクストで、特に「(妄想)分別」という表現が使われていることは注目に値する。「分別」――ふんべつ、ぶんべつ――は「分節」に通じる。つまり、今日我々が「分節」とか「意味分節」とか言っているものと、本質的にはまったく同じことを、この「分別」という言葉は意味しているのだ。しかも、仏教でも、「妄想分別」の源泉として、コトバの意味形象喚起作用を考えている。

だが、一般に大乗仏教は、このような人間意識の意味分節的機能とそれの所産にたいして否定的態度をとる。「遍計所執」は勿論だが、「分別」にしても、ことさらに「妄想」の二字を付け加えて「妄想分別」などという表現を使うこと自体、否定的評価を露骨に表わしている。コトバの意味形象喚起作用に騙《たばか》られて、人間意識は様々なものを作り出し、それらを客観的実在であると思いこむ。この世のすべては、畢竟《ひっきょう》するに言語的妄想の所産、夢まぼろし、空しき虚構。それがすなわち、この世の儚《はかな》さというものだ。

しかるに、同じ大乗仏教のなかにあって、真言密教だけは、例外的に、コトバの意味分節の所産である経験的世界の事物事象の実在性を、真正面から肯定する。なぜだろう。いうまでもなく、コトバにたいする見方が根本的に違うからだ。

真言密教は、顕教のように、コトバというものを、人間の社会生活的レベルで約定化した記号組織としての言語、すなわち、今日の言語学者が普通「言語」と呼んでいるものだけに限定しては考えない。前にも言ったように、それの彼方に、異次元のコトバの働きを見る。現象界の事物事象については、その現出の源泉がコトバの意味分節機能にあることを、真言密教も認めるのであって、この点に関するかぎり、顕教一般と変らない。しかし顕教と根本的に違うところは、現象界でそのように働くコトバの、そのまた源に、「法身説法」、すなわち形而上的次元に働く特殊な言語エネルギーとでもいうべきものを認めることだ。従って、密教的存在論では、我々の経験世界を構成する一切の事物事象は、いずれも経験的次元に働くコトバのなかに自己顕現する異次元のコトバ、絶対的根源語——宗教的用語で言えば大日如来のコトバ——の現象形態ということになる。要するに、すべてのものは大日如来のコトバ、あるいは、根源的にコトバであるところの法身そのものの自己顕現、ということであって、そのかぎりにおいて現象的存在は最高度の実在性を保証されるのである。

とまれ、「法身説法」の言語哲学的解明はこの小論の最終的主題であって、後に詳説することになるので、さしあたりここでは、日常的言語のレベルにおける意味分節理論の、もうひとつの重要な側面に触れておきたい。

西洋の言語学の意味論的発展過程において、意味分節理論がそれほど長い歴史をもたないということは前に書いた。長い歴史をもたないばかりではない。あまり有力な思潮流でもないのだ。この理論が少し極端な形で主張されるたびに、学界はそれに疑いの目を向けてきた。ということは、つまり、「存在はコトバである」という命題を無条件で真理と認めるのに、大抵の人は躊躇《ちゅうちょ》するということだ。なぜそうなのか。

いろいろな原因が考えられるだろうが、なんといっても決定的な原因は、従来の言語学が一般的に、コトバの表層領域を考察の主たる対象としてきたというところにあると思う。コトバの表層領域とは、言語の社会約定的記号コードとしての側面——無論、それに基づいてなされる人間相互間のコミュニケーション、つまり発話行為も含めて——ということ。このような偏向性における言語論は、必然的に、コトバにたいする水平的《ホリゾンタル》なアプローチとなり、人間の言語意識を、いわば深みに向かって掘り下げていく垂直的《ヴァーティカル》なアプローチはほとんど完全に無視される。フロイト派の深層心理学の特殊分野におけるラカンの言語論とか、近年のクリステーヴァの「ル・セミオティーク」の如き注目すべき例外はあるにしても、西洋の言語学の圧倒的大勢は、言語にたいして、いま言ったような意味でのホリゾンタルなアプローチによって特徴づけられる。チョムスキーの語る「深層構造」にしても、深層とはいうものの、それは実はデカルト的な普遍的理念構造を措定するだけであって、依然としてホリゾンタルなアプローチであることに変りはない。

　およそこのような立場を取る人たちにとっては、コトバがものを生み出す、コトバから存在世界が現出する、存在はもともとコトバなのである、というようなことはとうてい考えられない。やはり、なんといっても、先ず世界があり、世界のなかにいろいろなものがあり、それらのものが互いに関係し合い、互いに働きかけ働きかけられる、それをコトバが外側からなぞっていく、ということになってしまう。コトバが意味を通じて存在世界を生み出すということ、すなわち言語的意味の存在喚起機能などというものは、この立場では考えようがない。コトバの存在生産機能の真相を理解するためには、どうしても、コトバが人間の深層意識、あるいは下意識的領域に根源的な形で関わってくるところまで、いわば垂直に降りていって、そこに働く意味生成のエネルギーの現場を捉える、そういうところから考えなおさなくてはならないのである。

　現代の言語学者は、社会的記号コードとしての言語《ラング》の対立項というと、すぐ発話行為《パロール》を考えるのを常とする。ラングとパロールとは相関的、相補的概念だ。しかし本当は、ラングとパロールとをそのまま表面的に並べる前に、ラングの底に伏在する深層意味領域というものを考えなければならない。そうしてこそ、はじめて、いわゆる意識の「太古」の薄くらがりのなかから立ち現われてくるパロールの創造性の秘密も理解できるのではないか、と私は思う。

ソシュール以来の言語学——より一般的には記号学——では、すべて記号なるものは、音声表象(シニフィアン、能記)と意味表象(シニフィエ、所記)の二面統合体として措定される。この学問では、これはごく初歩的な常識だが、深層的意味エネルギーの問題に関連して私が特に、ここで指摘しておきたいことは、シニフィアンとシニフィエとの間に、時として著しい形で看取される不均衡性である。事実、古来多くの人々——わけても人いちばい感受性の鋭敏な詩人、宗教家、神秘家など——が、この不均衡性を実体験してきた。さし当って、本論のこの個所で、いま問題になるのは、シニフィアンの側に起こる異常体験(それについては後述)ではなくて、シニフィエの側に起こる異常事態、すなわち、人がよく、コトバの意味的側面に感知する底知れぬ深淵のごときもののことである。ルドルフ・オットーなら、きっと「ヌミノーゼ的なもの」と言うだろう。身の毛もよだつばかり恐ろしく、しかも抗《あらが》い難い力で人を魅惑するもの、要するに、意味体験のかぎりなき深み、ということだ。このような意味体験が生起する、あるいは生起し得る内的な場所を、構造モデル的に、言語意識の深層領域として措定するのである。

勿論、いま言ったような事態は、深層意味体験としても極端な場合だが、これほど特殊でない形でならば、本当は誰の言語意識にも起こっている。ただ、違いは、それをはっきり自覚しているか、気づかずにいるか、それとも、気づいてもさして重要なこととは感じないか、というだけのことだ。

もともと我々の言語意識の表層領域は、いわば社会的に登録ずみの既成のコトバの完全な支配下にある。そして既成のコトバには既成の意味が結びついている。既成の意味によって分節された意識に映る世界が、すなわち我々の「現実」であり、我々はそういう「現実」の只中に、すこぶる散文的な生を生きている。

しかし、いったん言語意識の深みに目がひらけて見ると、存在秩序は一変し、世界はまるで違った様相を示しはじめる。言語意識の深層領域には、既成の意味というようなものは一つもない。時々刻々に新しい世界がそこに開ける。言語意識の表面では、惰性的に固定されて動きのとれない既成の意味であったものでさえ、ここでは概念性の留金を抜かれて浮遊状態となり、まるで一瞬一瞬に形姿を変えるアミーバーのように伸び縮みして、境界線の大きさと形を変えながら微妙に移り動く意味エネルギーの力動的ゲシユタルトとして現われてくる。

言語意識の表層領域で、例えば、「山」といえば、ごく普通の、平均的な、ありきたりの山しか意味しない。それは概念的輪郭線のなかに惰性的に固定されていて、なかなか動こうとはしない。強いて動かすためには、何か特別の修辞学的操作を必要とするほどだ。ところが深層領域では、それはもう山という固定したものではない。そこには、遊動的で、不断に姿を変えてやまぬダイナミックな意味エネルギーの流れが、なんとなく山という意味、あるいは漫然と山的なもの、山らしきものに向かって焦点をきめようとしている、とでもいうような意味生成の過程的状態が見られるだけである。

『周易』(易経)の八卦《はっけ》の一つ、「艮《ごん》」にその具体的な一例がある。「艮」とは上に陽爻《ようこう》を一つ、その下に二つの陰爻を重ねた陰陽のコンビネーション(☶)で、山を記号的に表わす、すなわち山を意味する、と言われている。が、勿論、「説卦伝《せっかでん》」の説明を見ればすぐわかるとおり、表層的な意味での山では、決してない。強いて言えば、漠然と不決定的に、「山」的な何か、あるいは「山」的なエネルギーの遊動、を表わす、とでも言うほかはないようなもの。要するに、右に説明したような深層的意味としての「山」なのである。

ついでながら、『易』の記号体系は、陰陽二気の「八卦」的展開レベルにおいて、宇宙の万物万象を、八つの元型的な深層的意味形象に還元して提示しようとする注目すべき試みを示す。「八卦」とは、具体的には「乾《けん》」(☰)、「坤《こん》」(☷)、「震《しん》」(☳)、「巽《そん》」(☴)、「坎《かん》」(☵)、「離《り》」(☲)、「艮《ごん》」(☶)、「兌《だ》」(☱)。「乾」は天、「坤」は地、「震」は雷、「巽」

は風、「坎」は水、「離」は火、「艮」は山、「兌」は沢に当るとされているが、これら「八卦」の意味する天なり地なり、その他の自然物は、決して我々が常識的に考える自然物ではない。そうではなくて、それぞれの陰陽三爻の組合せからなる記号形象が、我々の意識の深みに喚起するきわめて浮動的で柔軟な意味ゲシュタルトであり、なんらかの漠然たる方向に向かって凝集していこうとしている意味エネルギーの傾向性なのである。

記号素(陰陽)としても、個々の記号(陰陽の組合せ)としても、構成要素が具象的決定性を欠いている、そしてその意味で著しく形式的抽象度の高い『易』の記号体系は、「八卦」的展開レベルを超えて、「六十四卦」レベルの全展開の段階に至っても、固定した表層的意味は生み出さないのであって、どこまで行っても深層的意味特有の浮遊性を脱却しない。「八卦」にくらべて「六十四卦」は、それだけ表層化している、というわけではないからだ。

これに対して、コトバの場合は、明らかに表層的意味の具象的固定性というものがある。それが、すなわち通常のシニフィアン・シニフィエ関係の支点なのだし、またそうでなければ、社会的記号コードとしての言語《ラング》が成立するはずもない。だがそれでも、さきほどの「山」の例でもわかるように、表層的シニフィエの底辺部には、広大な深層的シニフィエの領域が伏在している。そればかりではない。言語意識の深層には、まだ一定のシニフィアンと結びついていない不定形の、意味可能体の如きものが、星雲のように漂っているのだ。まだ明確な意味をなしていない、形成途次の、不断に形を変えながら自分の結びつくべきシニフィアンを見出そうとして、いわば八方に触手を伸ばしている潜在的な意味可能体。まさに唯識の深層意識論が説く「種子《しゅうじ》」、意味の種《たね》だ。既に一定のシニフィアンを得て、表層意識では立派に日常的言語の一単位として活躍しているものと、いま言ったような形成途次の流動的意味可能体と、無数の「意味」が深層意識の底に貯えられている。

そういう角度から見た深層意識を、私は唯識の術語を借りて「言語アラヤ識」と呼んでいるのだが、とにかく、日常的意識の下で互いに複雑に縺れ合い絡み合いつつ混在するそれらの「意味」の発散する気の如きものが、我々の表層意識の認識機構に働きかけ、我々の原初的感覚体験のカオスを様々に区切り、それらの区切りの一つ一つが、あるいは明確な、あるいは漠としたものという存在形象を生み出していく。そして、それらの様々に明確度を異にする存在形象が、意識の向う側に、いわゆる客観的存在世界の地平を描き出す。そうであるからこそ、いわゆる客観的世界は、常に茫漠として捉え難い不分明性の濃密な辺暈に包まれた形で我々の眼前に現出しているのだ。客観的とはいっても、この世界のなかに見出される事物事象は、決して、すべてが明確な輪郭線でくっきり他から区別されているわけではない。と言うよりむしろ、輪郭のはっきりしないものの方が遥かに多い。要するに、我々の言語意識の深層に遊動する「意味」が、様々に異なる形、様々に異なる度合において、存在喚起的エネルギーとして働いている、ということだ。

我々が日常使っているコトバにも、その社会制度的表層の下に、深層的意味の領域があること、そしてまた深層的意味が存在喚起能力、あるいは存在創造的機能とでも呼ぶべき根源的な力を発揮するものであるということを、以上、私は意味分節理論の立場から略述した。だが、本論の主要テーマにとって、より重要なことがある。それは、コトバの存在喚起エネルギーが、通常の経験的次元だけの問題ではなくて、実は、言語意識の表層と深層とをともに含む全体を、さらに超えた異次元のコトバのレベルにまで遡及《そきゅう》していく、ということである。少なくとも真言密教や、それに類する他の東洋的言語哲学はそう主張する。それらの思想伝統の所説に従って、意味と存在との結びつきを、異次元的根源まで辿っていったなら、そこにどんな事態を人は目睹《もくと》するだろうか。それがここからのテーマとなる。

異次元のコトバ――それの第一の特徴は、これまで日常的言語に関連して述べてきた意味の存在喚起エネルギーが、人間的生の地盤を離れて、雄大な宇宙的スケールで考えられるということである。コトバは、ここでは、宇宙に遍満し、全宇宙を貫流して脈動する永遠の創造的エネルギーとして現われる。常識的人間にとっては、これはたんなる想像、あるいは空想にすぎないかもしれない。しかし、ある種の人々にとっては、これはまさしく生きた実在感覚なのである。異次元のコトバの哲学を真剣に提唱する人々には、その哲学的思惟の根柢に、こういう一種の異常な実在感覚がある。その実在感覚の圧倒的な力が、この人たちに、宇宙的スケールの創造力、全宇宙にひろがる存在エネルギーのようなものを、どうしても構想させずにはおかないのだ。

だが、勿論、この種の実在感覚があるからといって、誰もがそれをコトバと結びつけて考えるとはかぎらない。例えば、『易』の形而上学は、コトバよりもむしろ陰陽の気のエネルギーを考える。いわゆる「数」象徴主義の人たちは、「数」を神聖視して、それを宇宙的存在喚起エネルギーと見る。人格的創造主としての神を宇宙の始源に立てて、その創造的意志を存在喚起エネルギーと考える人もある。宇宙的大生命、全宇宙にみなぎる悠久の生命の流れについて語る人もいる。このように、根源的感覚は同じでも、それを具体的に表象し、理論化する仕方は様々である。

『荘子』の「天籟《てんらい》」の比喩を、私はこの点で特に興味深いものと思う。言うまでもなく、「内篇」第二、「斉物論《せいぶつろん》」に見出される世に有名な比喩だ。

無限にひろがる宇宙空間、虚空、を貫いて、色もなく音もない風が吹き渡る。天籟。この天の風が、しかし、ひとたび地上の深い森に吹きつけると、木々はたちまちざわめき立ち、いたるところに「声」が起こる。

この太古の森のなかには、幹の太さ百抱えもある大木があり、その幹や枝には形を異にする無数の穴があって、そこに風が当ると、すべての穴がそれぞれ違う音を出す。岩を噛《か》む激流の音、浅瀬のせせらぎ、空にとどろく雷鳴、飛ぶ矢の音、泣きわめく声、怒りの声、悲しみの声、喜びの声。穴の大きさと形によって、発する音は様々だが、それらすべての音が、みな、それ自体ではまったく音のない天の風によって喚び起こされたものである、という。

『荘子』全篇のなかでも、その文学性の高さにおいて屈指の一節、これを読んで、空海の著作中のいくつかの個所を憶い出すのは私だけではないだろう。例えば、「内外《ないげ》の風気、纔《わず》かに発すれば、必ず響くを名づけて声というなり」(『声字実相義』)。また同じく『声字実相義』の、あの有名な言葉、「五大にみな響あり、十界に言語《ごんご》を具す」。地・

水・火・風・空の五大、五つの根源的存在構成要素は、普通は純粋に物質世界を作りなす物質的原質と考えられているのであるが、それが、実は、それぞれ独自の響を発し、声を出しているのだ、という。すなわち、空海によれば、すべてが大日如来のコトバなのであって、仏の世界から地獄のどん底まで、十界、あらゆる存在世界はコトバを語っている、ということになる。空海の著作のなかに、これに類する思想を述べた文章は少なくない。

もっとも、荘子は、天籟を明示的に宇宙的コトバと同定しているわけではない。様々な地上の事物、すなわち現象的多、の存在次元が、それの源泉である「音のない」、つまり現象以前の、絶対的一とどのように関係しているのかを、鮮烈な詩的形象で描いているだけだ。ただ、それを描くに当って、現象的多のそれぞれの存在性の主張を、それらの発する声または響としていること、そして特に、それら万物の響と声の源として、それ自体は無色透明、なんの音もなくなんの声もない、しかしまた、いかなる音、いかなる声にでも転成し得る天の風なるものを措定したことに、私は、真言哲学との関連において、すこぶる意味深長なものがあると思う。

「天籟」は「地籟」に対立する。地籟、地上に吹き荒れる風、の喧擾《けんじょう》に対して、天籟、天の風、の音は人間の耳には聞えない。だが、人間の耳にこそ聞えないけれど、ある不思議な「声」――声ならぬ声、音なき声――が虚空を吹き抜け、宇宙を貫流しているのだ。

この宇宙的「声」、宇宙的コトバの巨大なエネルギー、は一瞬の休みもなく働いている。それなのに、その響は我々の耳には聞えてこない。なぜ聞えないのか。宇宙的存在エネルギーとしてのコトバは、それ自体では、まだ絶対無分節の状態にあるからである。絶対無分節のコトバは、そのままではコトバとして認知されない。だが、他面、この無分節のコトバは、時々刻々、自己分節を続けているのだ。自己分節して、いわゆる自然界に拡散し、あらゆる自然物の声として自己顕現し、さらにこの宇宙的意味分節過程の末端的領域において、人間の言語意識を通り、そこで人間の声、人間のコトバとなる。

このように自己分節の過程を経て「耳に聞える」万物の声となり、人間のコトバとなる以前の、絶対無分節態における宇宙的コトバ、「コトバ以前のコトバ」、は、前述した分節理論の見地からすれば、当然、あらゆる声、あらゆるコトバの究極的源泉であり、従ってまたあらゆる存在者の存在性の根源でなければならない。こういう意味での存在の絶対的根源としてのコトバを、真言密教は大日如来あるいは法身という形で表象する。「法身説法」とは法身の説法《ことば》を意味するが、しかしそれ以前に、むしろ、法身が説法《ことば》である、ことを意味するのだ。

真言密教の法身に当るものを、東洋のほかの宗教伝統では神、または神に相当するものとして表象する。神がコトバで世界を創造したという思想は、『旧約聖書』の「創世記」をはじめ、その他いろいろな民族の宇宙生成神話によく見られる考え方で、それほど珍しくないが、神(あるいは神に相当するもの)がコトバであるというのは、かなり特異な考え方である。ヒンドゥー教の聖音「オーム」崇拝はその典型的な一例。また、もっと一般的に、古代インドでは、『ヴェーダ』時代、早くも「コトバ」(ヴァーチ vāc)を形而上的最高原理とする思想が明瞭な形で現われており、経験的世界を超越しながら、全経験世界の根源——つまり、万有を生み、万有に遍在し、万有の存在性を保持する究極的存在エネルギー——としてコトバが至高の位置を占めている。

なお、この思想は、後にミーマーンサ学派の「字音《ヴァルナ》」崇拝を経て、ヴェーダーンタ学派の哲学者バルトリハリ(Bhartṛhari 西暦五世紀)に至り、コトバを「ブラフマン」と同定する「声《こえ》ブラフマン」(śabda-brahman)の壮大な言語哲学にまで展開する。「声ブラフマン」説とは、要するに一切存在の絶対的原点としての「ブラフマン」を、本性上、コトバ的なものとする立場である。ここではコトバこそ「ブラフマン」のリアリティとされ、結局、「ブラフマン」はコトバである、とされる。従って、コトバは、真言密教の場合と同じく、存在世界現出の形而上的根源とされるのである。

構造的にこれとまったく同じ型の言語観は、インド以外にも、例えばユダヤ教やイスラームのように、真言密教と歴史的関係のまったくないセム系統の一神教のなかに、著しく真言密教の言語哲学に近い形で現われる。東洋思想の一つの普遍的な思想パターンとして、真言密教の理解に資するところ大であると思うので、以下、やや詳しく論述しておきたい。

先ずイスラームの場合。イスラームの特徴的な思想の一局面として、「文字神秘主義」または「文字象徴主義」の名称で世に知られた言語・存在論がある。英語では、よくletter symbolism などというが、原語では ḥurūfiyah という。前半の ḥurūf は ḥarf の複数形で、「文字」とか「アルファベット」の意。後半の iyah は何々「主義」という意味。合わせて ḥurūfiyah は、大体、「文字主義」、あるいは「文字絶対主義」とでも訳すのが適当だと思う。とにかく、これは西暦十四世紀、イスラームの歴史としては比較的初期、イランの北方に現われた一人のきわめて独創的な思想家、ファズル・ッ・ラー(Faḍlul-lāh, 1339/40–1394)が興した学派である。時、あたかも蒙古侵入時代に当り、始祖ファズル・ッ・ラーは、モンゴル朝の支配者、帖木児《チムール》の息子ミーラーンシャーに捕らえられ、異端者として処刑された。胴体は猛犬どもに咬み裂かれ、首はドブに投げこまれるという悲惨な最期だったが、彼の思想は強力な思想潮流となって、その後も長くイスラーム思想界を騒然たらしめた。彼を信奉する人々は、彼を神として崇めたのであった。

ファズル・ッ・ラーの所説は、およそ次のとおりである。万物が存在し、我々自身が現に存在しているこの世界、我々が物質界と呼んでいる世界、は四つの元素から構成されている。四つの物質的元素とは、地・水・火・風であって、真言の「四大」に当る。もっとも、空海はこれに空を加えて「五大」とし、それにさらに識を加えて「六大」とするが、視野を四大に限っても、普通、顕教が物質的な要素とする地・水・火・風を空海は法身の「徳」、すなわちそれぞれ法身大日如来の特殊な存在エネルギーの表われと考え、決して純粋に物質的世界の純粋に物質的な構成要素とは考えない。それと同じくファズル・ッ・ラーにとっても、地・水・火・風は「神の声」であって、純物質的な元素ではなかった。

ファズル・ッ・ラーによれば、力動的に働いてやまぬ四元素が触れ合い、ぶつかり合うとき、その衝撃で響を発する。響は、すなわち、四元素の「声」であるという。四元素が、動いても互いにぶつかり合わなければ、「声」は発出しない。と、いうことは、ただ「声」が実際に我々の耳には聞えないということにすぎないのであって、実は元素間に衝突が起こらなくとも、「声」はいつでも現に起こっている。この万物の響、万物の「声」こそ、ほかならぬ神のコトバなのである、と。前に引用した空海の「内外の風気、纔かに発すれば、必ず響くを名づけて声という」とか、同じく『声字実相義』で「四大相触れて音響《おんこう》必ず応ずるを名づけて声という」などの言葉を彷彿させる。この「声」の究極的源泉を、空海のように大日如来と呼んでも、ファズル・ッ・ラーのように神《アッラー》と呼んでも、もうここまで来れば、まったく同じことだ。とにかく、ファズル・ッ・ラーにとっては、いわゆる物質は、実はすべて神の声であり、神のコトバなのである。

ファズル・ッ・ラーの構想する「神のコトバ」の観念は、その内的構造において、真言密教の言語哲学に驚くほど似ている。要約すれば彼は次のように説く。我々が生きているこの経験的世界の事物は無常で儚い。あらゆるものが、一瞬一瞬、変化しつつ流れて行く。本質的に無常なこの世界が、それ自体で自立的に存在できるはずがない。そのような存在世界が、それでも現実に存在性を保っているのは、背後に巨大な力が働いていることを物語る。あらゆる存在者を存在させ、それらを存在性において把持する無始無終の力、存在の永遠のエネルギー、それこそ世人が呼んで「神」となすところのものにほかならない。

とは言え、この神は、それ自体としては不可視、不可触、その本体は知る由もない。

しかしそれにもかかわらず、我々は、神、すなわち宇宙的存在エネルギーの本体がコトバであることを、それの自己顕現の姿である万物の「声」によって察知する。すなわち、その自体性においては人間にとって無にひとしい神は、その自己顕現の位層において、コトバ性を露呈する、とファズル・ッ・ラーは言うのである。

神が、わずかに、自己顕現的に動くとき、そこにコトバが現われる。但し、コトバとはいっても、神の自己顕現のこの初段階では、我々が知っているような普通のコトバではない。一種の根源言語、つまりまだなんの限定も受けていない、まったく無記的なコトバ、無相のコトバ。それが、次の第二段で、はじめてアラビア文字、三十二個のアルファベットに分岐する。(アラビア語本来のアルファベットは二十八文字だが、ペルシャ語に入ると四文字加わって三十二文字となるのである。)もっとも、そのアラビア文字も、この段階では、まだ純粋に神的事態であり、神の内部に現われる根源文字なのであって、人間はこれを目で見ることはできないし、その字音は人間の耳には聞えない。人間の耳に聞えないままに、このアルファベットは全宇宙に遍満し、あらゆる存在者の存在の第一原理として機能する。

ところで、この宇宙的根源アルファベットは、それ自体では、まだなんの意味も表わさない、つまり、無意味である。無意味であるということは、具体的存在性のレベルには達していないということだ。有意味的なもののみが存在であり得るのだから。コトバが有意味的であるためには、なんらかのものの名でなくてはならない。「声発《おこ》って虚《むな》しからず、必ず物の名を表わすを号して字というなり」という空海の言葉が憶い合わされる。

そのようなことが起こるのは、根源的アルファベットの段階ではなくて、次の段階、すなわち、アルファベットの組合せの段階である。前の段階では、文字は、ファズル・ッ・ラーの用語を使って言うなら、「対象認知的《ムドリク》」(mudrik)ではなかった。それが、この段階に来てはじめて「対象認知的」になる。なぜなら、この段階で、文字はいろいろに組み合わされ、結合して語(あるいは名)となり、それによって意味が現われ、意味は、それぞれ己れに応じたものの姿を、存在的に喚起するからである。「対象認知的」とは、このコンテクストでは、存在喚起的ということにほかならない。根源アルファベットの段階では、未分の流動的存在エネルギーであったものが、文字結合の段階では、その流れのところどころに特にエネルギーの集中する個所が出来て、仮の結節を作る。その結節の一つ一つがものとして現象する、というのだ。

こうしてファズル・ッ・ラーの文字神秘主義的世界像においては、すべては文字であり、文字の組合せである。この広い世界、隅から隅まで、どこを見ても、人はただアラビア文字アルファベットの様々な組合せを見る。それ以外には何もない。存在世界は一つの巨大な神的エクリチュールの拡がりなのである。

要するに、ファズル・ッ・ラーは、アルファベットを、絶対的コトバ、宇宙的根源語としての神の創造的エネルギーが、四方八方に溢出《いっしゅつ》しつつ、至るところに存在形象を呼び出してくる呼び声と見るのだ。この神的コトバの呼び声の力は、その源泉から遥か遠くに距《へだた》って、かすかに響くにすぎない周辺地帯、すなわち我々の日常的現実の世界、にも波及して、そこに見出されるすべての事物事象の末端にまで行きわたっている。

このような存在感覚に基づくファズル・ッ・ラーの存在論は、すべての存在者において、その外面《ザーヒル》と内面《バーティン》、表層と深層、を区別する。普通の人間の五官は、ものの「外面」のみを認識する。「内面」は、我々の感覚・知覚を超えていて、ただ生れつき特異な感受性をもつ者、およびそのための特殊な修錬を経た者だけが、それを識る。この「内面」こそ、絶対的コトバそれ自体としての神の存在喚起的エネルギーなのであり、アルファベット三十二文字は、このエネルギーの第一次的変容である。しかし、神的エネルギーの第一次的変容がアルファベットであり、それが個々のものの「内面」を構成しているということは、すなわちすべての存在者、そしてそれらからなる全存在世界が、根本的にコトバ的であるということにほかならないであろう。こうして、アルファベット三十二文字の描き出すエクリチュール空間としての存在世界は、神のコトバに満ちあふれ、神の声に鳴り響く、神的響きの空間でもあるのだ。

以上、かなり長々しく、イスラーム的文字神秘主義の言語哲学について、私は語った。それが真言密教の言語哲学に、強力な側面からの光を当てることになるのではないかと考えてのことである。ファズル・ッ・ラーの文字神秘主義と空海の真言密教。細部的には、勿論、数々の著しい相違点がある。しかし東洋哲学全体という広い見地に立って見るとき、両者がともにきわめて特徴ある同一の思考パターンに属し、そのパターンを二つの相互にまったく異なる宗教文化的枠組みのなかに具現していることを、我々は知る。そして、この点では、ユダヤ教のカッバーラーもまた同様である。

ファズル・ッ・ラーの場合とは違って、カッバーリストたちは、神はそのままコトバである、とは言わない。彼らにとって、神は絶対的超越者なのであって、それがコトバであるか、何であるか、などということは人間の知り得るところではない。ただ、神の無底の深みに創造の思いが起こる、すると、この最も内密な、ひそやかな創造への意志が、その場でたちまちコトバになるのだ、という。

神の無底の深みから湧き出てくるこのコトバは、声ではあるが音はない。この無音の声は、もう一段展開すると、響となって神の外に発出する。だが、この響は、この段階では、まだまったく無分節である。だが、次に、この根源的な無分節の響きは、自己分節して二十二個のヘブライ文字となり、さらに進んでこれらのアルファベットは互いに様々に組み合わされて物象化し、そこからいわば下に向かって層一層と感覚性の濃度を増しながら様々に凝結し、かくて次第に全被造界を形成していく。上は至高天使から下は物質界に至る存在世界現出のこのプロセスは、終始一貫して神の創造的コトバの自己顕現のプロセスにほかならない。要するに、ありとあらゆるものが、ヘブライ語アルファベット二十二文字の所産なのであって、存在世界は本源的にコトバ的性格をもつものとして構想される。神自身がコトバであるか否かは別問題。とにかく存在世界に関するかぎり、すべては神のコトバそのものなのである。神がコトバを語るから、世界が存在する。神がコトバを語り続けるから、世界が存在し続ける、という。ここでもまた、真言密教に著しく接近した言語・存在論に、人は出合う。

この時点で真言密教に立ち返り、前に簡単に触れておいた「法身説法」の意味するところを、あらためて言語哲学的に考察してみよう。「法身説法」——法身大日如来が説法する、コトバを語る、ということ。それは、一体、何を意味するのか。

イスラームの文字神秘主義やユダヤ教のカッバーラー神秘主義にも、構造的にこれとまったく同じ型の思想があることを、我々は見てきた。そこでは、根源的コトバは神のコトバであり、特にイスラームの文字神秘主義では、神はコトバだった。神のかわりに、真言密教は法身を立てる。法身、すなわち存在性の絶対的、究極的原点がコトバである、とそれは説く。

永遠に、不断に、大日如来はコトバを語る、そのコトバは真言。真言は全宇宙を舞台として繰りひろげられる壮大な根源語のドラマ。そして、それがそのまま存在世界現出のドラマでもある。真言の哲学的世界像がそこに成立する。

大日如来の「説法」として形象化されるこの宇宙的根源語の作動には、原因もなく理由もない。いつどこで始まるということもなく、いつどこで終るということもない。金剛界マンダラが典型的な形で視覚化しているように、終ると見れば、すぐそのまま、新しい始まりとなる永遠の円環運動だ。しかし、この永遠の円環運動には、それが発出する原点が、構造的に――時間的にではなく――ある。それが阿字(ア音)。すなわち、梵語アルファベットの第一字音である阿字が、大日如来のコトバの、無時間的原点をなす。阿字が梵語アルファベットの第一文字であるということが、それ自体で既に絶対的始源性の象徴的表示ではあるが、そればかりでなく、「人が口を開いて呼ぶ時に、必ずそこに阿の声がある」と言われているように、ア音はすべての発声の始め、すべてのコトバの開始点、一切のコトバ的現象に内在する声の本体である。

ただ、ここで特に注意しなければならないのは、人が「口を開いて呼ぶ」ア字発声の構造的瞬間には、ア音はまだなんら特定の意味をもってはいないということ、言葉をかえていえば、まだ特定のシニフィエと結ばれていない純粋シニフィアンだ、ということである。

この小論の始めの部分で私は、日常的言語の次元における人間の言語意識を表層領域と深層領域に分け、普通の人間の言語意識でも、深層領域ではシニフィアンとシニフィエ間の本来の均衡が破れてしまうということを指摘した。すなわち、シニフィアンは表層領域で固定された元のままにとり残され、シニフィエだけが、独りで、どこまでも深くなり広くなっていく。もっとも、このレベルのコトバの深層でも、詩的言語の場合は、ローマン・ヤコブソンが強調しているように、シニフィアンが異常に突出するのが普通だけれど、より一般的には、シニフィアンが弱くシニフィエが強い。ところが、現に話題としている異次元のコトバの極限状態においては、この関係が逆転して、シニフィエは稀薄化してゼロ度に達し、それに反比例して、シニフィアン、つまり音形象、の方が宇宙的な巨大な力、となって現われてくる。つまり、この極限的位層では、大日如来のコトバはアというただ一点に収約され、ただ一つの絶対シニフィアンになってしまうのである。

ア音に後からいろいろな意味をつけることは、勿論、できる。事実、真言密教の教学は、その史的発展のプロセスにおいて、度々そういう意味づけを試みてきた。例えば『大日経疏《だいにちきょうしょ》』(巻七)の一節は阿字に三義ありとしている。三義、すなわち、三つの根源的な意味がある、というのだ。三つの根源的な意味とは、一に「(本)不生」、二に「空」、三に「有」。だが、この種の意味づけは、すべて後でなされた解釈学的テクスト「読み」であって、記号学のいうシニフィエとしての「意味」ではない。

「阿の声は阿の名を呼ぶ」。いま私が問題としている極限的境位でのア音は、「阿の名」が呼び出される以前の純粋無雑な「阿の声」なのであって、この透明な自体性におけるア音は、既に「名」となったアとは、構造的に区別されなければならない。アという「声」がアという「名」になってはじめて、そこに意味、すなわちシニフィエを考えることができるのである。もっとも、密教的コンテクストにおけるア音は、それが「名」となってからでも、これがア音の意味であるという形で、一つの特定なシニフィエを指定することはできない。無限に解釈学的「読み」を許すような、不決定的なシニフィエがそこにあるというだけのことだ。

こうして真言密教の、あるいは空海の、構想する言語・存在論的世界展開のプロセスにおいては、未だなんらのシニフィエにも伴われない無辺無際の宇宙的ア音という絶対シニフィアンからすべてが始まる。この絶対シニフィアンの出現とともにコトバが始まり、コトバが始まるまさにそのところに、意識と存在の原点が置かれる。そして、この世界現出の末端的領域をなす人間の日常的言語意識は、それと同じプロセスを、人間的規模において繰り返す。すなわち、人がアーと発声する、その瞬間、まだ特定の意味は全然生起していない、しかし己れの口から出たこのア音を、己れの耳に聞くと同時に、そこに意識が起こり、それとともに存在が限りない可能的展開に向かって開けはじめるのだ。

自分の口から発する言葉を間髪をいれず自分の耳に聞きとめ、そこに直接無媒介的な「意味」の現前を捉えるというコトバの現象学的事態が、現代哲学でも重要なテーマの一つになっている。例えば、パロールにおける「意味」の現前性に関するフッサールの所説を批判するに際して、ジャック・デリダの使う s'entendre parler の概念。しかし批判されるフッサールの「ロゴス中心主義」も、批判するデリダの「解体」も、真言密教の見地からすれば、畢竟するに「浅略釈」的論義なのであって、「深秘釈」には程遠い。

真言密教の見所によれば、個人的人間意識のレベルに生起する意味現象は、宇宙的レベルにおける意味現象の、ほとんど取るにも足らぬミニアチュアにすぎないのだ。宇宙的「阿字真言」のレベルでは、ア音の発出を機として自己分節の動きを起こした根源語が、「ア」から「ハ」に至る梵語アルファベットの発散するエクリチュール的エネルギーの波に乗って、次第に自己分節を重ね、それとともに、シニフィエに伴われたシニフィアンが数かぎりなく出現し、それらがあらゆる方向に拡散しつつ、至るところに「響」を起こし、「名」を呼び、「もの」を生み、天地万物を生み出していく。『声字実相義』に、「五大に響きあり」と言い、かつ空海自らそれに註して「内外の五大に、ことごとく声響《しょうこう》を具す。一切の音声《おんじょう》は五大を離れず。五大はすなわち声の本体、音響《おんこう》はすなわち用《ゆう》なり。かかるが故に、五大皆有響という」と言っているように、それは地・水・火・風・空の五大ことごとくを挙げての全宇宙的言語活動であり、「六塵悉く文字なり」というように、いわゆる外的世界、内的世界に我々が認知する一切の認識対象(もの)はことごとく「文字」なのである。

全存在世界をコトバの世界とし、声と響の世界、文字の世界とする真言密教的世界像は、このようにして成立する。イスラームの文字神秘主義やユダヤ教のカッバーラーの場合と同じく、真言密教においてもまた、存在世界は根源的にエクリチュール空間であり、そしてそのエクリチュール空間は、万物の声に鳴り響く空間だったのである。

「存在はコトバである」という一般的命題を出発点として、私は本論を始めた。この命題は、それ自体としては、なんらコトバの異次元性を含意しない。普通の人間の言語意識を、構造モデル的に深層・表層に二分する操作を通して、この命題が、日常的コトバの次元においても、意味分節理論的に、真であることを、我々は知った。そしてさらに、真言密教やそれと同型の東洋哲学諸潮流の思想を検討することによって、我々は、日常的コトバの彼方の異次元のコトバにおいても、この同じ命題が、強力にその真理性を主張していることを見た。

「存在はコトバである」という言語・存在論的命題の絶対的真理性の確信において、真言密教は、東洋哲学全体のなかで、ただひとり孤立した立場ではなかったのである。

八　渾沌

――無と有のあいだ――

古代インドの宗教哲学書『ウパニシャド』は、「有」と「無」との存在論的関係を、その主要テーマの一つとして論究している。「有」と「無」――原語の字義に近づけて訳すなら、「有」(sat)と「非有」(a-sat)――の関係。太初、宇宙は完全に「非有」のみだった。それがやがて「有」になった、あるいは、そこから「有」が生じた、という。例えば『チャーンドーギア・ウパニシャド』(三、一九)に、「初めには、この(世界)はまったくの非有であった。それが有になった」とあり、また『タイッティリーア・ウパニシャド』(二、七)には、「初めには、ただ非有だけしかなかった。そこから有が生れた」と言われている。我々が現実とか宇宙とか世界とか呼び慣わしているものは、もともとは完全に「無」だったのであり、その「無」を源として、そこから「有」が現われてきた、というのだ。「無」が「有」になったとか、「無」から「有」が出てきた、などというと、考えようによっては、いかにもありきたりの平凡な思考パターンのように聞えるかもしれない。が、実は、事態はそれほど簡単ではない。

いま我々が問題としている古ウパニシャド的コンテクストにおいては、「非有《アサト》」とは、たんに何かがないとか、なんにもないとか、我々が普通「無」という言葉で理解するような単純な存在否定の意味ではなくて、何ものも明確な輪郭で截然《せつぜん》と他から区別されていない存在状態を意味する。全てのものが混融する存在昏迷。いずれがいずれとも識別されず、どこにも分割線の引かれていない、渾然として捉えどころのないようなあり方、つまりカオスということだ。後でやや詳しく述べるつもりだが、カオスは古代中国思想の「渾沌」に当る。

従って、「非有」に対立する「有」は、全てのものが互いにきっぱりと区別され、それぞれ己れの本質に準じて正しく働くことが期待されるような存在のあり方、存在秩序、を意味する。「名《ナーマ》と形《ルーパ》」に従って整然と分節され秩序づけられた事物事象のシステムがあってはじめて、人はそこに「有」を感得するのだ。絶対無分節的存在状態は、存在よりも無に近い。それが「非有」なのである。だから、「非有」から「有」への動きは、ここでは、カオスからコスモスへの存在論的変貌として捉えられる。

そういえば『旧約聖書』の天地創造譚も、本質的にはこれとまったく同じ思考パターンを示す。神の天地創造に関して、人はよく「無からの創造」(creatio ex nihilo)を云々するが、実はここでも「無」はカオスという意味に解されなければならない。「無」を虚無と同定するのは、後世の神学的思想であって、『旧約』の原テクストに表われている考え方とは根本的に異なる。『旧約』の語る天地創造は、なんにもないところに、突然、天と地が創り出されたというのではなくて、原初のカオスが、神の存在形成力によって克服され、次第にコスモスに転成されていくプロセスを描くのである。「創世記」のテクスト冒頭の部分を読んでみよう。

「太初、神によって天と地とが創造された(が、その顚末《てんまつ》は次の如くである)。地は(未だ地としては存在せず、見渡すかぎり、ただ)曠々漠々《こうこうばくばく》。暗闇が底知れぬ水を覆い、神の気息(飄風《ひょうふう》)がその水面を吹き渡っていた。神が、光あれと言うと、光があった。神は光をよしと見て、光を闇から分けた。神は光を日と名づけ、闇を夜と名づけた」(「創世記」一、一—五)。

いま「曠々漠々」と仮に訳したヘブライ語 tōhū-wā-vōhū は、何ものの形もなく、何ものの名もなく、従ってそこに一物も識別されぬ太初の存在状態、すなわちカオスのことである。このカオスは、後にその一部が凝り固って「乾いた大地」となるはずのものだが、この時点では、まだ地ではなく、むしろその不凝性において「底知れぬ水」である。「水」、原語は tĕhôm。辞書はこの語に abyss とか water-chaos とかの訳語を当てる。元来、あらゆるものを己れのうちに呑みこんで無差別化し、無化してしまうカオスの底知れぬ深さの象徴的形象化である。

そして、茫漠と拡がるこの原始の水の上に、濃い暗闇が、濛々《もうもう》と立ちこめる。闇もまた、いうまでもなく、カオスの象徴的形象化。闇の中では、あらゆるものが互いに混入し、融合して無差別であり、「無」にひとしい状態にある。ということは、物と物との境界線が全然見えないということだ。可能態とか存在可能性ということを考えるなら、物はすべて、そこに有るのかもしれない。だが実は、相互の区別がなく、無差別状態にある物は、物としての自己固定性を保持しない。すなわち、この境位では、「有」が「無」にひとしいという奇妙な事態が成立する。この矛盾的事態をカオスというのだ。

そして、このような意味でのカオスを、「創世記」の宇宙創造譚は、存在世界の「有」の以前に想定する。この時点では、一物もまだ名づけられていない。『老子』のいわゆる「無名」の境地。すなわち、存在はまだ全然分節されていない。元来、「名」は存在分節の原理である。だから、一物も名をもたず、何物も分節されていない(何物も名によって自性を確立されていない)存在状態は「無」にひとしい。

突如、この「無」の闇を引き裂いて、神のコトバが響く、「光あれ!」。カオス的「無」が経験的「有」に転成するに当って、まず第一に創られたものが光であり、それを創ったものが(神の)コトバである、ということは注目に値する。さっきも言ったとおり、コトバ(「名」)こそ存在分節の根本原理であるのだから。しかも、光が、経験的に、存在顕現の源泉であることはいうまでもない。

どこにも分節線の引かれていない無差別無分節の存在(カオス的「無」)は、コトバの意味分節的エネルギーの働きで千々に分れ、それら無数の存在区劃《くかく》が、それぞれ「名」によって固定され、こうしてはじめていわゆる現実としての存在世界(経験的「有」)が成立する。例えば、ある種の土地の隆起が「山」と名づけられることによって山というものになり、ある種の水が「川」と名づけられることによって川という自己同定性を獲得する、というようなことである。我々の表層的意識の見る「現実」とは、こんなふうにして確立された事物事象の相互連関的構造体にほかならない。

だが、それらの事物(万物)は、光に照射されて、はじめてその姿を現わし、現象する。「光」とは、存在の区劃が見えること、物と物との境界がはっきり見てとれること。つまり、光は存在のリアリティを分節態において提示するものである。光の照射を浴びて、万物はそれぞれのあるべき姿を見せる。そして、事物事象の相互連関的構造体としての「世界」が、整然たる存在秩序において現出する。要するに、コトバと光との合力によって、現象界が、文字通り現象するのだ。しかも、その光そのものもまた、コトバの創り出したものである。「創世記」の天地創造神話におけるコトバと光の働きには、およそこのような哲学的意味がある。

「神、光あれ、と言えば、光があった」。光というものの出現の前に、「光」というコトバの出現がなくてはならない。ヒカリ(原ヘブライ語では 'ôr「オール」)という語が発される。と、間髪を容れず、光が現われる。そして、それに続いて、様々に異なる「名」が、森羅たる万物が。『旧約』的世界表象において、光は存在分節の原点、全存在界の始点、「無」から「有」への、カオスからコスモスへの転換点、である。

さきに引用した「創世記」冒頭の一節は、コスモス現成以前の、カオス的「無」の様相を、恐怖にみちた暗澹《あんたん》たる存在風景として描いていた。黒闇々たるこのカオスの夜が、光の出現とともに、燦爛《さんらん》たるコスモスの真昼に変る。暗黒から光明へのこの転換に、人は天地をとよもす存在誕生の歓喜の歌声を聞くのだ。

一般に人間の心には、カオスを忌み嫌い、コスモスに愛着する斜向性がある。古代イランのゾロアスター教、あの光と闇の二元論的宇宙観は、それの典型的な場合だし、古代ギリシャの宇宙生成神話も、同じ心の傾きを鮮やかな形で示す。カオスはおぞましき闇の力、死と破壊のエネルギー、魔性のものどもの跳梁《ちょうりょう》するところ。要するに、カオスは悪、カオスは醜。反対に、コスモスはオリンポス的神々の支配領域、明るい存在秩序の次元、人間が安んじて生存し、生の楽しみを心ゆくまで享受することのできる場所。要するにコスモスは善、コスモスは美、である。事実、ギリシャ語で「コスモス」とは、美しい調和の支配する世界のことであり、ロゴス的秩序に荘厳された文化の世界を意味した。ギリシャ精神とヘブライ精神とを基盤として、その上に築きあげられてきた西洋文化の深層には、カオスにたいするこの否定的・拒否的態度が沁みついている。

勿論、ニーチェを始めとして、個々の例外的ケースは、挙げようと思えば幾らも挙げることができようが、より一般的にいえば、西洋思想はカオスを嫌う。カオス拒否、「渾沌」にたいする根強い恐怖とでもいうべきもの、が西洋人の心情の中核に綯《な》いこまれているかのように思われる。

そして、この場合、カオスの恐怖は、真空あるいは虚無にたいする恐怖でもあるのだ。

さきにも一言したように、カオスは「無」に直結している。存在の内的無差別、無分別は、もう一歩進めば、忽《たちま》ち存在の「無」になってしまう。この「無」を、西洋人はまったく否定的・消極的な意味での存在否定、つまり虚無と解する。十九世紀、はじめて大乗仏教の「空」「無」の思想に触れた西洋の哲学者たちは、仏教をニヒリズムとして理解した。そして「無」の恐怖は、時として「無」にたいする憎悪となり怨恨となった。だが、皮肉なことに、そのように了解された「無」あるいは「空」には不思議な蠱惑《こわく》もあったのだ。反撥《はんぱつ》しながら、しかも、抗《あらが》いがたい力でそれに牽《ひ》かれていく。深淵に直面して立つ人間の抱く「無」の怖れであるとともに、「無」の誘惑で、それはあった。ただし、この場合、「無」は主として死を意味したのである。「無」の恐怖は、すなわち、死の恐怖、「無」の誘惑は死への誘いであった。死、死よりもっと恐ろしい死、生きながらの死。そして、逃れようとしても逃れることのできないその魅惑。「無」をめぐるこの実存的矛盾体験が、いかに悽愴《せいそう》なものであったかは、例えば詩人マラルメの仏教的「虚無《ネアン》」の体験を見るとよくわかる。それは、彼を狂気すれすれのところまで追いこんだのだった。

「無」を虚無と同定し、それをまた実存的に死と同定するこのような西洋的思想傾向に対立して、「無」(あるいは「空」)を「有」の原点とし、生の始源とする考え方が、東洋の思想伝統では重要な位置を占める。この考え方を、古来、東洋の哲人たちはヨーガ的冥想体験を通じて開発し、それを宗教的に、哲学的に、あらゆる思想の分野で展開してきた。

「廓然無聖《かくねんむしょう》」とか「無一物《むいちもつ》」とかいう禅の表現が示唆するように、ここでも「無」は、一応文字通りには、何もないことを意味する。だが、この「何もない」は、冥想の実践的極限状況に現成する体験的事態なのであって、西洋的ニヒリズムの考える虚無とはその内実がまったく違う。「無」とは、ここでは、意識と存在の分節以前、つまり「コトバ以前」という意味での「何もない」なのである。ちょうどユダヤ神秘主義の代表的形態であるカッバーラーの言語理論において、至高の「神の名」が、あらゆる言語的意味の根源でありながら、しかもそれ自体では「コトバ以前」であり、無意味であり、結局は「無」であるのと同じように。神の外にではなく、神の内に、内部構造的に「無」が組みこまれているという、ユダヤ教としては実に驚くべき思想を、十三世紀のカッバーリストたちは展開した。この「無」の中に神の創造の意志がかすかに動くやいなや、そこに無音のコトバが起こる、という。

コトバの存在喚起力(存在分節機能)については前に触れた(「光あれ！」)。絶対無分節的意識においては、いうまでもなく、コトバはまったく働いていない。意識のこの無分節的深層の暗闇の中に、コトバの光がゆらめき始める。いままで「無」意識だった意識が、自らを意識として分節し、それを起点として、存在の自己分節のプロセスが始まる。そして、その先端に、万華鏡のごとき存在的多者の世界が現出する。

意識と存在の形而上的「無」が、こうして意識と存在の経験的「有」に移行する、この微妙な存在論的一次元を、荘子は「渾沌」と呼ぶのだ。東洋思想の「渾沌」は西洋思想の「カオス」に該当する、と私は前に書いたが、たとえ両者が表面的には同一の事態であるにしても、それの評価、位置づけは、東と西、まったく異なる。現に、荘子のような思想家にとっては、「渾沌」(窮極的には「無」)こそ存在の真相であり深層であるのだから。

万物が、いかにも取り澄ました顔付でそれぞれ己れの分を守り、各自があるべき所に位置を占め、互いに他を排除することによって自己を主張しつつ、整然たる存在秩序の空間を形成している。それがいわゆる「現実」というものだが、そんな既成の秩序を取り払って全てをカオス化し、そこからあらためて現象的多者の世界を見なおしてみる。そこにこそ存在はその真相・深層を露呈する、と荘子は言うのだ。

このカオス化の操作は、今日の哲学的術語で言い表わすなら、「解体」ということになるだろう。言語の意味分節的システムの枠組みの上にきちんと区分けされ整頓されている既成の存在構造を解体するのだ。荘子自身はこの操作を「斉物《せいぶつ》」と呼ぶ。「斉物」とは、字義通り、(全ての)物を斉《ひと》しくする、の意。物と物とを区別する境界線を、きれいさっぱり取りのけてしまう、ということ。

こう言うと、何か人為的な破壊作業のように聞えもしよう。たしかに、「斉物」は一種の破壊、それも徹底した存在破壊には違いない。だが、普通の意味での破壊とは違う。荘子の真意としては、破壊ではなくて、むしろ存在をその窮極的本源性に引き戻そうとすることなのである。

もともと、荘子によれば、存在の本源的リアリティ、「道」、にはなんの区切りも区劃もなかった。「夫れ道は未だ始めより封有らず」。存在は、その本来の姿においては、絶対に無分節。物と物とを区別して相互対立にもちこむような分割線(「封」)など、どこにも引かれてはいない。この渾然たる無分節的存在リアリティ(「広莫《こうばく》の野《や》」)の諸処方々に人間が「名」をつけて、それによって限りなく分け目をそこに作り出していく。「是が為めにして畛《しん》あるなり」。「畛」とは区劃、つまり、コトバの意味分節機能が喚起する事物事象間の分別のことである。しかも人間は、こうして自分の言語意識の生み出したものを、はじめからそこにあったもの、と思いこむ。彼の目には、存在の現象的「多」だけが見えて、その背後にひそむ前現象的、本源的「一」は見えない。

だが人が、ロゴス的差別性の迷妄から脱却して、純粋に「一」の見所から存在を見ることができるなら、その時、人は「多」は「多」でありながらしかも「一」であること、つまり、万物は万物でありながらしかも根源的に「斉《ひと》」しいことを覚知するだろう。「多」が「多」でありながらしかも「一」、「有」が「有」でありながらしかも「無」。常識的には論理的矛盾としか思えないこの存在論的事態を、荘子は「渾沌」という語であらわそうとするのである。荘子の全哲学は、「渾沌」の一語に収約される。

あとがき

『思想』誌に連載し始めた時から完了するまで、前著『意識と本質』は、東洋哲学諸伝統の共時的構造化という根本テーマを、「本質」概念に焦点を絞りながら、行けるところまで追求してみようと意図したものであって、おのずからそこには、全体を一貫する連続的統一性がある。が、それとは別に——とは言っても、冒頭の一つを除いて、他はすべて、一九八三年一月、『意識と本質』が単行本として上梓された後のことだが——広い意味で同じ主要テーマに直接間接に関連するあれこれの特殊問題について、折にふれ、独立に幾つかの論文を私は書き、また要請に応じて講演したりしてきた。それらの論文と講演の筆録の主なものを、本書はその内容とし、全体を「意味の深みへ」という題で一括する。副題「東洋哲学の水位」は、本書に収められたすべてが——現代の西欧ポストモダン的哲学の提起する問題を論じる時でさえ——伝統的東洋哲学の立場の開明を究極の関心事とすることを示唆する。

「意味の深みへ」。人間のこころの働きを根源的に規制する内部構造的要因として、「意味」という名の不思議な事態がある、そして「意味」というものの不思議さは、それが人間の経験する現象的存在秩序の源泉であるとともに――というより、それにもまして――限りない深みを秘めていることだ、というようなことを、漠然と私が感じ始めたのは、考えてみれば、もうずいぶん昔のことである。

「意味」の世界は深い、限りなく深い。それが私の実感だった。仄暗いその奥底には、どんなものが潜んでいるのか誰にもわからない。そんな不気味な「意味」の深淵を、私は想像裡に描いていた。

今から四十年も前。その頃、若年の私は慶應義塾大学の文学部の教壇で、言語学を講義していた。

私が習い、かつ自分でも教えることになっていた従来の言語学が、「意味」という現象を、いかにも自明の常識的事実として、こともなげに取り扱っていることに、私は不満だった。コトバは「意味」をもつ。語はそれぞれ特定の「意味」を指示する。当り前のことだ。コトバだけではない。より広い一般記号学の立場から見ても、記号は何かを意味するからこそ記号なのではないか。「シニフィアン」(能記)と「シニフィエ」(所記)の表裏一体的結びつき、それが「シーニュ」(記号)というものである、云々。

従来の言語学が、ともすれば、この種の平板な「意味」の見方に満足してしまいがちなのは、元来、この学問が、コトバの「意味」機能を論述の対象として取り上げる時、コトバそのものを、主として、それが社会慣習的にコード化され、システム化されて働く次元に限定して考察する性向をもつからである。「シニフィアン」・「シニフィエ」などという、より厳密な記号学的術語を導入してみても、事態は、この点に関するかぎり、少しも変らない。どこまで行っても、辞書に記載されているような、つまり、人々が社会生活で常識的に理解しているようなコンヴェンショナルな「意味」(だけ)が考察の中心となる。コンヴェンショナルな「意味」の枠をはみ出すものは、「ニュアンス」であり、あるいは、パロールの次元における話し手の、その場その場の個人的「意味」創造行為ということで片付けられてしまう。比喩的言語にしても、大体は、範列論的《パラディグマティク》水平構造における、本義・転義の入れ換えとして取り扱われる。要するに、「意味」とはいっても、表層的「意味」しか考えないのだ。

言語学者や記号学者の、「意味」にたいするこの表層主義が、私には不満だった。勿論、彼らにしても、「意味の深み」らしきものに、全然無関心というわけではない。特に詩のコトバに見られる反日常的「意味」現象を問題とするような場合には。だが、そんな場合でも、「意味」における表層と深層という方法論的概念分節がはじめから無いのだから、大した理論が出てくるはずもない。マラルメやリルケのような詩人たちの深層的「意味」世界の生成の秘密を、もし探り出すことができたなら、と考えていた私は、R・ヤーコブソンの詩的言語の構造分析にも、満足すべき指針を見出すことはできなかった。とはいえ、私自身にも、名案があるわけではなかった。「意味の深み」の問題を抱えこんだまま、暗中模索していた。あの頃の私が教えていた言語学概論は、およそ言語学概論の常識からはずれた奇妙なものだったに違いない、と思う。

「意味の深み」という主題を、いくらか哲学的整合性をもって理論的に取り扱うことができるのではあるまいかという確信に近いものが私のなかに生れたのは、それからずっと後になって、仏教の唯識哲学を学び始めた時のことだ。丁度、西欧の学界でも、ユングの心理学が、人間意識の底に潜む巨大な下意識的エネルギーの働きを指摘し、また特にフロイト派のジャック・ラカンが、無意識とコトバの奇妙な結びつきの重要な意義を強調し始めていた。

元来、仏教では、人間の行為を身《しん》・口《く》・意《い》の三種に大別する。手足などを動かす(身)、コトバを聞き、コトバを喋《しゃべ》る(口)、何かにたいして心が動く、たとえば、思惟、感情、想像などの形で(意)。内的外的、それら様々な行為の一つひとつが、人の下意識の最深層に、必ず、なんらかの跡を残していく。どんな些細な、取るにも足りない(と思われる)ような、ほんのかすかな動きでも、こころの奥に、ひそかな影を残さずにはいない、と唯識は説く。我々のあらゆる経験が、我々自身の存在の底知れぬ深層を、刻々と「薫《くん》習《じゅう》」していく、というのだ、あたかも、衣に薫きしめられた香の匂が、消えずにそこに残るように。

　しかも、この「薫習」のプロセスは、個人としての我々の個人的経験だけに終始するものではなく、そこには、先行する諸世代の全ての人の全ての経験が、文化遺産という形で含まれる。つまり、我々がまったく気付かないうちに、我々の実存の深みは、まず自分自身の、そして結局は全ての人の全ての経験の痕跡をとどめていく、というのである。

　ところで、唯識哲学の説く「薫習」とは、現代的な表現で言い換えるなら、「意味化」のプロセスということになるだろう。すなわち、一々の経験は、必ずこころの深層にその痕跡を残すとはいっても、生《なま》の経験がそのままの姿(たとえば、普通の意味での記憶というような形)で残留するのではなく、すべてその場で、いったん「意味」に転成し、そういう形で、我々の実存の根柢に蓄えられていくのである。それを唯識の術語で「薫習」と呼ぶのだ。

人間のこころの機能を、表層から深層に及ぶ八つのレベルに分けて構造モデル化する伝統的な唯識の意識論では、このように過去の一切の経験が「意味化」して蓄えられる内的場所《トポス》として、この構造モデルの最深層(第八番目のレベル)を措定し、これを「アラヤ識」(ālaya-vijñāna 文字通りには「貯蔵庫意識」)と名づけ、そこに貯蔵される「意味」を「種子《しゅうじ》」と名づける。

「種子」、すなわち、この段階での「意味」、は我々が常識的に理解しているようなコンヴェンショナルな「意味」ではない。コンヴェンショナルな「意味」の成立は、表層意識のレベルでの事態。「アラヤ識」のレベルにおける「意味」は、「意味」というより、むしろ「意味」エネルギーというほうが真相に近い。つまり、「アラヤ識」は、全体としては、力動的な「意味」の流れである。

だが、「意味」は、その本性上、「名」を呼び、「名」を求めるものである故に、「アラヤ識」は、また、全体として、根源的に言語的性格をもつ。とは言っても、勿論、均等的に、ではない。「アラヤ識」の言語性には、いわば凸凹があるのだ。先刻も書いたとおり、人間の経験は、大ざっぱに見ても身・口・意の三つの系統があるのであって、すべての経験が、直接、コトバの経験であるわけではない。人間の下意識にたいするコトバの働きかけを極めて重大視する唯識哲学は、直接コトバに由来する「種子」を、特に「名言《みょうごん》種子」と呼んで、他の系列の「種子」から区別する。しかし、非言語系の「種子」も、「アラヤ識」的事態としては、すべて潜在的「意味」形象であるという点から考えれば、「名言種子」と根本的に等質であり、広い意味で言語的である、と考えられなければならない。

「アラヤ識」に蓄えられた「意味」は、言語系であれ非言語系であれ、すべて言語化されている。ただ、その言語化の程度が様々に異なる、というだけのこと。「名言種子」の場合のように、始めから特定の「名」と結びついていて、そのかぎりにおいて、相当程度の言語的凝結性を得ているものもある。ほとんど一定の「名」を得るに近い状態の、いわば言語的に凝結しかけた「意味」もある。そうかと思うと、未だ己れの「名」を得て落ちつくことができず、言語化への道を探り求めて、迷走しつつあるような「意味」可能体もある。

数限りないこれらの潜在的「意味」形象の全体を理論的に想定して、私はそれを、「言語アラヤ識」(あるいは「意味アラヤ識」)と呼ぶ。すなわち、唯識哲学の説く第八「アラヤ識」を、強弱様々な度合いにおいて言語化された「意味」エネルギーの、泡立ち滾《たぎ》る流動体として、想像するのである。

無数の潜在的「意味」形象が、瞬間ごとに点滅し、瞬間ごとに姿を変えつつ、下意識の闇のなかに渦巻く。「アラヤ識」のこのような有様を、世親(ヴァスバンドゥ)その人の『唯識三十頌《ゆいしきさんじゅうじゅ》』が、「恒《つね》に転ずること暴流《ぼる》の如し」(恒転如暴流)という印象的な言葉で描いている。人間のこころの底知れぬ深みに、「種子」、すなわち、潜在的「意味」形象の、こんな凄まじい激流を見るのだ。勿論、一つの比喩的イマージュにすぎない。だが、この比喩には、「意味」の深淵を覗きこんだ人の生なましい感触がある。

ここまで述べてきた深層意識の言語的事態を、逆の側から、すなわち、表層意識の言語的事態の側から、見直してみると、我々は、自分が普段、日常的生活の次元でなにげなしに使っているコトバも、実用的、常識的な「意味」の堅い皮殻のすぐ下で、「意味の深み」につながっていることに気づく。言い換えれば、コトバはすべて「アラヤ識」に根を下ろしている、ということだ。日常的生活次元で使われているコトバの一つひとつが、すべて、例外なしに「アラヤ識」に潜む「種子」の表層的発現にほかならないからである。少なくとも、唯識的には、そう考えざるを得ない。

「アラヤ識」の暗い深部に流動する「意味」エネルギーの、あれこれの部分が、時と場合の要請に応じて、あるいは単独に、あるいは幾つか連合して活性化され、表層意識の白日の光のなかに浮び上ってくる。我々の言語意識のこの次元は、コトバが、あらかじめ社会慣習的に制定された記号コードの緊密な組織をなして支配している領域であって、この記号組織に組み込まれて存立するかぎりの「意味」だけ観察しているかぎり、我々の目には、その底に伏在する「アラヤ識」的「意味」エネルギーの働きは見えてこない。しかし、それが伏在することは、たとえば何かの事情でパロールの創造性が異常に昂揚《こうよう》する時、はっきり感得される。

いま私が略述した「アラヤ識」と表層意識との、ひそかな結びつきには、もう一つ別の、重要な存在論的側面がある。伝統的な唯識の哲学では、「遍計所執性《へんげしょしゅうしょう》」ということだが、この古い術語をそのまま使うかわりに、私はそれを「意味分節」理論として展開する。「意味分節」がどういうものであるかということについては、本書の、また前著『意識と本質』の、いろいろな個所で、いろいろな角度から説明を試みているので、ここでは詳しくは論じない。要するに、コトバが——より正確には「意味」が——存在を喚起し、存在世界を現出させる、ということである。

さきに、「アラヤ識」の言語的性格を説明するに当って、私は言った。「意味」は「名」を呼び、「名を求める」、と。今、私はそれに付け加えて、「名」は「存在」を呼ぶ、と言いたい。「存在」というより、むしろ「存在形象」。つまり、ものの「名」は、そのもの自体を存在に呼び出してくるのだ、但し、あくまで形象的に、である。

「意味」と「名」の結びつきは、すでに「アラヤ識」の闇のなかで始まっている。これに反して、「名」の「存在(形象)」喚起は、むしろ表層意識的事態である。一定の「名」を得ることによって、完全に言語化され、言語的凝固性を得た「意味」は、表層的言語意識のレベルに成立している記号組織の一単位としてのみ、「意味」カテゴリとして機能するということを、それは意味する。そして、「意味」カテゴリとして機能するということは、「意味」単位が、そのまま存在分別の枠として働くということ、すなわちそれ自体では何処にも裂け目、切れ目のない無分節の存在の全体に様々な切れ目を入れ、そうすることによって、様々に異なる存在単位(もの、事物・事象)をそこに創り出していく一種の鋳型のような役を演じる、ということである。これを私は、コトバの「存在分節」とか、存在の「意味分節」とか呼ぶことにしている。

「存在分節」は、前著ならびに本書の、最も基本的な鍵概念であって、ここでまたそれの説明を繰り返すつもりはない。ただ、この「あとがき」のこの個所で、私が特に強調しておきたいと思う点は、我々の存在認識が、根源的に、「言語アラヤ識」に依存しているということだ。そしてそのことは、結局、我々の表層的言語意識が、根源的に、

「言語アラヤ識」に依存している、ということでもある。「言語アラヤ識」に蓄えられている「種子」(潜在的「意味」形象)が、活性化されて、我々の表層意識の領域に働くからこそ、我々は、その都度、世界を有「意味」的存在秩序として経験するのだ。我々の現に生きている世界の、コスモスとして秩序構造、また、そこに認知される一つひとつのものは、決して表層レベルにおける言語のコンヴェンショナルな「意味」だけの所産ではなく、それらは、それぞれ、「アラヤ識」的「種子」の現象形態であり、深層意識的「意味」と「意味」可能体との表層的自己イマージュ化なのである。

以上、「意味の深みへ」という題目によって、私が、一体、どのようなことを考えているのかを、本書を読んで下さる方々に、あらかじめ一応、理解しておいていただくために、そしてただそのかぎりにおいてのみ、唯識哲学の「意味」理論(と、私が解釈したところ)を、ごくかいつまんで説明した。

唯識は、もとより、宏大な言語哲学的展開可能性を包蔵する。その全貌を明らかにするためには、遥かに精緻な分析的考察が必要である。少なくとも、『唯識三十頌』、安慧《あんね》釈』『摂大乗論《しょうだいじょうろん》』『成唯識論《じょうゆいしきろん》』などのような唯識の古典的基本文献の、言語理論的な読みなおしの操作が行われなければならない。それは、しかし、本書の諸論の取り扱う分野の彼方の問題であり、私自身にとっても、今後の課題である。

人生、いつ、どこで、どんなことが起こるかわからない。思いもかけない時、思いもかけなかったことが、しばしば、起こる。それにつれて、生涯のコースが、思いがけない方に走りだす。錯綜する因縁の糸の縺れが、様々に方向を変えながら織り出していく生のテクスト。それが、人生というものの真の姿なのではなかろうか。近頃、そんなことを、よく考えるようになった。

現に、もし数年前、あの時点で、イランという国にホメイニー革命が起こらなかったら、私は、きっと、あのままテヘランで、今でも仕事を続けていただろうし、したがって『意識と本質』も本書も、書かれることは、おそらくなかったであろう。

一九七九年の二月、革命の勃発で、私は帰国することを余儀なくされた。すでにその前の年の秋あたりから、事態は急速に緊迫の度を増していった。テヘラン市内の至るところで、殺気立った民衆による焼打ち、暴行、暗殺が、毎日のように起こった。テヘラン中心部の私達のアパートのすぐ窓下で、突然、機関銃のけたたましい音が、濃い夜の闇を劈《つんざ》いた。

夜には、陰鬱な雨がよく降った。どこか近くの建物の屋上で、突然、神を讃美する悲痛な叫びが響く。たちまち、四方八方の屋上から他の声がそれに唱和する。王政にたいする激越な挑戦だ。それを下から狙い撃ちする政府軍の兵士達。暗い夜空を見上げる私の心に、何とはなしに、運命という言葉が去来した。

学問の世界が次第に遠のいていくそんな情勢の下で、だが、それは私自身のイラン関係の仕事が、丁度、脂の乗りきってきた時期でもあったのだ。イスラーム哲学の未刊のテクストの編纂・註解作業を中心として、イスラーム法学基礎論の非アリストテレス的言語行為理論、スーフィズムの形而上学的基礎付けなど、複数の企画が並行して進捗《しんちょく》しつつあった。立派な協力者も、少なからずまわりにいた。異常な緊張感のなかで、私たちは規則正しく会合し、熱心に研究を進めていた。それを全部放棄して、私は、心ならずも、イランを離れた。

心ならずも……だが、考えてみれば、それが私の生涯の、運命が用意してくれた転機だったのかもしれない。イランでの仕事に興味は尽きなかった。しかし奇妙なことに、それを棄て去ることを悔む気持は少しも起こらなかった。それどころか、日航の救出機に腰を下ろした時、私はすでに次の新しい仕事を考えていたのだった。今度こそ、二十年ぶりで日本に落ちついて、これからは東洋哲学をめぐる自分の思想を、日本語で展開し、日本語で表現してみよう、という決心とも希望ともつかぬ憶いで、それはあった。テヘランからアテネに向かう私達の飛行機は、その途中の空中で、アテネからテヘランに向かうホメイニーの一行を乗せたフランス機とすれ違った。そんな噂だった。

日本に帰って来た私を、岩波書店が積極的に支援してくれた。始めから予期していたことでは、まったくなかった。それに、合庭惇という岩波の編集者が、執筆から出版まで、私の仕事を全面的に面倒見てくれることになったという偶然の事情も、私には思いがけぬ幸いだった。

今までの行きがかりを全部清算して、新しい方向に一歩踏み出そうとする私の計画は、このような支持がなかったら、そう容易には実現しなかったであろうと、私は思う。本書に収められた諸論は、いずれもこうした事情の下で執筆されたものなのである。本書の読者には、こんなことはまったく関係のない他人事にすぎないでもあろう。だが、著者としての私にとっては、まことに感慨深い運命の成り行きだったのである。

これら諸論執筆の事情と、それらが発表された場所とを、簡単に記録して、この「あとがき」の末尾としたい。

㈠「人間存在の現代的状況と東洋哲学」――帰国後間もない一九七九年十二月、慶應義塾大学が開いた国際シンポジウム「地球社会への展望」のために用意した論文。驚くべき速度で全世界を席巻しつつある地球社会化のプロセスによって惹き起こされる人間実存の深刻な危機を克服するために、伝統的東洋哲学は何を寄与し得るであろうかという問題を扱う。もと英語で書かれた。後に、このシンポジウム全体の記録が、一冊の単行本として出版されるに当り(『地球社会への展望』一九八〇年三月、日本生産性本部)、慶大文学部の松原秀一さんが日本語に訳してくれた。今回は、加筆、訂正の必要上、私自身の手で始めから訳しなおした。

㈡「文化と言語アラヤ識」――岩波書店創業七〇年記念国際フォーラム『現代文明の危機と時代の精神』(一九八四年三月、岩波書店)に寄稿。異文化間の対話は可能か、という主題を、東洋的言語哲学、特に「言語アラヤ識」的側面から論究する。

(三)「デリダのなかの「ユダヤ人」」——ロゴス中心主義的西洋哲学を批判解体しようとする現代フランスの代表的哲学者、ジャック・デリダの意識深層にひそみ、そこから彼の思索の歩みに特殊の方向性を与えている(と私の考える)ユダヤ性に光を当てる(『思想』一九八三年九月号)。

(四)「書く」——デリダ哲学の鍵概念の随一として誰もが認める「エクリチュール」の内容を言語哲学的に解明し、中国や日本の漢字エクリチュールの新しい記号学的理論づけのために、それが示唆する可能性の地平を探る(『思想』一九八四年四月号、特集「構造主義を超えて」)。

(五)「シーア派イスラーム」——一九八三年十二月十三日、日本工業倶楽部、素修会での講演。シーア派的人間の意識深層を根源的に支配する殉教精神と、それの発現形態の演劇性について語る(『世界』一九八四年三月号、特集「中東戦争」)。

(六)「スーフィズムと言語哲学」——一九八三年、日本学士院の十二月例会での研究報告を基に、翌年一月九日、上智大学アジア文化研究所で行った講演の記録。イスラームの有名な神秘家アイヌ・ル・コザート・ハマダーニーの特異な深層意味理論を、現代の記号学的立場から読みなおす（『思想』一九八四年六月号）。

(七)「意味分節理論と空海」――弘法大師空海の壮大な宇宙論的「声字」哲学を、「意味」分節理論ならびに「言語アラヤ識」の見地から考究し、それの含む言語哲学的可能性を、現代思想のコンテクストにおいて探求する。一九八四年十月二十六日、高野山で開催された第十七回日本密教学会大会のための特別講演、「言語哲学としての真言」を、論文体に書き移したもの（『思想』一九八五年二月号）。

(八)「渾沌」――荘子の説く「渾沌」を「無と有のあいだ」（副題）と解した上で、無分節態から分節態に向かう存在の「意味」分節的プロセスを辿る（筑摩書房『国語通信』一九八四年十月号）。

一九八五年九月十日　記

鎌倉にて

〈解体構築〉DÉCONSTRUCTIONとは何か

ジャック・デリダ

パリ、一九八三年七月一〇日

井筒俊彦先生

拝啓

井筒先生、〔先月パリで〕お目にかかった折に、私は"déconstruction"という語について、図式的かつ予備的な考察を加えてみようとお約束いたしました。要は、この語の日本語翻訳可能性への前提となる問題であったかと思います。そのためには、もし翻訳が可能だとした場合、少なくともこの語が持ちうる意味群を否定的に定義すること、すなわち避けねばならぬ共示的意味《コノテーション》をはっきりさせるよう努めることになります。したがって問題は、déconstruction でないものは何か、あるいはむしろ、何が déconstruction であらざるべきだろうか、を示すことでありましょう。私はこれらの語〈可能だ〉と〈べきだろう〉に傍点を付します。と申しますのは、翻訳をめぐるいくつかの困難が予測できる場合に（そして déconstruction の問題は、一貫して翻訳の問題でもあり、諸概念の言語《ラング》、すなわちいわゆる西欧形而上学の概念的資料体《コーパス》の問題でもあります）、頭から素朴《ナイーヴ》にこの“déconstruction”なる語がフランス語において適切な語であると考えたり、明白かつ一義的な意味をもっていると思いこんだりしてはならないからです。〈私の〉言語内で、この語を用いてさまざまに狙い得ることと、この語の用法そのもの、つまりはその表現手段の間には、すでに暗い翻訳の問題が横たわっています。それに、フランス語内でさえ、コンテクスト次第で事情が変ってしまうのは、すでに明白です。ましてやドイツ語圏、英語圏そして特に米語圏においては、同じ語がすでにさまざまの非常に異なった共示的意味《コノテーション》、屈折、情感的もしくは情動的価値を与えられてしまっています。こうした事情の分析はそれなりに興味深いものでありましょうし、別の機会に大いに検討に値する仕事となることでしょう。

私がこの語を選んだのは（あるいはこの語が私に避けられないものとなったのは）、『グラマトロジーについて』のなかであったかと思いますが、当時私の興味を惹いていた言説《ディスクール》のなかでその語にこれほどの中心的役割が認められるようになるとは思っていませんでした。〔私がこの語を用いた理由はいくつかありますが〕とりわけ私が願ったことは、ハイデガーの Destruktion とか Abbau なる用語(1)を翻訳し、自分の意図にあわせて翻案したいということでした。ハイデガーのコンテクストにおいては、右の二語はいずれも西欧の存在論もしくは形而上学の基礎的概念が作りあげた構造ないしは建造物を問題とする一つの操作を意味しておりました。しかしながら、フランス語においては、“destruction”のもつ意味が、絶滅とか、否定的に無に帰せしめる行為を含んでいることはあまりにも明白であって、恐らくハイデガー的解釈もしくは私が提起していた読解《レクチュール》のタイプよりは、むしろニーチェ的〈破壊〉に近いのです。ですから私は、destruction という語を避けました。そしてごく自然に私の心に浮かんだように思えたのがこの“déconstruction”という語なのですが、私はこれがちゃんとしたフランス語かどうか確かめようとしたことを今でも覚えています。私はそれを『リトレ辞典』に見つけました。『リトレ』では、この語の文法的、言語学的、もしくは修辞学的意味範囲が、〈機械に関する《マシニーク》〉(2)意味と結びつけられておりました。この結びつきを知って、私は大変嬉しく思いました、と申しますのは、私が少なくともこの語によって示唆したかったことに適応させるには好都合であるように思われたからです。ここに『リトレ』の数項目を引用いたしましょう。

Déconstruction: déconstruire する〔解体して組み立てる〕行為。文法用語。文のなかの諸語が構成しているものを、順序を崩して並べかえること。「俗に construction〔構築〕とよばれている déconstruction〔解体構築〕について」[3]（ルマール著『ラテン語教程』一七章「諸言語の習得法について」）

㈠　全体を構成している部分をばらばらに切り離すこと。機械を別の場所に運搬するために déconstruire〔解体〕する。

㈡　文法用語（……）。詩句を déconstruire する〔解体して組み立てる〕というのは、韻律をなくして詩を散文のようなものにすること。
絶対用法として。「直観的文の方法[5]においても、やはりまず翻訳から始めるが、この利点の一つは、決して déconstruire〔解体構築〕する必要がないところにある。」（ルマール、同書）[4]

㈢　代名動詞 se déconstruire〔おのずから解体される〕[6]。その構成を失うこと。「近代の学問が実証したところによれば、不動の東洋の国では、完成の域に達した言語は se déconstruire〔解体〕され、おのずから変っていった。これは、人間の精神が本来的に有する変化の法則のみによって行われるのである。」（ヴィルマン著

『アカデミー辞典の序』)

当然、右のテクストを日本語に翻訳せねばならないでしょう。そしてそうすることは、問題のありかを一層後退させるばかりです。『リトレ』が列挙したすべての意味が、私の〈言いたかったこと〉(7)との親近性において興味を惹いたとはいえ、それらの意味群は、こう言ってよければメタファーとしてしか、意味のモデルなり領域なりに関わっておらず、déconstruction がその最もラディカルな野心において持ち得る狙いの全体《トタリテ》に関わっているわけではありません。このラディカルな野心は、言語学・文法モデルに限られるものでもなければ、意味論モデルにさえも限られるものでもないし、況んや機械に関するモデルにおいてをや、であります。これらのモデル自体が、déconstruction の審問の前に引き出されるべきものでした。そればかりか、こうした〈モデル〉こそ、人びとがともすればこういうものだと決めてしまいがちであった déconstruction の概念や語をめぐっての、多くの誤解の根源であったことは確かなのです。

また、フランスではこの語がめったに用いられず、ほとんど知られていなかったということを申し上げねばなりません(8)。ある意味では、この語は再構成されねばなりませんでしたし、その使用価値(用法が生み出す価値)は、当時試みられた言説《ディスクール》によって、つまり『グラマトロジーについて』をめぐりそこから出発して、決定されたのです。私がこれから明確化しようとしているのもこの使用価値であって、この語の本来的意味だとか語源といったものではありません。そんなものは、すべてのコンテクストがもつ戦略から免れており、その彼方にしかないものでしょう。

〈コンテクスト〉についてもう少し述べておきたいと思います。当時は〈構造主義〉が主流的思潮でした。"déconstruction"はこの方向に向かうようにも見えました。と言いますのも、この語は諸構造に何らかの関心を払う意味合いをもっていたからです。（これらの構造自体、単なる観念《イデー》でもなければ比喩形象《フィギュール》でもなく、全体《トタリテ》でもなければ形式《フォルム》でも、綜合《サンテーズ》でも、体系《システム》でもありません。）Déconstruire すること、これはまた構造主義的挙措でもありました[9]。それはいずれにせよ、構造主義的問題設定《プロブレマティーク》がもつある種の必然性を引受ける挙措でもあったのです。しかしそれは同時に、反構造主義的挙措でもありました。そしてその命運は、ある面ではこの両義性に依っているのです。つまりは、諸構造を壊し、分解し、その沈澱物を浮かび上らせることが問題でした。（諸構造とはすなわち、すべての言語学的、〈ロゴス中心主義的〉、〈音声中心主義的〉構造であり——当時の構造主義は、特に構造言語学とかソシュール言語学と呼ばれた言語学モデルに支配されていました——、また、社会＝制度的、政治的、文化的な、そしてとりわけ、まず何よりも哲学的構造のことです。）だからこそ、特に米国においては、déconstruction のモチーフを〈ポスト構造主義〉に結びつけてしまいました。(この post-structuralisme なる語は、米国から〈逆輸入〉されるまではフランスでは知られていませんでした。) しかしながら、諸構造を壊し、分解し、その沈澱物を浮かび上らせることは、ある意味では〈構造主義的〉動きに比べればより歴史的運動であり、構造主義はまさにその点において問題とされたのですが、この営為は否定的な作業ではありませんでした。破壊するというよりはむしろ、〈総体〉がどのように構成されたかを理解し、そのために総体を再構築せねばならなかったのです。とはいえ、かつても今も、その否定的外観をぬぐい去ることが難しいのは、それがこの語のもつ dé- という〔接頭辞の〕文法のなかに読みとられるだけに余計そうだと言えるでしょう。実は、この dé- は、破壊というよりもむしろ系統学的遡行を意味し得るのですが。⑩ この語が、少なくとも単独では、私にとって満足すべきものと思われたことは一度もなかった(しかし、どのような語ならいいというのでしょう)理由もそこにあり、またそれだからこそ、この語は常に、言説《ディスクール》全体に縁取られるべきなのです。否定的外観をぬぐい去ることが難しい二つ目の理由は、déconstruction の営為において、私が今ここでしているように、次から次へと警戒すべき罠を指摘し、結局伝統的哲学上の概念すべてを遠ざけねばならなかったことでしょう。⑪ とはいえ、そうした哲学的概念が、少なくとも抹消記号の下にではあっても引きあいに出される必要をも再確認しているのです。そのせいで、この営為は一種の否定的神学だと早合点する向きもありました。(それは真実でも偽りでもなかったのですが、この議論は今はさしひかえましょう。)

いずれにせよ、さまざまな外観がどうあれ、déconstruction は分析でも批判でもありませんから、翻訳に際してはこの点を考慮に入れるべきだろうと思います。これが分析でないという理由の最たるものは、一つの構造の分解が単一要素とかそれ以上分解不能な原点に向けての退行ではない、ということです。この単一要素とか分解不能な原点のもつ価値とは、分析の価値と同様に、それ自体 déconstruction されるべき哲学素[12]であります。これはまた、一般的な意味であれカント的な意味であれ、批判でもありません。*krinein* とか *krisis*(決定、選択、判断、識別)の審級は、それ自体が、もとより超越論的批判のもつすべての装置がそうであるように、déconstruction の対象となる本質的テーマの一つなのです。私があれほど主張した〈決定不可能なるもの〉自身が、この営為においては、決定と計算可能なるものの地平、"indécidable" という語そのものがそれを依然として記入している地平の、外で考えられるべきでありましょう[13]。決定不可能なるものは、これまた一つの語なのであって、さらにこう言ってよければ、déconstruction はこの語を横断し、ただ単に今のところは決定や二項対立や弁証法や計算、つまりはプログラミングからかくまわれているものではなく、それらとは絶対的に異質なものへと向かうのです。したがってこの全き他者と、プログラム化可能なもの、あるいは、経済＝戦略的計算が属する等質な支配圏との間の関係がどんなものであるかという問題は開かれたままになっており、これこそ本質的な問いであります。

方法についてもやはり同じだと申しましょう。déconstruction は方法でもなければ、方法に変形されることもあり得ません。この方法という語において手順的もしくは技術的意味が強調される場合は、特にそうです。[14] ある思想界にあっては（それが大学に属するものであれ教養的なものであれ、私はとりわけ米国のことを念頭においているのですが）、"déconstruction" なる語自身に否応なしにまといついているように思える技術的かつ方法論的〈メタファー〉のせいで、人びとは誘惑されたり迷わされたりしたようです。だからこそ、この同じ思想界において、次のような議論が展開されました。déconstruction は読解《レクチュール》と解釈の方法論になり得るのではないか。[15] そのようにして、アカデミックな諸機関に再びとらえられ馴致されてしまう事態が起き得ないか。

déconstruction が何らかの方法論的道具になってしまうこと、規則と転移可能な手順の総体に成り下ってしまうことはあり得ないだろう、と言うだけでは十分でありません。déconstruction という一つ一つの〈出来事〉が一回性を保つこと、あるいはどんな場合にも一つの特有語とか署名のようなものに能う限り近い状態にとどまることを言うだけでも、まだ不十分です。déconstruction とは、行為や操作でさえないことをもはっきりさせるべきでしょう。それはただ déconstruction のなかに〈受身な〉もしくは〈受動的な〉もの（ブランショだったら受動性よりも受身な、つまり能動性に対置されるような受動性よりも受身な、と言うでしょう）がある、というだけの理由からではありません。また、déconstruction は、そのイニシアティヴをとってある対象《オブジェ》に適用するような主体《シュジェ》（個人であれ集団であれ）に帰属するものでない、というだけの理由からでもありません。déconstruction は起きるのです。それは主体《シュジェ》の解放とか、主体の意識の確立とか、近代的なるものの到来を待ってはじめて行われるのではなく、〔それとは無関係に起きる〕一つの出来事なのです。*ça*〔それ〕が、*se déconstruire* する〔解体され組み立てられる〕のです。この *ça*〔それ〕は、ここでは何らかの自己論理的主体性に対置される非人称的なものではありません。それは déconstruction〔解体構築〕されているのです。（『リトレ』には「*se* déconstruire〔おのずから解体される〕……*sa*〔その〕構成を失う」[16]とありました。）そして“se déconstruire”の“se”は、ある自我とかある意識の再帰性ではなく、すべての謎をはらんでいます。ところで井筒先生、私は翻訳のお手伝いをしてある語の意味をはっきりさせようと試みながら、そうすることによってかえって困難を倍加しているだけだということに気づきました。まことにこの〈翻訳者の仕事〉〈ベンヤミン〉の不可能性[17]もまた、“déconstruction”の意味するところなのです。

ça（それ）が起こるところ、何かがあるところにはどこでも déconstruction が起きるとすれば（したがってこれは、意味とか、一般的あるいは術語的に用いられるテクストに限られる現象ではありません）、残された思索の課題は、今日私たちの世界とその近代性のなかで、déconstruction がその語とその優先的にあつかわれるべきテーマ、その動的戦略などとともに一つのモチーフとなった現時点において、いったい何が起こっているかということでしょう。私には、この問いに対しては、単一な、定式可能な答がありません。私のすべての試みは、この恐るべき問いによって説明される試みなのです。私の試みは、その問いの解釈の企てであると同程度に、その問いのささやかな徴候でもあります。私は、ハイデガーの図式にならって、我々は déconstruction（解体構築）されつつある存在という一つの〈時代《エポック》〉にいる、つまり他の〈時代《エポック》〉にあっては同時に顕現されるか隠蔽されるであろうような、一つの déconstruction されつつある存在の時代にあるのだ、とさえ、あえて申しますまい。この〈時代《エポック》〉という考え方、とりわけ存在の歴運のある集中、存在が自らを送りつけ、あるいは配分することの統一（*Schicken, Geschick*）という考え方は[18]、決して何らかの保証の因となってはくれないのです。

恐らくまことに図式的な言い方をすれば、"déconstruction"なる語を定義する上での、したがって翻訳する上でもぶつかる困難さは、次のことから生じると申しあげましょう。すなわち、すべての述辞、すべての定義概念、すべての語彙的意味、そしていっときはこの定義や翻訳にいつでも役立つように見える統辞論的分節すらが、直接的か否かなどは問わないとしても、やはりdéconstruire〔解体構築〕されるかdéconstruible〔解体構築可能〕だ、ということにほかなりません。そしてこのことは語に対しても、つまり他のすべての語と同様にdéconstructionという語の単位そのものに対しても言えるのです。『グラマトロジーについて』は、〈語〉なる単位と、一般に認められている語のもつすべての特権、とりわけその名詞形態のもとに認められている特権に対して、疑問符を付しました。したがって、この語の不能性を代補して一つの〈思考〉を充足させることができるのは、ただ言説《ディスクール》、いやむしろエクリチュールだけなのです。「déconstruction は *x* である」とか「déconstruction は *x* でない」式のすべての文は、ア・プリオリに関与性をもっていません、いや少なくとも偽であると言いましょう。ご存知のように、私のテクスト内で"déconstruction"と呼ばれるものの主たるターゲットの一つは、まさしく存在＝論理学の、そして何よりもまずあの三人称の直説法現在の*est*〔「である」「がある」〕の限界をはっきりさせることなのです。

“déconstruction”なる語は、他のすべての語と同様に、置換可能な連鎖、人があんなにも無造作に〈コンテクスト〉と呼んでいるもののなかに記入される事実からしか自らの価値を抽き出しません。(19)私にとっては、私がこれまでも書き現在も書こうと試みていることにとっては、この語は、それが代りをしたり、またそれらによって定義されるような多くの他の語と共存するある種のコンテクスト内でしか、関与性をもちません。それらの語とは、例えば〈エクリチュール〉、〈痕跡〉、〈差延〉、〈代補〉、〈イメン〉、〈パルマコン〉、〈余白〉、〈初切り〉、〈パレルゴン〉などのことです。(20)そもそも定義からいって、そのリストは閉じられることはあり得ず、今は名詞しか挙げませんでしたが、これだけで十分でないことは言うまでもなく、こうしたのはただ紙面の節約という配慮だけからです。実は、文や、文と文の連繫を引用すべきであったでしょう。(21)私のテクストのなかでこうした名詞群を決定しているのは、今度はこれらの文の側からなのですから。

déconstruction でないもの？　それはすべてです！

déconstruction とは何か？　それは何ものでもありません！

このようなすべての理由から、私はこれが良い語だとは思いません。何よりもこの語は美しくありません。これが特定の状況下でいささか物の役にたったことは確かです。

その本質的な不完全性にもかかわらず、置換可能な連鎖のなかにこの語を無理に置いたものが何かを知るためには、右の〈特定の状況〉を分析し、déconstruire〔解体構築〕せねばならないでしょう。これは困難なことですし、今ここでしようとは思いません。

　結論を急ぐためにもう一言だけ言わせてください。と申しますのも、この手紙はすでに長過ぎるからです。私は翻訳というものが、ある言語ないしはあるオリジナルに対して二次的、派生的な出来事であるとは考えません。そして今も申し上げたように、"déconstruction"は本質的には、置換可能語の連鎖のなかでとって代られる語なのです。これは、ある言語から別の言語へという次元でもなされ得ることです。そのチャンス——そしてまずは"déconstruction"(という女性名詞)にとってのチャンス——は、ある別の語(同一であり他者である語)が、日本語に見出され、同じこと(同一であり他者である事)を言い、déconstruction を語り、それを別の場に移せしめ、それを書き、それを転写することができるかどうかにかかっています。つまり、より美しいある語のなかに移されるかどうかに。

　私がこのより美しいであろう他者のエクリチュールについて語る時、私は明らかに翻訳とは、詩の冒険《リスク》とチャンスのようなものだと考えているからです。(ある)〈詩〉を如何に翻訳するのでしょうか。(……)

井筒先生、心からの感謝と親愛の情をこめて。

敬具

ジャック・デリダ

訳註

（1） Martin Heidegger: *Was ist das – die Philosophie?*, 1955, p. 22 に次のような Destruktion の定義がある。「Destruktion〔解体〕とは Zerstören〔破壊すること〕ではなくて、Abbauen〔解体すること〕、Abtragen〔解体・撤去すること〕そして Auf-die-Seite-stellen〔取り片づけて傍に置くこと〕を意味する。すなわち、その対象は哲学史に関する歴史学的に過ぎない諸々の言説《アウスザーゲン》である。」また、九鬼周造によれば、ハイデガーの Destruktion は「時間解釈に基いて伝統的な Ontologie の特殊な Seinsart を理解し批判すること。即ち temporale Kritik der bisherigen Ontologie. 在来の体系を destruieren する。Destruktion. 但し negativ なものでなく、positiv な目的をもつてゐる。積極的な可能性に於て伝統を理解しようとする。およそ Dasein の Sein の意味は Zeitlichkeit にある。さうして Dasein の時間的な在り方は Geschichtlichkeit である。それ故に Dasein は既存において存在し、存在問題も歴史的問題の形をとつて来る。而して Heidegger は Husserl の現象学の方法には Reduktion と Konstruktion があるのみでこの Destruktion がないことを指摘してゐる。彼の考によれば Destruktion は問題の取扱ひに本質的に属する事柄である。」（「Heidegger の現象学的存在論」

四四ページ。『九鬼周造全集』(岩波書店)第一〇巻所収)

(2) mécanique〔機能的な、機械の力による〕とは異なる概念。

(3) ここで問題とされているのは、フランス語国民がラテン語を読む際に、自国語風に語順を並べかえることであるが、我国においても古くから用いられた、返点による漢文の訓読方式を考えれば、このルマールのパラドキシカルな文の真意が了解できよう。

(4) 文法用語。目的補語なしに用いられた他動詞を〈動詞の絶対用法〉という。(J・デュボワ他著『ラルース言語学用語辞典』、大修館書店)

(5) la méthode des phrases prénotionnelles. このルマールが提唱する方法に関しては未詳であり、デリダ来日の折に直接たずねてみたが、デリダ本人も知らなかった。思うに、pré-notion なる名詞が古くは「普遍に関して人間がもつ生得の観念」という意味をもち、転じて「未来の、あるいはまだよく知られていない物事について、漠然と期待的に抱く観念」とか、avant-goût〔予想〕の如きものを意味するようになったこと、また『ラランド哲学用語辞典』によれば、「諸事実の科学的研究以前に、行為の最中にあって自然に形作られる概念(デュルケーム)」という用法があるところから、前出の déconstruction を行なわずに外国語(ここではラテン語)の文をグローバルに翻訳する、直観的方法を指すのであろう。

(6) 西欧人の目から見た東洋のイメージ。我国の鎖国が象徴的に表わしているように、異文化との接触による言語変化が起き得ない状況を指して、不動と言った。

(7) 周知の如く、デリダはフッサールの Bedeutung を signification と訳さず、vouloir-dire と訳す。ここではその半過去時制"voulais-dire"を引用符に括って用いている。

（8）　現代仏仏辞典でdéconstructionなる語を「見出し語」としてたてているのは、『リトレ』のほかにはGDELだけであり、déconstruireも、右の二書のほかにはTLFとPetit Robert(Suppl.)に限られている。ちなみに、déconstruireという動詞は、アカデミー辞典によって一七九八年に認められたものの一八三五年には削除され、その後一八七八年に回復したが、一九三二年に再び削除されるといった運命をたどっている。

（9）　デリダはdéconstructionと置換可能な連鎖内に共存するもう一つのキー・タームであるdifféranceに関して、これが構造主義的挙措でもあることを、次のように述べている。「差延は、体系的かつ規則的な諸変形を産出するが、こうした変形は、ある程度まで、構造的科学を成立させる原因ともなり得る。差延なる概念は、〈構造主義〉の最も正当な原理的要請を、展開しさえするのである。」(*Positions*, 1972, p. 39)

（10）　木田元氏はその画期的な著作『ハイデガー』(岩波書店、20世紀思想家文庫)において、ハイデガーのDestruktionがもつ遡行的解体の意義をめぐって数々の鋭い解釈を示しておられるが、なかでも次に引用する箇所は重要である。「(……)存在論的研究もまた、その置かれている歴史的状況によって規定されている。つまり、存在者に近づくその近づき方やその存在を解釈するために使う概念装置はかなりの程度まで伝統によって規定されていよう。そうした伝承され、当面いやでも使わざるをえない諸概念を、それが汲みとられてきた源泉へと批判的に解体する作業が還元や構成とともにおこなわれねばならないが、これがハイデガーの言う「現象学的解体」である。」(一一一―一一二ページ)右の指摘は遡行的営為というだけでなく、「哲学者の通った道をそのままに辿り、そのやり口を理解し、その詭計を借り、その持札で勝負し、思うがままに策略を繰り拡げさせておいて、実はそのテクストを横領してしまう」(デリダ『エクリチュールと差異』下、若桑他訳、法政大学出版局、一五九ページ)バタイユ＝デリダ的 déconstruction が、ハイデガーの Destruktion と深いところで通底している事実を教えてくれる。

(11) ハイデガーが *Zur Seinsfrage*, 1955 で用いた×印のこと。「(……)〈有〉は、ただ次のような方式でしか記すことが出来ません。有と。この十字に交叉した抹殺は、つまり〈有〉を、それ独自で存立していてそれから人間の方へ向かってただ時折立ち寄って来る対立者の如く表象するという、ほとんど根絶することが出来ない習慣を、さし当って拒ぎ止めているだけです」(『有の問いへ』、柿原篤弥訳、理想社、四六―四七ページ)。足立和浩氏が *De la grammatologie* の訳書上巻二九六ページの訳註でくわしく解説されているように、デリダの用いる抹消記号「×印をつけられた語の下からは、たんなるその語の否定だけではなく、その〈否定＝肯定〉という対立を越えた地平からの別の観点の或る積極性が示唆されているのである。」また、抹消記号の下にではあっても伝統的概念を引きあいに出す必要性、云々に関しては、訳註(10)の木田元氏の発言参照。

(12) philosophème. ブルームフィールドに代表される悪しき要素還元主義者たちが好んで用いる“-ème”をもじったもの。

(13) indécidable なものの領域は、décidable/indécidable という二項対立の地平以前である。したがって、indécidable という名をもつ以前であるが、「それは私たちの言語《ラング》がまだ発見していないから、とか、私たちの言語という閉じられた体系の外に、別の言語内に求めねばならないから、といった理由から名づけられないのではない différance」("La différance" in *Tel Quel: Théorie d'ensemble*, 1968, p. 65) と同じ資格で、名をもたない他者である。だからこそ、この語が属している地平で考えることはできないのだ。

(14) この方法という語をめぐって、ヨーロッパとアメリカの考え方の相違は大きい。生松敬三氏が『転形期としての現代』(人文書院)の六五ページに引用されているアドルノの次の文が、それを如実に語っている。「私は、〝方法〟ということばをヨーロッパ的な認識論の意味で理解していたのであって、方法論ということばが実際には研究のための実用的技術を意味する、アメリカ的な用い方では考えていなかったのである。」(アドルノ「アメリカにおけるヨーロッパ系学者の学問的経験」『亡命の現代史』4所収より)

(15) 事実アメリカ、マサチューセッツ大教授 Mark C. Taylor は一九八三年四月一一日にノースカロライナ国立人文科学研究センターで行なった講演 "Deconstruction: What's The Difference?" のなかで次のように明言している。「〝解体〟は、何と云っても、先ず第一に、テキストを解釈するための術策です。」(『思想』一九八三年九月号、六ページ)

(16) フランス語文法で、代名動詞の用法が再帰的、相互的、受身的、本質的の四つに分けられることはよく知られているが、ここではプラトン以降の「つくる」論理が要請する主体を否定し、古代ギリシアのピュシスが本来的にもつ「おのずからなる」動きを、非再帰性にかこつけて述べたものと考えられる。

(17) 昨年一〇月二四日、東京日仏会館で行われたデリダの第一回講演のテーマは、このベンヤミンの考え方をめぐるもので、「バベルの塔」と題された。高橋允昭氏による翻訳が『理想』一九八四年一月号から三回(+二回)にわたって連載されている。

(18) この難解なハイデガーの〈エポック〉なる考え方は、主として『森の道』と『ヒューマニズム書簡』のなかに読みとられるようであるが、専門外の訳者には到底解説する資格も能力もないので、木田元氏の御教示にしたがって三宅剛一著『ハイデッガーの哲学』(弘文堂)からの引用で責を塞ぐことにする。「ハイデッガーは(……)存在の出現の現実的な仕方——それが歴史となるのである——が、自己を隠しながら顕はす在り方であるといふことから考へてゐる。さうして人間の存在への関係、人間が存在に引き寄せられ、存在の真理が人間に於て現はれる仕方によつて、人間の歴史的なゲシックが分れて来る。そこからギリシアとか近世とかの夫々の時代の本質(それは形而上学によつて特徴づけられる)が考へられる。それぞれの時代はそれに特有な、存在の真理の現はれ方をもつ。それと連関してエポへといふ考へが説かれるのである。「存在は、存在するもののうちに自己を現はし(entbergen)つつ、身をかくす。そのやうにして存在は、それの真理を手許に引きつけて留保しておく。(……)存在がかやうにそれの本質の真理を顕はしつつ留保することを、存在のエポケー(epochē)と名づけることができる。ストアの用語から採つてきたこの語は、ここではしかしフッサールでのやうに、対象化における定立的な意識作用の中止といふ方法論的なものを指すのではない。存在のエポケーは存在そのものに属する。(……)存在のエポケーからして存在の歴運のエポック的な本質が由来し、本来の世界歴史は歴運のこのエポック的本質に存する。」(『森の道』三一一ページ)。」(『ハイデッガーの哲学』一一五―一一七ページ)、「存在にはロゴスが属する。ロゴスは legein から来るので、legein はとり集める(lesen, sammeln)の意味をもち、存在するものの存在を、明らめ守るところの集中統一 lichtend-bergende Versammlung として特徴づける。」(同書、二二三―二二四ページ)。デリダの書簡の unité を「統一」と訳し、rassemblement を「集中」と訳した根拠は主として右の文献に負うている。

(19) これは明らかにソシュールの rapport associatif(連合関係)にあたるコンテクストである。

(20) これらのキー・タームに関しては、Lucette Finas, Sarah Kofman, Roger Laporte, J.-M. Rey: *Écarts, quatre essais à propos de Jacques Derrida*, Fayard, 1973, p. 321 以下およびデリダの *Positions*, p. 55 参照。デリダはそこでこの書簡に挙げたタームのほか、gramme, réserve, blanc などを並べ、《Par définition, la liste n'a pas de clôture taxinomique〔そもそも定義からいって、リストには系統分類学的《タクシノミーク》な囲いがない〕》という、この書簡に現われた文とほとんど同意の発言をなしている。

(21) これはソシュールの rapport syntagmatique(連辞関係)にあたる。また、メルロ=ポンティも同じような考え方から、「文こそが各単語にその意味を与える」(*Phénoménologie de la perception*, p. 445)と言っている。

〔訳者付記〕 右の書簡は、井筒俊彦先生が一九八三年六月にパリでデリダと会われたことがきっかけとなって、井筒先生へ寄せられた書簡の形をとった論稿である。本来ならば井筒先生御自身の手によって訳出されるべきものであるが、おそらく訳者に勉強せよ、とのお心遣いからであろう、『思想』編集部を通しての御依頼を受けた。浅学菲才の身をかえりみず、あえてお引受けしたものの、先生の御厚情にどこまでお応えできたかは甚だ心許ない。謹しんで御叱正を乞うばかりである。また、ハイデガー用語に関する箇所は哲学者木田元氏に多大の御教示を賜り、ドイツ語をめぐっての疑問は、独文学者福田宏年氏に助けて頂いて解決した。ここにお名前を誌して、深甚なる謝意を表する次第である。なお、déconstruction の訳語には、当書簡およびこの語が現われるさまざまなコンテクスト、そして来日した折にデリダ自身と交わした質疑応答から判断して、これまでデリダの訳者の方々が脱構築とされた労を多としながらも、あえて解体構築という日本語をあてることを提案する。識者の御教示を仰ぎたい。

（丸山圭三郎　訳）

（『思想』一九八四年四月号）

解説

斎藤慶典

一、本書について

本書『意味の深みへ』は、ⅠからⅢまでの三つのグループに大別される。

Ⅰは、七〇年代より急速に進展しつつあった「グローバリゼーション」とそれに伴って切迫した異文化コミュニケーションに関わる諸問題を論じた二篇の論考から成る。空間的・地理的要因によって隔てられることで長い間互いに没交渉なまま、あるいは極めて間接的な接触に守られるようにして共存してきた異なる文化同士が、交通・情報手段の飛躍的な発達とそれに促進された商品経済の地球規模での活発な遣り取りによって直接に触れ合うようになったとき、深刻な文化衝突とコミュニケーション不全が生じた。

この危機にどのように向かい合えばよいのかという課題を前に、井筒はむしろそれを好機《チャンス》として捉えることで活路を見出そうとする。だが、どうしてそんなことが可能なのか。

各々の文化は、それを担う言語と不可分の関係にある。私たちは言語を通してこの現実を理解し、それにどのように関わっていけばよいのかを学ぶからだ。これはすなわち、話す言葉が違えば世界の理解の仕方も異なり、どのように行為するかも違ってくるということにほかならない。つまり、異なる文化は異なる世界に生きているのであり、このかぎりで最初の文化衝突とコミュニケーション不全が不可避的に生ずる。だが、私たちが普段喋っている各国語のレヴェルで生じたこれらの齟齬《そご》は必ずしも克服不可能ではなく、現に私たちはこれらの齟齬を乗り越えてもきた。翻訳ということが可能だからだ。

翻訳は、どのように為されるのか。各国語(日本語、英語…といった自然言語)は、いずれもが言語であるかぎりで必ず〈指示するもの《シニフィアン》〉と〈指示されるもの《シニフィエ》〉をもっている。そして、たとえ〈指示するもの〉が違っても、それによって〈指示されるもの〉には大まかな対応が成り立つ場合がある。最も分かり易いケースは、そのようにして〈指示されるもの〉が物的・知覚的対象である場合だ。例えば、日本語で「机」によって指示されるもの、英語で〝desk〟によって指示されるもの、ドイツ語で〝Tisch〟によって指示されるもの…に大まかな対応が成り立つことは、見てみれば、触ってみれば…明らかだ。こうした対応関係を手掛かりに作成されたものが、辞書にほかならない。これほど簡単にはいかないが、各国語の文法構造(統語法)間にも大まかな対応を見出すことは可能であり(だからこそN・チョムスキーのように各国語に通底する「普遍文法」なるものの存在を主張することもできる)、これらの対応関係を手掛かりにして翻訳が為される。

この翻訳を通して、最初のコミュニケーション不全は克服される。だがそれは、日常生活の最低限や大抵の商品取引ならそれで間に合うといった程度の、表面的な理解に過ぎない。なぜなら、翻訳が関わることのできる次元が言語の表層に過ぎないからだ。言語はその表層次元において、先の〈指示するもの〉と〈指示されるもの〉の関係が明確かつ安定している(文法構造もまた然りだ)。翻訳は、この明確にして安定した関係を手掛かりに為されるのだった。だが、言語のこの表層は、指示関係がそれほど明確でもなければ安定もしておらず、文法構造さえ判然としないまま、何ものかが言語的形象を纏《まと》って姿を現わさんとする動向で充満した広大な深層次元に支えられている。表層の下にこうした絶え間ない動向が孕《はら》まれているからこそ、いつの間にか指示関係が変動したり、新たな表現が生まれたり、それどころかそもそも各国語といったものが(それらは世界の互いに異なる表現の体系にほかならない)存在することにもなったのだ。

井筒はこの深層の構造を解明するに際し、東洋の殆んどすべての思考を援用する。すなわち、インドのヴェーダーンタ哲学、中国の荘子、老子、『易経』、禅、イスラームのイブン・アラビー、大乗仏教中観派の祖・竜樹《ナーガールジュナ》、同じく大乗仏教の一派である唯識派の『大乗荘厳経論《だいじょうしょうごんきょうろん》』、…といった具合である。その上でこの深層の最も基底的な在りようを次のように規定し、それを先の唯識派の術語を借りて「言語アラヤ識」、あるいは単に「コトバ」と呼ぶ。「まだ経験的意識の地平に、辞書的に固定された意味として、出現するには至っていない、あるいは、まだ出現しきっていない、「意味可能体」、つまり、まだ社会制度としての言語《ラング》のコードに形式的に組み込まれていない浮動的な意味の貯蔵所」(九〇—九一頁)、これこそがあらゆる文化の最終的な成立基盤を成すというのである。

早くから東洋がこの深層に思考を差し向けて来たのに対して、西洋がこの次元に表立って立ち入るようになったのは比較的最近のことである。その明確な兆候は二〇世紀に入ってから、フロイトやユングやラカンらの精神分析学や深層心理学、あるいは『一般言語学講義』後の晩年のソシュールの下で、漸く顕わなものとなっていった。とはいえ、言葉の生まれ出ずる現場で言語と格闘することを使命とする詩人たちには、(当人たちが明確に意識しているか否かとは別に)この深層は古来親しいものだった。そもそもこの次元に身を置かなければ、詩を書くことはできないからだ。この意味では、西洋の思考の端緒に位置するプラトンによって詩人たちが追放の憂き目にあったのは（『国家』第一〇巻）、その後の東西の思考の歴史を象徴する出来事だった。思考が光に充ち溢《あふ》れた表層に集中することによって西洋が、それとは逆に昏《くら》い闇に沈む深層に向かうことによって東洋が成立したと言ってよいかもしれないのだ。

西洋における哲学の現場に詩人が呼び戻されたのも、ヘルダーリンを論ずるハイデガーの下で、すなわち二〇世紀に入ってからだった。思考における東洋を追究する井筒にとっても、先のユングらと並んで詩人たちは親しい対話相手だったことは言うまでもない。西洋に限ってもマラルメ、リルケ、クローデルらについてはたびたび論じているし、我が国の思考の原型を和歌に認めて貫之を取り上げ、その延長上で芭蕉に関説したのは前著『意識と本質』においてだった。何よりも、井筒を学問の途に導いたのは『Ambarvalia』と『旅人かへらず』の西脇順三郎だったことを忘れてはならない。いずれにせよ、今や問題なのは深層である。各々の文化を根本において規定しているのはこの深層だからであり、文化衝突もコミュニケーション不全もそこに根を有しているが故に深刻なのだ。

いまだ指示関係が流動的で、それどころか〈指示するもの〉も〈指示されるもの〉も明確な輪郭をもつに至っていないこの次元においても、特定の文化に向けての動向はすでに胎動を始めている。すなわち、世界の言語的分節化の動向には一定の傾向性が認められるのであり、これが当該の文化の根幹を成すのである。井筒はこれをしばしばユング深層心理学における「元型(Archetyp)」に準《なぞら》えるが、それは個々人の意識の深層を超えたより広大な次元において個々人の意識を規定している(ちょうど、どんな国語も語るのは個人だが、にもかかわらず国語それ自体は個人を空間的にも時間的にも超えて存立する実在であるのと同様に)。すなわち、この次元における衝突は、もはや個々人の意識においては如何ともし難い。だからこそ、それは深刻であり、危機的なのである。もはや私たちは、この危機に対処しうる術《すべ》をもたないように見える。

だが、井筒に言わせればそうではない。そもそもあらゆる言語は、すなわちすべての文化は、この次元において〈指示するもの〉と〈指示されるもの〉がそれぞれ他の〈指示するもの〉と〈指示されるもの〉との差異化の中でおのれに固有な形を獲得しつつ相互に結び付くことで初めて、その成立の基盤を得る。つまり、差異化に孕まれた緊張の程度が高ければ高いほど、そこで形を得るものの輪郭はより明確になり、その可能性はより豊かなものとなる。そうであれば、かつてなかったほどに異他性の高いもの同士が交錯する場は、同じものが異なる光の下で新たな相貌を浮かび上がらせたり、これまでなかった新たなものが生み出される好機でもあることになる。それこそが「地球社会」というかつて存在したことがない新たな社会に固有の文化に、その成立の基盤を提供することになるのだ。

あまりに壮大な井筒のこの提言は、些《いささ》か現実離れしているように見えるかもしれない。確かに、このような次元で思考が営まれる場を確保するために乗り越えられなければならない障壁の高さは並大抵ではない。何よりも、目先の結果を要求する対応は最大の障害となる。このような思考は、いまだ定かに形を成さないままに切迫する無数の微細な差異の中を手探りで進むしかないからだ。より豊かな可能性に向けて思考を開くことは同時に、形を成さないままに終わるそれだけ多くの可能性を抱え込むことでもある。だが、明確な形を以って輝く表層のみに永らく思考を集中してきた西洋がそれを支える深層にも眼を向け始めた今、深層と向かい合ってきた長い伝統をもつ東洋とこの次元で粘り強い対話を交わす余地は、間違いなく開け始めている。それどころか、すでに意外なところで両者の接近が具体化してすらいる。

第一論文で井筒が挙げている例を引こう。東洋がこの深層において捉えた事態は「いわゆる事物が〔互いに独立してそれ自体で存在する〕存在者ではなくて、むしろそれぞれ一つのダイナミックな存在的「出来事」であること」、「こういう数限りない存在的「出来事」の相関的、相互依存的、相互浸透的な網目構造の不断に繰り拡げられ、畳みこまれる流動的プロセス」であることを指摘した上で、量子力学をその代表とする現代物理学が新たに呈示した世界像がこの東洋的事態把握に極めて近接している点に彼は注意を促すのである。問われているのは光の下で観測される以前と以後の量子の存在論上の身分をめぐる問題であり(観測以前のそれは位置と運動量が一義的に定まらず、可能な存在形態の確率の束でしか表現できないのに対して、観測以後のそれは一義的に定まった位置と運動量をもつものへ一挙に「収束」する)、ここには観測という仕方で何らかの「意識」の関与が事態の成立に不可欠の要素として織り込まれているのだ(ここで「意識」は観測以後ばかりでなく、その以前にも及んでいることを――現代物理学はそれを「確率」という数学的手段を以って表現した――見逃してはならない)。

この点を承けて、井筒は次のように述べる。「今までいわば固い凝結性において考えられていた物質的世界が、意識の内面からの参与によって、限りなく柔軟で、常に変転する「出来事」の相互連関の複雑微妙な創造的プロセスとして見られるようになってきた」。そして、こうした事態把握が、東洋が永らく行なってきたそれに「酷似」していることにすでに気付いて「それを自分の理論のなかに組み入れようとしている」物理学者がいると指摘し(量子物理学者のハイゼンベルクが念頭に置かれている)、これを以って「東西の文化的ディアローグは既に始まっている」とするのである（以上、五四―五五頁。〔注記〕は解説者）。

実際、井筒がこの文章を書いた後にも、現代自然科学において進展著しい生命科学の分野で「オートポイエーシス（自己組織化）」理論をＨ・マトゥラーナ（一九二八―）と共に提唱して注目を集めたフランシスコ・ヴァレラ（一九四六―二〇〇一）が仏教哲学と正面から取り組むようになったことなども、「東西の文化的ディアローグ」の一例として挙げることができる（『身体化された心――仏教思想からのエナクティブ・アプローチ』）。哲学のみならず、自然科学の最先端分野の一つである脳科学においても今や「無意識」の次元が真剣な検討の対象になっている現状に鑑《かんが》みるとき、確かに深層次元をめぐる東西の対話は着実に進行していると言ってよい。例えば、アメリカの脳神経科学者アントニオ・ダマシオ（一九四四―）は次のように述べる。「〔脳生理学は〕心的過程が意識のないところでも機能しているという豊富な証拠〔を有している〕」。「意識の利点に関する議論はすべて、多くの場合に行動をコントロールしているのは無意識的過程だと述べる大量の証拠を考慮しなければならない」（『自己が心にやってくる――意識ある脳の構築』）。壮大過ぎて些か現実離れしているようにも見えた井筒の提言が、地に足のついたものだったことは間違いない。

第二のグループ(Ⅱ)は、現代フランスを代表するポスト構造主義哲学者ジャック・デリダ(一九三〇―二〇〇四)について書かれた二篇の論考から成る。井筒はほかに「デリダ現象」と題されたエッセイを八三年に書いているし、さまざまな論考の中で何度も彼に言及している。また、同じ八三年の六月に、実際に彼とパリで直接会って哲学談議を交わしてもいる。本書巻末に付録として収録された「〈解体構築〉DÉCONSTRUCTIONとは何か」は、このときの遣り取りを経てデリダが井筒に宛てて認《したた》めた同年七月一〇日付の書簡である。いったいデリダのどこが、井筒を惹き付けたのだろうか。

ことは、先に触れた深層に、言語アラヤ識に、「コトバ」に、関わる。デリダは膨大な著作を残したが、多くは過去や同時代の(主として)哲学作品に対して彼が「脱構築」と自ら名付けた手法(正確には、先の井筒宛書簡で彼が述べているように、それは手法や方法ではなく、作品に向かい合う或る種の「態度」とでも言うべきものなのだが)によってアプローチすることで為された一種の読み換えである。この読み換えを、先の書簡の訳者・丸山圭三郎(一九三三―一九九三)は、その意を汲んで「解体構築」と訳したのであるが(この訳語は正当なものだが、すでに「脱構築」が邦訳として定着しているので、ここではこちらを用いる)。なぜ、彼はそのような読み換えを敢えてするのか。なぜ、作品が明示的に語っていることを可能なかぎり正確に読み取るのではいけないのか。

あらゆる表現が表現たりうるのは、それが何らかの仕方で物質化され、そのことを通して見られ・聴かれ・触れられ…ることによってである。「言わんとすること(vouloir-dire)」は物質の内にその「痕跡」を残すことで初めて、何かを「言う＝表現する」可能性に開かれる。物に残されたこの痕跡、それをデリダは「(原)エクリチュール」と呼ぶ。「エクリチュール」とは「書かれたもの」という意味だが、それは物の表面に付けられた傷のようなものなのだ。古代バビロニアの石板にびっしり刻み込まれた楔形《くさびがた》を想い起こしてもよい。音声も、何もしなければ音一つ立てない空気に殊更に衝撃を与えそれを振動させることで惹き起こされるものだから、それもここで言う「エクリチュール」の一つである。物質である空気に拡がる衝撃波の下で、何ごとかが言われんとしているのだ。言語とは、こうして物質化されたものから特定の「言わんとされたこと＝意味」を明示的に読み取ることを可能にする規則《コード》の体系にほかならない。

だとすれば、そのように明示的に読み取られる意味は、言語の表層次元を形成する。これに対して「言わんとすること」そのことは、そこからそうした明示的な意味が読み取られるところの痕跡＝「エクリチュール」を物質に残した動向のようなものに違いない。この動向は物質に刻まれた痕跡の陰に隠れて、直接見ることも聴くことも触れることも…できない。すなわち、それは深層に位置する。だが、深層におけるそれは、特定の意味としておのれを表層において実現するに先立って、さまざまな意味の可能性を宿していたはずである(ここで「はず」に注意を促すのは、それがあくまで可能性でしかないからだ)。この可能性へと向けて言語を差し戻し、そこからあらためて新たな表現へと立ち出でること、これが彼の言う「脱構築」なのである。もちろん、この作業に終わりはない。新たな表現として表層に立ち出でたそれは、その深層に別の表現の可能性を宿していることに変わりはないからだ。デリダ自身のエクリチュールが膨大なものとならざるをえないのは、増殖することをやめないのは、この故である。この増殖を止《と》めることができるものがもしあるとすれば、それは死による中断のみなのだ(この点には、のちに立ち帰る)。

すでに明らかだろう。井筒がデリダに関心を示してやまないのは、言語を表層から深層へ送り返し、あらためて表層へと立ち出でては再び深層へと還ってゆく、その飽くなき往還の故なのだ。この往還を、井筒は「砂漠における彷徨」と表現する。デリダの出自はユダヤである。セファルディムと呼ばれるスペイン系ユダヤ人であり、高校卒業までを北アフリカのフランス植民地アルジェで過ごした。前方に拡がる地中海を挟んだ対岸にはスペインとフランスが横たわり、背後には広大なサハラ砂漠が拡がる要塞都市だ。古代より支配者はアラブ、ヨーロッパ、ベルベル、オスマンとたびたび入れ替わるが、

もちろんユダヤはそのいずれにも属さない。太古の昔に安住の地を奪われ「砂漠におけ
る彷徨」を余儀なくされた「出エジプト」の民の血が流れるデリダに、東洋の思考が捉えたこの世界の深層の在りようが文字通り血肉化されている様を、井筒は見たのだ。

絶えず深層から表層へと向かう動向におのれを送り返してやまないこの「彷徨」が「砂漠における」と形容されるのは、そのようにして表層において顕わとなったものの不毛さを示唆しているだろう。耕された大地から産み出された稔《みの》りのようにしっかりと根を張った実在性を獲得するに至る間もなく、砂漠の表面に一刻《いっとき》姿を現わしてはあっという間に姿を消して二度と同じものが現われることのない風紋のように、この「彷徨」は何の実も結ぶことがないからだ。おのれを同一化しうる何ものもないまま、この「彷徨」に身を委ねる以外に生きてゆく途はないのだ。ここに見られる焼け付くような焦燥感こそ、ユダヤの文化の固有性を成している。だからこそその民は、この「彷徨」から解放される唯一の時たる「終末」を渇望してやまないのだ。デリダにもこの「終末」への執拗な関心が裏返しの形で姿を現わしていることを、井筒は指摘している(一二〇―一二三頁、一二六―一二九頁)。

だが、光溢れる表層に姿を現わしたものの実在性が実は何ら確固とした基盤を有していないことは、東洋の思考が共通して喝破した事柄でもある。インド哲学はそれをマー

ヤー、すなわち〈人を惑わせる幻〉としたし、仏教哲学も総じてそれを〈虚妄〉、〈虚仮《こけ》〉と捉えた。老荘はこの世の真相にして深層を「無」ないし「空」と名指すことでそれを表現したし、我が国においてそれは「あはれ」という感情として捉えられた上で、例えば芭蕉において「旅」という形象に結晶する。この世は「百代の過客」にして「行きかふ年もまた旅人」なのであり、すべては底なしの海に浮かぶ「舟の上の生涯」なのだ。「旅を栖《すみか》」とする「漂泊」こそが現実にほかならないと観じた彼自身もまた、「旅に病《やん》で夢は枯野をかけ廻《めぐ》る」と言い留めて客死したのである。先にユダヤにおいて「砂漠」として姿を現わしたものが、我が国においては「旅の枕に結ぶ夢」なのであり、「彷徨」は「漂泊」なのだ。文化における共通の根とその表現型の固有性は、このような仕方で具体化される。

第三グループ(Ⅲ)は、イスラーム神秘主義(スーフィズム)、ユダヤ神秘主義(カッバーラー)、真言密教(空海)、荘子に共通する言語哲学的世界把握を論ずる四篇の論考から成る。ここでは、先行するⅠ、Ⅱで展開された議論においてその下敷きになっていたいわば東洋哲学の「共時的構造」の解明に向けて、より踏み込んだ考察が試みられている。その中心となるのはイスラーム神秘主義を論じた第六論文と、空海の真言密教を論じた第七論文である。井筒がこれらの考察を通して引き出してくる基本構造を些か粗っぼく纏めてみれば、およそ次のようになる。すなわち、私たちの現実の深層に位置して、存在する何ものかとしておのれを実現しようとする或る種の力《エネルギー》で充満したカオスが、その内に孕まれた「コトバ」(言語アラヤ識)という分節化の働きを通して、最終的に〈指示するもの〉と〈指示されるもの〉が一体となった一箇の存在する何かとして明るみの下に姿を現わし(表層の開けた次元を構成し)、そのようにして存在するものすべてが相互に関係し合う一つの体系(コスモス)を形作るに至る。この一連の過程はそのつど一箇の「出来事」として生起しては解体し、一瞬たりともとどまるところを知らない。

この基本構造については井筒自身が「あとがき」であらためて纏めてもいるので、本文を読み進めるに先立って「あとがき」を予《あらかじ》め一瞥《いちべつ》しておくのも一つの読み方かもしれない。ここでは重複を避けて、このⅢのグループに関して次の二点に注目しておきたい。

第一は、井筒の言う「神秘主義」とはいかなるものかである。東洋哲学の神髄をその内に彼が看て取っている以上、この問いを避けて通ることはできない。ところで神秘主義と聞いて私たちが通常イメージするのは、何らかの厳しい修行や鍛錬を通じて、単に考えるだけでは到達できないような真理に直観的に到達する(しばしば「悟り」の境地に入る」と表現されたりする)、といった事態ではないだろうか。そうであれば、それは修行者ではない私たち一般の俗人には縁のない話とならざるを得まい。彼の言う神秘主義にもこうした側面がないわけではないが、彼の場合はもう少し明確かつ哲学的である。

ポイントは二つある。第一のポイントは自己性である。つまり、徹底して自己の内へと沈潜するのだが、それは世界の真の姿におのれ自身が直《じか》に接するためなのだ。おのれのものとならない真理などその名に値しない、と言ってもよい。おのれと真理が一体になる次元へと、おのれの全存在を差し向けるのだ。こう言えば大仰に響くかもしれないが、私たちが何かを真剣に考えるときは誰でもそうしているのではないか。それは、他人ごとではないのだ。すなわち神秘主義とは、真理と自己の不可分性・一体性である。

第二のポイントは、目指されたその真理が論理を超えた次元に位置する点だ。論理を超えている以上非論理的ということになるが、それは単に得体が知れないとか怪しげだということには必ずしもならない。論理の根幹を成すのは例えば同一律だが、それはA=A、つまり或るものと或るものが一義的に対応することにほかならず(その根本は或るものとそれ自身との一義的対応だ)、それはすべてが明々白々たる光の下に立ち出でている表層において確立される。ところが、すでに見たように、深層においては或るものと或るものの結び付きは流動的であり、一義的に安定するということがない。それどころか、或るものの或るものとしての自己同一性さえ一瞬の内に解体してしまったりもする。これが、論理が成立しないという意味で超論理的、非論理的ということなのだ。

私たちがそのような次元にも身を置いていることは、例えば夢を考えてみれば明らかだろう。夢を見ない人はいない。すなわち、それは私たちの世界の紛れもない一部である。ところが、その夢の世界たるや、まるで辻褄《つじつま》が合っていないのだ。とはいえ、それはひたすら荒唐無稽なのかと言えばそうではなく、夢がそのようであることにはそれに固有の筋途といったものが存在する可能性がある。この可能性を、フロイトの精神分析学は或る種の説得力を以って垣間見させてくれた。この「夢に固有の筋途」を表層における論理とは別種の論理と表現することは、不可能ではなかろう。そもそも論理《ロゴス》とは、物事が辿る筋途を指していたからだ。以上を念頭に置いて、井筒の言うところを聴こう。

「神秘主義とは人間が自己自身、すなわちわれわれの真相、本当の姿を直接自覚すること、そして次にまたその自覚の境地に開けてくる意識のある特殊な〔普通のそれとは別種の〕認識地平に顕現する存在の究極的な様相を把握することである」(二二六頁)。イスラーム神秘主義に即しては、次のように述べられる。「哲学として展開した神秘主義、すなわち「イルファーン」あるいは「ヒクマット」は、われわれの日常的意識の働きを超えた根源的に非ロゴス的な意識次元に働く「バシーラ」、内観の目、に映った非ロゴス的存在風景を、その次元特有の意味分節に従って、全く新しくロゴス的に組み立て直したものである…〔。〕意識論とし…ては、意識の超ロゴス的領域の機能構造論であり、存在論としては存在の超ロゴス的様相の構造論である…」(二二三頁)。

つまり彼の言う神秘主義とは、ごく普通の言葉に置き換えれば、存在が「コトバ」を通して形象化されて個々の存在するものへ至る過程を可能なかぎり深く掘り下げて自らの下で実地に体験すること以外ではない。こうした体験へとおのれをあらためて差し向けることを、井筒はデリダの用語で説明してすらいる。曰く、「神秘主義と…は、ある意味で伝統的宗教の中における解体操作である…。つまり神秘主義とは、ある意味で宗教内部におけるデコンストリュクシオン運動である…」(二三七頁)。権威を確立した伝統的宗教の中で教義として一義的に流通するに至った言説を、そうした言葉が発せられるに至る筋途に我が身を置き戻して辿り直さんとする運動、それが神秘主義なのだ。このように捉え直されたそれは、もはや一部の修行者にのみ接近可能なものではない。何かをテクストとして読み解こうとするとき、誰もがその現場に身を置きうるものだからだ。

もう一点注目しておきたいことがある。先に、東洋哲学に通底する構造の一つとして、光溢れる表層に姿を現わしたものの実在性が実は何ら確固とした基盤を有していないとする洞察を挙げた。ところが、空海の真言密教を集中的に論ずる第七論文で井筒は、当の真言密教をこの洞察に対する唯一の例外と位置付けているのである(二七九頁)。なぜなら、私たちの生きるこの世界のすべては、真言密教における究極の存在たる大日如来の語るコトバの顕現体であり、しかも大日如来そのものがコトバ――すなわち、「真言」――とされるからだ。「法身説法」とはこのことを表わしている。それは、法身すなわち大日如来がコトバを語る(説法する)ことで万物が顕現することを示すと共に、法身がすなわち説法(コトバ)であるが故に万物は実在であることをも示しているのである。「要するに、すべてのものは大日如来のコトバ、あるいは、根源的にコトバであるところの法身そのものの自己顕現、ということであって、そのかぎりにおいて現象的存在は最高度の実在性を保証される…」(二八〇頁)。

だが、そうだとすると、先の洞察はどうなるのか。一方は表層に顕現するすべてに最高度の実在性を認め、他方はそれらすべてを幻影にして虚妄として斥《しりぞ》ける。明らかに対立する両者のどちらが、この世界の真相を言い当てているのか。井筒自身はこの対立にどのように応ずるのか。第七論文の展開を見ていくと、真言密教と同様の見解が、すなわち万物の根底に力に充ち溢れた「存在エネルギー」(すべてを存在するところのものとして顕現させる力)を見出す立場が実はイスラーム神秘主義にもユダヤ神秘主義にも存在することが論証され、このことを以って「真言密教は、東洋哲学全体のなかで、ただひとり孤立した立場ではなかった」(三〇七頁)と結論されるのである。こうなると、逆に、真言密教以外のすべての仏教哲学は、唯識も中観も禅も、世界の虚妄性の主張において誤っていたことになる。マーヤーを指摘するインド哲学も、無や空を世界の真相と見る老荘も然りである(荘子の「渾沌」を主題とする第八論文においても、この点は問題と成りうる)。はたして井筒は、そのように考えるに至ったのか。

井筒はこの問題に最終的な決着を与えていない。彼の内には、禅や「もののあはれ」に対する共感もまた間違いなく存在する。そうであれば、対立するように見えるこれら二つの洞察をどのように捉え直せばよいのかを論じなければならないはずだ。ところが管見のかぎり、井筒にこの議論は見当たらない。なぜなのか。この点を明らかにするためには、井筒東洋哲学に批判的検討を加えなければならない。前著『意識と本質』、本書『意味の深みへ』、次著『コスモスとアンチコスモス』を通して練り上げられる井筒東洋哲学の基本的骨格は、すでに本書において(とりわけそのⅢに至って、今や)明らかと言ってよい。以下は、この基本的骨格に即して批判的検討を加える作業に充てられる。

二、井筒東洋哲学の批判的検討に向けて

批判的な検討に値すると思われる論点は、大きく言って二つある。第一に、世界分節化機能を担う「コトバ」の射程が曖昧である点だ。すなわち、私たち人間に固有の言語

（日本語や英語などの各国語、さらにはそれらの根底に存在するとチョムスキーが想定するような「普遍文法」――そのようなものが存在するとして――までを含めてもよい）が深層のどの次元にまで及んでいるのか。先言語的分節化と言語的分節化が区別された上で両者が共に「コトバ」という〈世界を分節化する働き〉――何かを何かとして現象させる機能――に包摂されるとき、その「コトバ」は言語なのか否かが定かでないのである。それもやはり言語だとする主張と、「先言語的」部分を含むとする主張が共在している（例えば六五頁、六七頁）。二つの見解の混在ないし共存を端的に表わす発言としては、次のようなものがある。「「アラヤ識」に蓄えられた「意味」は、言語系であれ非言語系であれ、すべて言語化されている。ただ、その言語化の程度が様々に異なる、というだけのこと」（三二七頁、強調は引用者）。井筒のこの主張が間違っていると言いたいのではない。〈「非言語」も「言語」である〉という一見矛盾した主張が可能になるのは、そこにどのような関係性が成立しているが故なのかについての立ち入った議論が必要だと言いたいのである。単に「言語化の程度が様々に異なる」と云う「程度の差」だけでは、ここで生じている事態の解明には不十分に思われるのだ。

　すでにメルロ＝ポンティや丸山圭三郎らが指摘しているように、私たち人間の下では世界の知覚レヴェルでの分節化にまで言語は深く浸透している。「虹は七色」と相場が決まっている日本語の下で私たちは実際虹にこの七色を知覚できるが、それを五色と捉える多くの欧米語の下で彼ら欧米人はそこに五色を見て満足(?)している。さまざまな雪の形状を見分ける北国の言葉や、白から灰色に至る微妙な色調の違いを表現するイヌイットの言葉など、この種の実例には事欠かない。この意味では、「コトバ」はつねにすでに言語である。だが他方で、動物たちにも世界が現象している(何かが何かとして姿を現わしている)ことを疑う人もいないだろう。そうでなければ、ペットとじゃれ合うことも躾《しつ》けることもできない。そうであるなら、言語をもたない彼らの下でも、世界の分節化の働きである「コトバ」は機能していることになる。いまだ言語を習得していない乳飲み子たちの下でも事情は同様である可能性が高い。このかぎりで、それらは「先言語的」なのである。

両立不可能に見える両方の見解は、それにも拘《かか》わらず両立可能なのだが(したがって、両者が共存する井筒の事態把握自体は間違っていない)、それらがどうして共存可能なのかが明らかでないのだ。この点を明らかにすることは、先に指摘した現象する世界の実在性をめぐる問題(それに「最高度の実在性」を認める立場と、それを「虚仮」として斥ける立場もまた、井筒において共在していた)にも光を投げ掛けてくれる。そのためには、世界の諸存在者間に成り立っている或る独特の関係に注目する必要がある。この関係を、一九世紀末から二〇世紀初頭にかけて展開した独墺学派の論理学に端を発してフッサールからメルロ＝ポンティへと受け継がれた「基付け」(Fundierung)関係なるものの内に看て取ることができる。それは凡《およ》そ次のような関係である。すなわち、世界内の存在者間には或る種の階層関係が成り立っているのだが、それは下の階層が上のそれの存立を「支え」、かつそのようにして存立する上の階層が下のそれを「包む」という関係だ。

例えば、さまざまな原子たちから成る存在階層は、これまたさまざまな量子たちから成る存在階層にその存立を「支え」られている。つまり、量子なくして原子は存在しない。しかし、ひとたび原子という仕方で存在する存在者たちが成立した暁には、その存立を支える量子たちの存在の仕方は原子のそれの下に「包まれる」。原子の存立以前にはランダムに運動しているに過ぎなかったそれら量子たちは、今や原子核を構成する陽子や中性子と、その周りを取り囲む電子に分かれてそれぞれに振る舞うようになるのだが、量子たちのこの振る舞いを規整する原理は原子という存在秩序に由来する。つまり、原子なくして量子のそれらの振る舞いは存在しない。一方の存在階層が他方のそれを「支え」、かつ、そのようにして支えられた存在階層がそれを支える階層を「包む」というこの関係は、世界の諸存在階層間に成り立つ或る種の普遍性を具えている。それは原子と分子の間にも、分子と高分子化合物の間にも、さらにはそれら物質と生命の間にも成り立っているからだ。

例えば単細胞生物と物質の間には、単なる物質間には存在しなかった振る舞いが代謝(物質交替)という仕方で実現されるし、植物と二酸化炭素や酸素の間においても事情は同様である。すなわち植物的存在秩序においては光を媒介にして二酸化炭素は酸素と炭素に分解され、分解された前者は大気中に放出され後者は植物の内に吸収される。光合成であり、酸素や炭素のこのような動きはそれ以前には存在しなかった。ところが、私たち動物的存在者間では、酸素と炭素はこれと逆の動きをする(前者は吸収され、後者が放出される)。かつ、多くの動物たちは、植物を摂取することでおのれの生命を「支え」ている。肉食動物も草食動物を食することで植物の恩恵を被っているのだから、植物なくして動物は存在しないと言ってよいのであり、生物の諸階層間にも「基付け」関係は成り立っている。

ここで注目すべきは、この関係における上位の層にとって何がその存立に資し、何がそれを脅かすかは当の上位層の存在体制の側から定まるという点だ。植物にとっては炭素がその存立に資し、酸素はその妨げとなる。動物においては逆であり、一酸化炭素など吸ってしまったらそれこそ致命的である。いずれにおいても、おのれの存在を維持するために正あるいは負の価値を担ったものが紛れもなく存在している。逆から言えば、こうした価値を一切もたないものは存在しないに等しい。ここで「存在しないに等しい」とは、文字通りに受け取られねばならない。そのようなものは、端的に「存在しない」のだ。当該の存在秩序と何の接点もないなら、その存在を云々するどんな余地もないからである。そのようなものがなお当該の存在秩序の外部にあると言えるのは、そのようなものとの何らかの接点が成立している(つまり、別の存在秩序に立っている)から以外ではないのだ。

ここで、現象するものの実在性をめぐる問題に戻ろう。何かが何かとして存在することは、その何かが当の何かとして現象することと切り離すことができない。このとしてがいかなる意味でも失われてしまったなら、もはや「何か」であることが不可能になってしまうからだ。そして、何ものでもないものに関しては、その存在を云々する余地はない。このことは、何かが存在するのは必ず何らかの存在秩序に対してであることを意味する。一切の存在秩序と独立に、ただ何かがあるということは不可能なのだ。私たちに対して現象するのとは独立にそれ自体で何かがあるという想定が成り立つのは、そのようなそれ自体がそれ自体として存在する存在秩序に対して以外ではない。このような存在秩序がしばしば「神」、すなわち「絶対者」と呼ばれてきたのである。神の前に／

に対して世界がそのようなものとして姿を現わしたとき、世界は存在するに至ったのだ。世界創造とはこのことにほかならない。このとき、世界は確かに存在する。ましてや、その存在は絶対者たる神に対して姿を現わしたのだから、「最高度の実在性」をもって存在すると言ってよい。空海が「法身説法」と述べたとき考えていたのは、絶対的な存在者すなわち「法身」が世界をそのようなものとして分節化し、この意味で「コトバ」である(「説法」する)ことを以って世界が存在するという事態だった。

では、「法身」とは存在秩序を異にする私たちにおいて、事態はどうなっているのか。私たちには私たちなりの仕方で、世界は姿を現わす。すなわち、そのような仕方で存在する。このときのそのような仕方での存在が、はたして虚妄なのか否かが問われていたのだった。そのような仕方での存在があくまで私たちにとっての(私たちに対する)それ以外ではないことは、今や言うまでもない。だが、それが私たちにとってなくてはならないものであることもまた、明らかである。そのような仕方で存在するものに「支え」られて初めて、私たちはおのれの存在を全うできるからだ。この意味で、それは虚妄ではない。雲や霞を、夢や幻を食べて生きていくことはできないが、私たちは確かに生きているからだ。私たちの存在をそれが根底で支えているかぎりで、それは存在する＝実在すると言ってよい。存在するとは、そのような意味以外ではありえない。

「基付け」関係を構成する一方の契機である「支える」と並んで、他方の「包む」側面も見逃してはならない。上位の層を「支える」下位の層がそのような仕方で存在すること(今やそのような仕方で以外には存在しないのだが)そのことは、上位の層が下位の層を「包む」ことによってのみ可能なのだった。このことを先の「先言語的分節化」と「言語的分節化」の関係(「コトバ」においてこの両者が混在ないし共在しているように見えた)に即して見れば、事態は次のようになっているはずなのだ。すなわち、ひとたび言語的分節に基づく存在秩序が成立したなら、その秩序を支えるすべてはこの言語の作動原理に「包まれ」て姿を現わす。つまり「先言語的分節化」は、もはやそのままの形ではどこにも存在しないのである。敢えて言えば、「先言語的分節化」はそのようなものとして言語的に分節化されてのみ、存在する。それは確かに言語に先立って存在していたはずであるにも拘わらず、である(これが、「先言語的」と「言語的」が共存することの内実を成す)。仮にそれが再びそのままの形で姿を現わすことがあるとすれば、それは言語的存在秩序が何らかの事情で解体した後のことに過ぎない。だがそのときには、それは「先言語的分節化」ですらない。それをそのようなものとして名指す言葉が存在しないからだ。ちょうど、ひとたび逆上がりの仕方を身に付けたなら、もはやいかにしてもそれを身に付ける以前の筋肉や四肢の使い方を再現することも思い出すこともできないようなものなのである。

これを神という絶対者の下での世界創造の場面に置き移してみれば、どうなるだろうか。今や神の前に世界が存在するところのものとして姿を現わしている。すなわち、存在という秩序が成立したのだ。では、それ以前に世界はどうなっていたのか。存在以前なのだから、それは無か。だが、無がそのままの形で姿を現わすことはないのだった。そもそもそれが姿を現わすのであれば、それは「何か」なのだから無ではない。かくして、創造以前は、〈いまだ何ものでもないところの何か〉としてかろうじて姿を現わすほかない。これが「カオス」であり、「渾沌」なのだ。何かとして明確に規定されて姿を現わす以前に位置して、かつあらゆる規定を受けることができるところの何か（このときの「何か」は「規定されていない」ことを表現しようとしている）、である。とはいえ、そのように述べること自体がすでに一つの規定となってしまうことは、先の「先言語的」が「言語的」であることとの一様態以外でないのと同様なのだ。つまり、存在という秩序の下ではすべてが当の存在の光に照らし出されて姿を現わすほかないのであり、井筒が東洋哲学の根本に認める「力」という「存在エネルギー」もまた然りなのである。彼がこれをしばしば「意味エネルギー」と言い換えるのは（八九頁、二八四頁、三二六―三二七頁など）、意味こそが何かを何かとして規定することを以って当の何かを〈存在するところのもの〉たらしめるからにほかならない。かくして、それが「カオス」と呼ばれようが「渾沌」と名付けられようが、さらには「空」と呼ばれようが「無」と名付けられようが、いずれもが〈存在するものとして何ものかが立ち出でんとする動向〉をすでに孕み、この動向で隅々まで充たされることになる。すなわち、すべてが分節化の動向(「先言語的」と「言語的」を共在させる「コトバ」)に貫かれているのであり、単に法身が語るのみならず、法身という世界の本体(大日如来)自体がすでに「コトバ」なのである(二九二頁)。

ここに、井筒を批判的に検討せねばならない第二の論点が現われる。今見たように、「カオス」状態にある「意味エネルギー」ないし「存在エネルギー」を指し示すにあたって仏教哲学は、いや老荘やインドやイスラームやユダヤを含む全東洋哲学は、その状態にあってはいまだ存在する何ものの影も見えないが故に、しばしば「空」あるいは「無」という概念を用いる。だが、これら両概念が示唆する事態ははたして同じだろうか。仮に「空」が、いまだ何かとして分節化された何ものも姿を現わしていないにも拘わらず、そうした分節化への動向に充ち満ちた力の塊(「存在(意味)エネルギー」)を指し示すものだとすれば、そうした動向の片鱗も、その予兆すら見出すことのできない事態(こちらを仮に「無」としよう)をどう考えたらよいのか。ここで問うてみたいのは、

「無」はあくまで「空」の延長上に位置するその極限なのか、それとも「空」とは決定的に区別された・それとは異質の次元を指し示すものなのかという点である。

すでに見たように、井筒において「無」はあくまで前者以外ではなかった(四七―五一頁、三二五―三二七頁をも参照)。だが、そのような事態把握ははたして事柄に即したものなのかに関して、疑義がある。「無」には後者のような側面もまた孕まれてはいないか。後者の方向に思考を進めるにあたって通路となりうるのは、「死」という事態だ。この文章を書いている私の下でも、これを読んで下さっている読者の皆さんの下でも、世界はいま・ここで・現に姿を現わしている。確かにそれはあっという間に、あるいはいつとはなしに姿を消してしまうのだが、そのたびごとに・そのつど・あらためて世界は姿を現わす。こうしたことがいつまでもつづくようにも思われるのだが、ひょっとしてそれは、或るときを境に金輪際失われてしまうのではないか。それが、私の死ということではないか。死に対して私たちが抱く漠然としたイメージ(の少なくとも一つ)は、このようなものではないか。

だが、これには異論がある。世界がいま・ここで・現に姿を現わすと云った事態は個々人の死を越えていつまでもつづくのであって、それが金輪際失われて二度と回帰しないなどということはない。私が生まれる前も、死んだ後も、生命の営みがつづくかぎり世界はずっといま・ここで・現に姿を現わしつづけて来たし、これからもそうでありつづける。私の死は、たまたま特定の一人物がこうした世界の現出に居合わせなくなったということに過ぎない。それは、表層において特定の一人物として分節化されて姿を現わした私が、何かとして分節化されて世界が姿を現わす以前に位置する深層の次元（あの「存在エネルギー」の塊、すなわち「渾沌」）に戻って行くこと以外ではない。私が死んでも、この深層次元から世界が絶えず・そのつど・あらためて、別の私の下で姿を現わしつづけることに変わりはないし、私もまたそのようにして姿を現わしたのだから、ここではつねに同じことが反復されているのだ。すなわち、死は何ら怖れるべきものではない。精一杯生きて、安らかにかつての「昏き」（いまだ何かが何かとして明確な輪郭をもつ以前の）次元へ戻って行けばよい。

確かに、個々人の生死を越えて、さらには特定の種の存亡をも越えて連綿と維持されていく生命それ自体の展開という観点から事態を眺めるかぎり、事態をこのように捉えることには充分な説得力がある。世界の根底に絶えずおのれを更新・昂進してやまない「存在エネルギー」の活動を看て取る東洋哲学の基本的動向にも沿っている。死をめぐる問題に対する井筒の対応もこちらだ。すべては、先に述べた意味での「空」から生じ、再び「空」へと戻る過程を反復しつづけている。そこで「無」という表現が使われたとしても、それはここでの「空」と基本的には同じ事態を指し示しているのであり、せいぜい「空」という「存在エネルギー」の充満がそこから生じた極限地点を指し示すにとどまる。そのような極限に向かい合いうるものがもしいるとすれば、それは世界を存在へと呼び出した(それ自身は「コトバ」であるところの)神あるいは大日如来以外にない。実際、井筒は、この種の議論をイスラーム神学やユダヤ神学の中に追究している(例えば、二九四―三〇一頁)。だが、それはあくまで神学上の議論にとどまる。神学者ならぬ私たちは、そのような神あるいは大日の懐に(すなわち、「コトバ」に)安心して身を委ねればよいのである。

死に対する東洋哲学の対応が概ねこのように「大らか」で肯定的なものであるのに対して、西洋におけるそれは些か様相を異にしている。遥かに「暗く」、「悲愴」なのだ。「陰鬱」で「神経質《ナーヴァス》」と言ってもよい。井筒もこの点を指摘しつつ、それを彼は身体的・物理的な苦痛や醜さや惨めさが纏綿《てんめん》する死に対する「恐怖」に帰着させ、西洋に特徴的な消極的で一面的な態度と看做して斥ける(三一四―三一五頁)。「一蹴する」と言うのは言い過ぎだとしても、少なくとも真剣な検討の対象としてそれ以上取り上げることはなかった。だが、死に対する西欧のこのような対応の中には、ひとたび失われたら最後、もはや二度と還らないものへの洞察が隠されてはいないだろうか。そのようなものに対する切迫した哀惜の念が、その対応に陰影を帯びさせているのではないか。

これは、死の中にもはや二度と反復されないものを、つまりあの「存在エネルギー」に回帰するのではないものの影を、西洋が看て取った可能性を示唆する。もし、死の中にそのような問題次元が隠されているのだとしたら、それは、「空」という「存在エネルギー」の充満の延長上にその極限として位置する「無」、つまりそこから「存在」が誕生したところの「無」ではなく、いかなる存在の兆しも見いだされない端的な「無」、存在とは別の、全く異質な次元を構成するところの「無」に、神ならぬ私がほかならぬ私の死において(なぜなら、死ぬのは私なのだから)直面することを意味する。ひょっとして私は、私しかそれを担うことができず、いや「担う」というのが言い過ぎなら、誰も私に代わってそれを「被る」ことができず、私の死と共に永遠に失われるそれを携えて、死ぬのではないか。逆に言えば、そのようなものが被られたことの証しが、私の生きることなのだ。

そしてその証言は、私以外にそれを為しうる者が誰一人いない以上、私の死と共に永遠に失われる。そうであればその証言は、最終的には私からその端的な「無」へと向けて為されたのだ。もちろん、私の生きることがその証しなら、それはそのつど何らかの具体的な形を取って、私を取り囲む他人たちに差し出されることになる。誰も一人で生きてはいないし、生きていけもしないからだ。しかし、その証言がどのように受け取られたか、いや、そもそもそれが証言として受け止められたか否かさえ、当の私には判断する術《すべ》がない。私は他人ではないからだ。証言となりうるか否かさえ定かでない証言、ひたすら差し出されるしかない証言、それを今、端的な「無」に向けて為された証言と述べたのである。

死の中にこのような端的な「無」の可能性を看て取った思考を、二〇世紀を代表する哲学者の一人、その主著『存在と時間』で死に集中的な分析を加えたマルティン・ハイデガーの内に認めることができる。言語と詩をめぐってもまた展開されたその哲学に、井筒も並々ならぬ関心を示していた。だが、死の問題に限って言えば、「渾沌」たる「存在エネルギー」への回帰として死を捉える東洋哲学に顕著な事態把握の圏内にあった彼が、ハイデガーの死の分析に立ち入った形跡はない。だが、その分析の中でハイデガーは、私の存在を「無の無的な(無力な)根拠」(誰も代わりに被ることができず、早晩無に帰するしかないものを、ただそうであるが故に被って立つ無力な私)と捉えることで、死を通して端的な「無」に、すなわち、「空」(彼はこれを「存在者」と区別して、あらためて「存在」として提示する)とは異質な次元を画する「無」に、向かい合った可能性があるのだ。この厳密な意味での「無」に思考が触れたとき初めて、かの「存在エネルギー」の根底性が相対化される。全東洋哲学の一方の根本洞察だったすべてが虚仮である可能性は、この地点に至って初めて思考の事柄となるのではないか。

もっとも、これはあくまで可能性にとどまる。いかに端的な「無」と言っても、私たちはすでに「存在」の秩序に身を置いている以上、すべてはその「存在」の光の下でしか姿を現わさないからだ。私たちの眼は、先の「空」と「無」を見分けることができないのである。事情は「先言語的」と「言語的」の不可避の重なり合い（あの「基付け」関係である）と同様であり、端的な「無」など文字通り「どこにもない」ことを忘れてはならない。だが、『存在と時間』以後のハイデガーの思考の歩みを、この「どこにもない」「無」をめぐる格闘と見ることもまた、あくまで可能だとここでは言っておこう。

最後に一言触れておきたいのは、本書の議論の重要な一角を占めるデリダにおける死の問題である。デリダのまるで焦燥に衝き動かされたかのようなエクリチュール（書くこと）への固執には、今述べた「証言」としての性格が色濃く認められるのだ。井筒はそれを「砂漠における彷徨」と表現したのだが、この「彷徨」へとデリダを駆り立ててやまなかったものは何だったのか。井筒はそれを、安住の地を追われてさまよいつづける民族の歴史に由来するユダヤ性の内に見た。このことを全面的に否定するつもりはないが、そのユダヤ性の根本にデリダが見ていたのは、ひとたび失われたら二度と回帰することのない端的な「無」の影を宿した死だったのではないか。

いつまでもつづく流浪の生活に終止符を打ち永住の地を約束してくれる終末をユダヤが待望しているのに対して、デリダ自身はそうした終末論に厳しく対峙しつづけたことについては先に触れた。これは彼が死の中に、そこへと回帰することで安らいうる次元とは別の、すべてが端的に失われる事態を看て取ったことの証左ではないか。私の死においてこうした端的な「無」に直面した存在にとって、そのすべての営みが挙げてその「無」に対する証言と成らざるをえない筋途については、今述べた。そのような証言として、デリダのあの膨大なエクリチュールは紡ぎ出されつづけたのではないか。この営みを中断しうるのは死のみであり、かつその中断は不可避なのだ。「存在」を宙吊りにしたまま「無」の内に遺棄するこの中断こそ、彼の全営為がそれに対する応答であるが故にその到来を待望してやまなかったところのものだったかもしれないのである。井筒も引用しているデリダの次の発言をこの文脈で読む余地がある。「私は事実、自分のなかの深いところで、何かの到来を待っている。何かを探し求めてやまないものが、私のなかにあるのです」(一二八頁)。

仮にそうだとすれば、デリダと井筒の対話はまだ始まったばかりだと言わねばならない。考えるべき問題が手つかずのまま残っているからだ。デリダ自身は、そのようなエクリチュールの営みをあくまで護るために「政治」という存在様態が避け難く要請される筋途へと歩み入ることになる。だがこの筋途は、井筒東洋哲学にとっても決して無縁ではないのだ。とりわけ禅を論ずるとき彼が強調してやまないのは、(いずれの意味に取るにせよ)「無」に直面した者が進むべき途は孤絶したその境地にとどまりつづけることではなく、多くの人たちが共に暮らす「街」に帰り、自らもそこを棲み家として生きることだったからである。すべてが「無」に帰するまでは。これを禅は「入鄽垂手《にってんすいしゅ》」と表現する。「鄽」は人々の集まり棲む「街」を意味する。人は一人では生きていけない以上、誰もがこの意味での「街」に住む。その「街」に「垂手」して(手ぶらで、一物ももたず)帰って行くのだ。これは、先の「無」を忘れることではない。そうではなく、「存在」の次元に身を置きつつ(生きているかぎり、そうでしかありえない)、つまり「街中《まちなか》」にあって、おのれがつねに曝《さら》されている「無」にそのつど覚醒することなのである。

端的な「無」は、それが「存在」とは別の次元を画するものであるかぎりで、すべてが何らかの仕方で(あるいは、その根底において)「存在」に関わる私たちの現実——この自然——の彼方に位置する。この意味で、端的な「無」に向かい合う思考が身を置く場所は、「自然《ピュシス》を超えた《メタ》ものに関わる学＝形而上学《メタ・ピュシカ》」となる。他方で「存在」は、さまざまな存在者がひしめき合う自然の只中にあって、その共存の作法を追求する「街《ポリス》の学＝政治学《ポリティカ》」を要請する。「形而上学」と「政治学」が、思考の両輪なのだ。「存在」と「無」を二重写しに見るこうした眼を具えた人物を、東洋は古来「複(双)眼の士」と呼んできた。その眼に映る「存在」と「無」をめぐって東洋と西洋があらためて思考を積み重ねていく「好機」が、今や私たちの前に到来している。

ヤ　行

ラ　行

ワ　行

タ　行

ナ　行

ハ　行

マ　行

人名索引

＊本書の内，I・II・III・あとがきに出てくる人名を，頁数で示した．

ア　行

カ　行

サ　行

【編集付記】

一　本書は、一九八五年十二月、岩波書店刊『意味の深みへ』を底本とした。

一　本文末に、ジャック・デリダの「〈解体構築〉DÉCONSTRUCTIONとは何か」(丸山圭三郎訳)を付した。

一　適宜、漢字語に振り仮名を付した。

一　明らかな誤記は、訂正した。

一　巻末に「解説」を付した。

一　本文中に、今日からすると不適切な表現があるが、原文の歴史性を考慮してそのままとした。

(岩波文庫編集部)

意味《いみ》の深《ふか》みへ——東洋哲学《とうようてつがく》の水位《すいい》

2019年3月15日　第1刷発行
2024年7月25日　第7刷発行

著　者　井筒俊彦《いづつとしひこ》

発行者　坂本政謙

発行所　株式会社 岩波書店
〒101-8002 東京都千代田区一ツ橋 2-5-5
案内 03-5210-4000　営業部 03-5210-4111
文庫編集部 03-5210-4051
https://www.iwanami.co.jp/

印刷・三陽社　カバー・精興社　製本・中永製本

ISBN 978-4-00-331854-6　Printed in Japan

読書子に寄す

——岩波文庫発刊に際して——

岩波茂雄

真理は万人によって求められることを自ら欲し、芸術は万人によって愛されることを自ら望む。かつては民を愚昧ならしめるために学芸が最も狭き堂宇に閉鎖されたことがあった。今や知識と美とを特権階級の独占より奪い返すことはつねに進取的なる民衆の切実なる要求である。岩波文庫はこの要求に応じそれに励まされて生まれた。それは生命ある不朽の書を少数者の書斎と研究室とより解放して街頭にくまなく立たしめ民衆に伍せしめるであろう。近時大量生産予約出版の流行を見る。その広告宣伝の狂態はしばらくおくも、後代にのこすと誇称する全集がその編集に万全の用意をなしたるか。千古の典籍の翻訳企図に敬虔の態度を欠かざりしか。さらに分売を許さず読者を繫縛して数十冊を強うるがごとき、はたしてその揚言する学芸解放のゆえんなりや。吾人は天下の名士の声に和してこれを推挙するに躊躇するものである。このときにあたって、岩波書店は自己の責務のいよいよ重大なるを思い、従来の方針の徹底を期するため、すでに十数年以前より志して来た計画を慎重審議この際断然実行することにした。吾人は範をかのレクラム文庫にとり、古今東西にわたって文芸・哲学・社会科学・自然科学等種類のいかんを問わず、いやしくも万人の必読すべき真に古典的価値ある書をきわめて簡易なる形式において逐次刊行し、あらゆる人間に須要なる生活向上の資料、生活批判の原理を提供せんと欲する。この文庫は予約出版の方法を排したるがゆえに、読者は自己の欲する時に自己の欲する書物を各個に自由に選択することができる。携帯に便にして価格の低きを最主とするがゆえに、外観を顧みざるも内容に至っては厳選最も力を尽くし、従来の岩波出版物の特色をますます発揮せしめようとする。この計画たるや世間の一時の投機的なるものと異なり、永遠の事業として吾人は微力を傾倒し、あらゆる犠牲を忍んで今後永久に継続発展せしめ、もって文庫の使命を遺憾なく果たさしめることを期する。芸術を愛し知識を求むる士の自ら進んでこの挙に参加し、希望と忠言とを寄せられることは吾人の熱望するところである。その性質上経済的には最も困難多きこの事業にあえて当たらんとする吾人の志を諒として、その達成のため世の読書子とのうるわしき共同を期待する。

昭和二年七月

《日本文学（古典）》〔黄〕

- 古事記　倉野憲司校注
- 日本書紀　全五冊　坂本太郎・家永三郎・井上光貞・大野晋校注
- 万葉集　全五冊　佐竹昭広・山田英雄・工藤力男・大谷雅夫・山崎福之校注
- 竹取物語　阪倉篤義校訂
- 伊勢物語　大津有一校注
- 玉造小町子壮衰書 ―小野小町物語　杤尾武校注
- 古今和歌集　佐伯梅友校注
- 土左日記　紀貫之　鈴木知太郎校注
- 蜻蛉日記　今西祐一郎校注
- 紫式部日記　池田亀鑑・秋山虔校注
- 紫式部集 付 大弐三位集・藤原惟規集　紫式部　南波浩校注
- 源氏物語　全九冊　柳井滋・室伏信助・大朝雄二・鈴木日出男・藤井貞和・今西祐一郎校注
- 源氏物語補作 山路の露・雲隠六帖 他二篇　今西祐一郎編注
- 枕草子　池田亀鑑校訂
- 和泉式部日記　清水文雄校注
- 更級日記　西下経一校注
- 今昔物語集　全四冊　池上洵一編
- 堤中納言物語　大槻修校注
- 西行全歌集　久保田淳・吉野朋美校注
- 建礼門院右京大夫集 付 平家公達草紙　久松潜一・久保田淳校注
- 拾遺和歌集　小町谷照彦・倉田実校注
- 後拾遺和歌集　久保田淳・平田喜信校注
- 金葉和歌集　川村晃生・柏木由夫・伊倉史人校注
- 詞花和歌集　工藤重矩校注
- 古語拾遺　斎部広成撰　西宮一民校注
- 王朝漢詩選　小島憲之編
- 新訂 方丈記　市古貞次校注
- 新訂 新古今和歌集　佐佐木信綱校訂
- 新訂 徒然草　西尾実・安良岡康作校注
- 平家物語　全四冊　梶原正昭・山下宏明校注
- 神皇正統記　北畠親房　岩佐正校注
- 御伽草子　全二冊　市古貞次校注
- 王朝秀歌選　樋口芳麻呂校注
- 定家八代抄 ―続王朝秀歌選　全二冊　樋口芳麻呂・後藤重郎校注
- 閑吟集　真鍋昌弘校注
- 中世なぞなぞ集　鈴木棠三編
- 千載和歌集　久保田淳校注
- 謡曲選集 読む能の本　野上豊一郎編
- おもろさうし　外間守善校注
- 太平記　全六冊　兵藤裕己校注
- 好色一代男　井原西鶴　横山重校訂
- 好色五人女　井原西鶴　東明雅校註
- 武道伝来記　井原西鶴　前田金五郎・横山重校注
- 西鶴文反古　井原西鶴　片岡良一校訂
- 芭蕉紀行文集 付 嵯峨日記　中村俊定校注
- 芭蕉おくのほそ道 付 曾良旅日記・奥細道菅菰抄　萩原恭男校注
- 芭蕉俳句集　中村俊定校注
- 芭蕉連句集　中村俊定・萩原恭男校注
- 芭蕉書簡集　萩原恭男校注
- 芭蕉文集　潁原退蔵編註

芭蕉俳文集 全二冊　堀切実編注
芭蕉自筆 奥の細道　上野洋三・櫻井武次郎校注
蕪村俳句集 付 春風馬堤曲 他二篇　尾形仂校注
蕪村七部集　伊藤松宇校訂
近世畸人伝　伴蒿蹊・森銑三校註
雨月物語　上田秋成・長島弘明校注
宇下人言 修行録　松平定信・松平定光校訂
新訂 一茶俳句集　丸山一彦校注
一茶 父の終焉日記・おらが春 他一篇　矢羽勝幸校注
増補 俳諧歳時記栞草 全二冊　曲亭馬琴編・藍亭青藍補・堀切実校注
北越雪譜　鈴木牧之編撰・京山人百樹删定・岡田武松校訂
東海道中膝栗毛 全二冊　十返舎一九・麻生磯次校注
浮世床　式亭三馬・和田万吉校訂
梅暦 全二冊　為永春水・古川久校訂
百人一首一夕話 全二冊　尾崎雅嘉・古川久校訂
こぶとり爺さん・かちかち山 ―日本の昔ばなしⅠ　関敬吾編
桃太郎・舌きり雀・花さか爺 ―日本の昔ばなしⅡ　関敬吾編
一寸法師・さるかに合戦・浦島太郎 ―日本の昔ばなしⅢ　関敬吾編
芭蕉臨終記 花屋日記 付 芭蕉翁終焉記・前後日記・行状記　小宮豊隆校訂
醒睡笑 全二冊　安楽庵策伝・鈴木棠三校注
歌舞伎十八番の内 勧進帳　郡司正勝校注
江戸怪談集 全三冊　高田衛編・校注
柳多留名句選　山澤英雄選・粕谷宏紀校注
松蔭日記　上野洋三校注
鬼貫句選・独ごと　復本一郎校注
井月句集　復本一郎編
花見車・元禄百人一句　雲英末雄・佐藤勝明校注
江戸漢詩選 全二冊　揖斐高編訳
説経節 俊徳丸・小栗判官 他三篇　兵藤裕己編注

《日本思想》〔青〕

- 風姿花伝（花伝書）　世阿弥／野上豊一郎・西尾実 校訂
- 五輪書　宮本武蔵／渡辺一郎 校注
- 葉隠 全三冊　山本常朝／和辻哲郎・古川哲史 校訂
- 養生訓・和俗童子訓　貝原益軒／石川謙 校訂
- 貝原益軒 大和俗訓　石川謙 校訂
- 蘭学事始　杉田玄白／緒方富雄 校註
- 島津斉彬言行録　牧野伸顕 序
- 塵劫記　吉田光由／大矢真一 校注
- 兵法家伝書 付 新陰流兵法目録事　柳生宗矩／渡辺一郎 校注
- 農業全書　宮崎安貞 編録／貝原楽軒 刪補／土屋喬雄 校訂
- 上宮聖徳法王帝説　東野治之 校注
- 霊の真柱　平田篤胤／子安宣邦 校注
- 仙境異聞・勝五郎再生記聞　平田篤胤／子安宣邦 校注
- 茶湯一会集・閑夜茶話　井伊直弼／戸田勝久 校注
- 西郷南洲遺訓 附 手抄言志録及遺文　山田済斎 編
- 文明論之概略　福沢諭吉／松沢弘陽 校注

- 新訂 福翁自伝　富田正文 校訂
- 学問のすゝめ　福沢諭吉
- 福沢諭吉教育論集　山住正己 編
- 福沢諭吉家族論集　中村敏子 編
- 福沢諭吉の手紙　慶應義塾 編
- 新島襄の手紙　同志社 編
- 新島襄 教育宗教論集　同志社 編
- 新島襄自伝 —手記・紀行文・日記　同志社 編
- 植木枝盛選集　家永三郎 編
- 日本の下層社会　横山源之助
- 中江兆民 三酔人経綸問答　桑原武夫・島田虔次 訳・校注
- 中江兆民評論集　松永昌三 編
- 一年有半・続一年有半　中江兆民／井田進也 校注
- 憲法義解　伊藤博文／宮沢俊義 校註
- 日本風景論　志賀重昂／近藤信行 校訂
- 日本開化小史　田口卯吉／嘉治隆一 校訂
- 新訂 蹇蹇録 —日清戦争外交秘録　陸奥宗光／中塚明 校注

- 茶の本　岡倉覚三／村岡博 訳
- 武士道　新渡戸稲造／矢内原忠雄 訳
- 新渡戸稲造論集　鈴木範久 編
- キリスト信徒のなぐさめ　内村鑑三
- 余はいかにしてキリスト信徒となりしか　内村鑑三／鈴木範久 訳
- 代表的日本人　内村鑑三／鈴木範久 訳
- 後世への最大遺物・デンマルク国の話　内村鑑三
- 宗教座談　内村鑑三
- ヨブ記講演　内村鑑三
- 足利尊氏　山路愛山
- 徳川家康 全二冊　山路愛山
- 妾の半生涯　福田英子
- 三十三年の夢　宮崎滔天／島田虔次・近藤秀樹 校注
- 善の研究　西田幾多郎
- 西田幾多郎哲学論集 II —論理と生命 他四篇　上田閑照 編
- 西田幾多郎哲学論集 III —自覚について 他四篇　上田閑照 編
- 西田幾多郎歌集　上田薫 編

西田幾多郎講演集 — 田中裕編
西田幾多郎書簡集 — 藤田正勝編
帝国主義 — 幸徳秋水／山泉進校注
兆民先生 他八篇 — 幸徳秋水／梅森直之校注
基督抹殺論 — 幸徳秋水
貧乏物語 — 河上肇／大内兵衛解題
河上肇評論集 — 杉原四郎編
西欧紀行 祖国を顧みて — 河上肇
中国文明論集 — 宮崎市定／礪波護編
史記を語る — 宮崎市定
中国史 全二冊 — 宮崎市定
大杉栄評論集 — 飛鳥井雅道編
女工哀史 — 細井和喜蔵
奴隷 —小説・女工哀史1 — 細井和喜蔵
工場 —小説・女工哀史2 — 細井和喜蔵
初版 日本資本主義発達史 全二冊 — 野呂栄太郎
谷中村滅亡史 — 荒畑寒村

遠野物語・山の人生 — 柳田国男
海上の道 — 柳田国男
野草雑記・野鳥雑記 — 柳田国男
孤猿随筆 — 柳田国男
婚姻の話 — 柳田国男
都市と農村 — 柳田国男
十二支考 全二冊 — 南方熊楠
津田左右吉歴史論集 — 今井修編
特命全権大使 米欧回覧実記 全五冊 — 久米邦武編／田中彰校注
日本イデオロギー論 — 戸坂潤
古寺巡礼 — 和辻哲郎
風土 —人間学的考察 — 和辻哲郎
イタリア古寺巡礼 — 和辻哲郎
倫理学 全四冊 — 和辻哲郎
人間の学としての倫理学 — 和辻哲郎
日本倫理思想史 全四冊 — 和辻哲郎
「いき」の構造 他二篇 — 九鬼周造

九鬼周造随筆集 — 菅野昭正編
偶然性の問題 — 九鬼周造
時間論 他二篇 — 九鬼周造／小浜善信編
田沼時代 — 辻善之助
パスカルにおける人間の研究 — 三木清
構想力の論理 全二冊 — 三木清
漱石詩注 — 吉川幸次郎
新版 きけわだつみのこえ —日本戦没学生の手記 — 日本戦没学生記念会編
新版 第二集 きけわだつみのこえ —日本戦没学生の手記 — 日本戦没学生記念会編
君たちはどう生きるか — 吉野源三郎
地震・憲兵・火事・巡査 — 山崎今朝弥／森長英三郎編
懐旧九十年 — 石黒忠悳
武家の女性 — 山川菊栄
覚書 幕末の水戸藩 — 山川菊栄
忘れられた日本人 — 宮本常一
家郷の訓 — 宮本常一
大阪と堺 — 三浦周行／朝尾直弘編

国家と宗教 —ヨーロッパ精神史の研究　南原繁
石橋湛山評論集　松尾尊兊編
民藝四十年　柳宗悦
手仕事の日本　柳宗悦
工藝文化　柳宗悦
南無阿弥陀仏 付 心偈　柳宗悦
柳宗悦茶道論集　熊倉功夫編
雨夜譚 —渋沢栄一自伝　長幸男校注
中世の文学伝統　風巻景次郎
平塚らいてう評論集　小林登美枝・米田佐代子編
最暗黒の東京　松原岩五郎
日本の民家　今和次郎
原爆の子 —広島の少年少女のうったえ 全二冊　長田新編
暗黒日記 —一九四二—一九四五　清沢洌 山本義彦編
臨済・荘子　前田利鎌
『青鞜』女性解放論集　堀場清子編
大津事件 —ロシア皇太子大津遭難　尾佐竹猛 三谷太一郎校注

幕末遣外使節物語 —夷狄の国へ　尾佐竹猛 吉良芳恵校注
極光のかげに —シベリア俘虜記　高杉一郎
イスラーム文化 —その根柢にあるもの　井筒俊彦
意識と本質 —精神的東洋を索めて　井筒俊彦
神秘哲学 —ギリシアの部　井筒俊彦
意味の深みへ —東洋哲学の水位　井筒俊彦
コスモスとアンチコスモス —東洋哲学のために　井筒俊彦
幕末政治家　福地桜痴 佐々木潤之介校注
渡辺一夫評論選 狂気について 他二十二篇　大江健三郎・清水徹編
維新旧幕比較論　木下真弘 宮地正人校注
被差別部落一千年史　高橋貞樹 沖浦和光校注
花田清輝評論集　粉川哲夫編
英国の文学　吉田健一
中井正一評論集　長田弘編
山びこ学校　無着成恭編
考史遊記　桑原隲蔵
福沢諭吉の哲学 他六篇　丸山眞男 松沢弘陽編

政治の世界 他十篇　丸山眞男 松本礼二編注
超国家主義の論理と心理 他八篇　丸山眞男 古矢旬編
田中正造文集 全二冊　由井正臣・小松裕編
国語学史　時枝誠記
定本 育児の百科 全三冊　松田道雄
大西祝選集 哲学篇 全二冊　小坂国継編
哲学の三つの伝統 他十二篇　野田又夫
大隈重信演説談話集　早稲田大学編
大隈重信自叙伝　早稲田大学編
人生の帰趣　山崎弁栄
転回期の政治　宮沢俊義
何が私をこうさせたか —獄中手記　金子文子
明治維新　遠山茂樹
禅海一瀾講話　釈宗演
明治政治史　岡義武
転換期の大正　岡義武
山県有朋 —明治日本の象徴　岡義武

近代日本の政治家　岡　義武

ニーチェの顔 他十三篇　氷上英廣
三島憲一編

伊藤野枝集　森まゆみ編

前方後円墳の時代　近藤義郎

日本の中世国家　佐藤進一

岩波茂雄伝　安倍能成

《歴史・地理》〔青〕

新訂 魏志倭人伝・後漢書倭伝・宋書倭国伝・隋書倭国伝 ―中国正史日本伝1　石原道博編訳
新訂 旧唐書倭国日本伝・宋史日本伝・元史日本伝 ―中国正史日本伝2　石原道博編訳
ヘロドトス 歴史　全三冊　松平千秋訳
トゥーキュディデース 戦史　全三冊　久保正彰訳
ガリア戦記　カエサル　近山金次訳
タキトゥス 年代記 ―ティベリウス帝からネロ帝へ　全二冊　国原吉之助訳
ランケ 世界史概観 ―近世史の諸時代　鈴木成高・相原信作訳
ランケ自伝　林健太郎訳
歴史における個人の役割　プレハーノフ　木原正雄訳
古代への情熱 ―シュリーマン自伝　シュリーマン　村田数之亮訳
大君の都 ―幕末日本滞在記　全三冊　オールコック　山口光朔訳
アーネスト・サトウ 一外交官の見た明治維新　全二冊　坂田精一訳
ベルツの日記　全二冊　トク・ベルツ編　菅沼竜太郎訳
武家の女性　山川菊栄
インディアスの破壊についての簡潔な報告　ラス・カサス　染田秀藤訳
ラス・カサス インディアス史　全七冊　長南実訳　石原保徳編

インディアスの破壊をめぐる賠償義務論 ―十二の疑問に答える　ラス・カサス　染田秀藤訳
コロンブス 全航海の報告　林屋永吉訳
大森貝塚 ―付 関連史料　E・S・モース　近藤義郎・佐原真編訳
ナポレオン言行録　オクターヴ・オブリ編　大塚幸男訳
中世的世界の形成　石母田正
日本の古代国家　石母田正
平家物語 他六篇　石母田正　高橋昌明編
クリオの顔 歴史随想集　E・H・ノーマン　大窪愿二編訳
日本における近代国家の成立　E・H・ノーマン　大窪愿二訳
旧事諮問録 ―江戸幕府役人の証言　全二冊　旧事諮問会編　進士慶幹校注
ローマ皇帝伝　全二冊　スエトニウス　国原吉之助訳
アリランの歌 ―ある朝鮮人革命家の生涯　ニム・ウェールズ　キム・サン　松平いを子訳
さまよえる湖　全二冊　ヘディン　福田宏年訳
老松堂日本行録 ―朝鮮使節の見た中世日本　宋希環　村井章介校注
十八世紀パリ生活誌 ―タブロー・ド・パリ　全二冊　メルシエ　原宏編訳
ヨーロッパ文化と日本文化　ルイス・フロイス　岡田章雄訳注
ギリシア案内記　全二冊　パウサニアス　馬場恵二訳

オデュッセウスの世界　フィンリー　下田立行訳
東京に暮す ―一九二八～一九三六　キャサリン・サンソム　大久保美春訳
ミカド ―日本の内なる力　W・E・グリフィス　亀井俊介訳
増補 幕末百話　篠田鉱造
幕末明治 女百話　全二冊　篠田鉱造
日本中世の村落　清水三男　大山喬平・馬田綾子校注
トゥバ紀行　メンヒェン＝ヘルフェン　田中克彦訳
徳川時代の宗教　R・N・ベラー　池田昭訳
ある出稼石工の回想　マルタン・ナド　喜安朗訳
革命的群衆　G・ルフェーヴル　二宮宏之訳
植物巡礼 ―プラント・ハンターの回想　F・キングドン－ウォード　塚谷裕一訳
日本滞在日記 ―一八〇四―一八〇五　レザーノフ　大島幹雄訳
モンゴルの歴史と文化　ハイシッヒ　田中克彦訳
歴史序説　全四冊　イブン＝ハルドゥーン　森本公誠訳
ダンピア 最新世界周航記　全二冊　平野敬一訳
ローマ建国史　全三冊（既刊上巻）　リーウィウス　鈴木一州訳
元治夢物語 ―幕末同時代史　馬場文英　徳田武校注

フランス・プロテスタントの反乱 ―カミザール戦争の記録　カヴァリエ　二宮フサ訳

徳川制度 全三冊・補遺　加藤貴校注

第二のデモクラテス 戦争の正当原因についての対話　セプールベダ　染田秀藤訳

ユグルタ戦争 カティリーナの陰謀　サルスティウス　栗田伸子訳

史的システムとしての資本主義　ウォーラーステイン　川北稔訳

中世荘園の様相　網野善彦

日本中世の非農業民と天皇 全二冊　網野善彦

岩波文庫の最新刊

ゲルツェン著／金子幸彦・長縄光男訳
過去と思索 (一)

人間の自由と尊厳の旗を掲げてロシアから西欧へと駆け抜けたゲルツェン(一八一二－一八七〇)。亡命者の壮烈な人生の幕が今開く。自伝文学の最高峰。(全七冊)

〔青N六一〇-二〕 **定価一五〇七円**

ゲルツェン著／金子幸彦・長縄光男訳
過去と思索 (二)

逮捕されたゲルツェンは、五年にわたる流刑生活を余儀なくされた。「シベリアは新しい国だ。独特なアメリカだ」。二十代の青年は何を経験したのか。(全七冊)

〔青N六一〇-三〕 **定価一五〇七円**

復本一郎編
正岡子規スケッチ帖

子規の絵は味わいある描きぶりの奥に気魄が宿る。最晩年に描かれた画帖『菓物帖』『草花帖』『玩具帖』をフルカラーで収録する。子規の画論を併載。

〔緑一三-一四〕 **定価九二四円**

ハインリヒ・マン作／今井 敦訳
ウンラート教授
あるいは一暴君の末路

酒場の歌姫の虜となり転落してゆく「ウンラート(汚物)教授」を通して、帝国社会を諧謔的に描き出す。マレーネ・ディートリヒ出演の映画『嘆きの天使』原作。

〔赤四七四-一〕 **定価一二二一円**

……今月の重版再開……

揖斐 高訳注
頼山陽詩選
〔黄二三一-五〕 **定価一一五五円**

魯迅作／竹内 好訳
野草
〔赤二五-一〕 **定価五五〇円**